網谷龍介
Ryosuke Amiya-Nakada
上原良子
Yoshiko Uehara
中田瑞穂
Mizuho Nakada-Amiya
編

戦後民主主義の青写真
● ヨーロッパにおける統合とデモクラシー

Blueprints for Postwar Democracy:
Alternative Visions of Integration and Democracy in Europe

ナカニシヤ出版

目　　次

序　章　「戦後民主主義」を私たちは知っているか？
　　　　　　　　　　　　　　　　　　　　　　　　　　　網谷龍介　1
　　1　「戦後民主主義」を歴史的かつ内在的に考える　1
　　2　定着したのはリベラル・デモクラシーか？　2
　　3　戦後民主主義の構成原理　5
　　4　戦後民主主義の制度設計　10
　　5　戦後民主主義の理解に向けて　16

第1章　亡命者たちの戦後構想とその蹉跌 ───── 戸澤英典　21
　　1　亡命者たち　22
　　2　亡命者たちの戦後構想　28
　　3　戦後構想の蹉跌？　48

第2章　ナチズム、戦争、アメリカ
　　　　　初代欧州委員会委員長ハルシュタインの思想形成過程
　　　　　　　　　　　　　　　　　　　　　　　　　　　板橋拓己　59
　　1　ハルシュタインとは誰か　59
　　2　ハルシュタインの前半生　63
　　3　学問と政治　71
　　4　「西洋（アーベントラント）」の統一性　76
　　5　おわりに　78

i

第 3 章　国際司法による人権保障というイノヴェーション
欧州人権条約の形成過程に見る戦後欧州人権保障構想の変容
――――――――――― 大内勇也　87

1　欧州人権条約の起源　88
2　欧州人権条約形成過程における 3 つの構想　90
3　人格主義に基づく欧州連邦体制での人権保障（1948 年 5 - 11 月）　91
4　国際司法による自由と民主主義の防衛（1948 年 10 月 - 1949 年 9 月）　96
5　冷戦深刻化に伴う政治状況の考慮（1949 年 11 月 - 1950 年 11 月）　103
6　欧州人権条約による人権保障構想とその後の「発展」　108

第 4 章　フランスのヨーロッパ連邦主義運動とデモクラシーの再考
――――――――――― 上原良子　115

1　重層的なヨーロッパ空間の模索　115
2　セルクル――左からの連邦主義　120
3　フェデラシオンの共同体的連邦主義
　　――中間団体と「深部のフランス」　126
4　社会からのデモクラシーの刷新とヨーロッパ　132

第 5 章　イタリアの行動党人脈
戦後イタリアのリベラル社会主義の可能性 ――――― 八十田博人　139

1　イタリア共和制の生き証人としての行動党人脈　139
2　行動党の思想的来歴　142
3　行動党に加わった人々の知的基盤と路戦対立　149

　　　　4　ロンバルディ――リベラルな労働者主導の「計画」　154

　　　　5　ラ＝マルファ――自由民主主義の基礎としての「計画」　157

　　　　6　戦後イタリアにとっての「計画」　162

第6章　党派的多元性と専門性
戦後オランダ政治体制の青写真 ── 作内由子　167

　　　　1　30年代の反省　167

　　　　2　オランダにおける政党観　170

　　　　3　戦後カトリックの政党観　182

　　　　4　その後　190

第7章　新しい社会の民主主義と政党
占領下と亡命政権のチェコスロヴァキア戦後構想 ── 中田瑞穂　195

　　　　1　新しい社会の戦後構想　195

　　　　2　占領下の戦後政治体制構想　200

　　　　3　国外亡命諸勢力の戦後構想　208

　　　　4　新しい社会の民主主義――経済の民主化と複数政党制　219

第8章　政治と経済の分離という例外
戦後ドイツにおけるマクロ・コーポラティズムの不在
── 網谷龍介　225

　　　　1　ドイツ・モデル＝ヨーロッパ・モデル？　225

　　　　2　ドイツの戦後政治経済構想におけるコーポラティズム　228

　　　　3　戦後体制の構築過程　236

あとがき　251

序　章
「戦後民主主義」を私たちは知っているか？

網谷龍介

1　「戦後民主主義」を歴史的かつ内在的に考える

　「民主主義の危機」は政治をめぐる公論、そして政治学研究においておなじみのテーマである（Merkel 2014）。たとえば近年は、いわゆるポピュリズム現象が注目されている（ミュラー 2017）。そのいわば反作用として立憲主義への注目にも事欠かない（Grimm 2016）。それに先立つ 2000 年代前半には、民主政の形式は保たれているものの実質が空洞化しているという趣旨で「ポストデモクラシー」の語が多用された（クラウチ 2007）。

　ではこれらの議論において参照点とされている「デモクラシー」とは何か。現状分析の道具としては、私たちは一定の明快な定義を持ち、世界規模の長期にわたる指標を構築する貴重なデータセットも複数存在する（Coppedge et al. 2011）。その有用性は評価してもしすぎることはない。

　しかし、現在の判断基準から過去を理解するアプローチにおいては、過去のそれぞれの時点でさまざまな社会の人々がどのような共同的意思決定のあり方を望み、受け入れてきたのか、という政治体制の意味の次元は視野の外におかれる。この次元は、体制の正統性の問題と関連する。研究者がある体制の制度やパフォーマンスを外在的にいかに評価しようとも、体制の存続にとって重要なのは、その成員が一般的支持を与えていることであり、外在的評価と内在的意味づけは一致するとは限らない。しかも、この双方が時間とともに変化する可能性があるため、過去の体制について評価を行う際には、歴史的視角の持つ意味は小さくない。

　このような問題関心から、われわれはヨーロッパにおける戦後民主主義の

原像をさぐる共同研究を行ってきた[1]。この序論では、上述の問題関心を敷衍するとともに、共同研究によって得られた知見を概観する。

2　定着したのはリベラル・デモクラシーか？

戦後体制への視角

「戦後民主主義」という表現を本書の標題には用いているが、ヨーロッパの戦後体制についていえば、これは必ずしも一般的な表現ではない。本書が明らかにするように、ヨーロッパの戦後体制は、第二次世界大戦だけではなく、既存の政治経済システムの破綻としての世界恐慌、それ以前から生じていた民主政の崩壊（イタリアでムッソリーニが首相となったのは 1922 年である）、ナショナリズムの高揚と国民間の競合といった一連の危機への対応という側面があるからであろう。

そのため戦後体制を検討する場合、その政治体制としての側面、民主主義の内実に光があてられることは多くはなかった。たとえば政治学の分野であれば、1980 年代に隆盛を見たマクロな比較政治経済研究がその代表であり（Gourevitch 1986）、「ケインズ主義」「福祉国家」といった政治経済的側面が注目された。政治的事象としては、国際関係の次元、すなわち冷戦の進展やそれと表裏一体となって進むヨーロッパ統合に注目は集まった（遠藤 2014）。歴史学的な研究も、政治史から社会史・生活史へのシフトという全般的な潮流も相俟って、盛んに行われてきたとはいいがたい。このような視角からは高度経済成長や消費社会化といった、政治的安定の基盤となる社会的な変化が注目されるものの、政治体制それ自体が主題化されることは少なかった[2]。

むろん民主政が「安定」したことを重視し、その条件を国際関係や社会変化の中に探る、という課題自体は重要であり、そこに多くの研究が注力するのはおかしなことではない（Maier 1987）。しかしその陰で、民主政の中身が定数として扱われる傾向はないだろうか。「リベラル・デモクラシー」という現在では一般的な用語を切り口に、その点を検討しよう。

「リベラル・デモクラシー」の歴史化

　比較政治学的にみた場合、戦後西ヨーロッパの体制を特徴づけるのはリベラル・デモクラシーの定着であろう。たとえば近時の政治学教科書は「私たちが生きる現代社会で正当とみなされる政治体制の構成原理は、自由民主主義〔原文青字〕である」と端的に宣言する。そしてダール『ポリアーキー』を引いて、この体制の構成原理は包摂性と競争性であるとする（砂原・稗田・多湖　2015、43頁）。

　では、リベラル・デモクラシーとは何か。約半世紀前のカナダ人政治学者は以下のように西側世界の民主政を位置づけた。この理解には現在の政治学者も大筋で同意するだろう。

> それ〔民主主義〕は、競争的、個人主義的、市場的な社会の働きによって〔……〕すでに用意されていた土壌に、順応しなければならなかった〔……〕その過程において民主主義が自由主義化された。（マクファーソン　1967、11頁）

　しかし歴史的に振り返るとき、この概念は、全体主義との対比に重きをおく点は明確だが、内的思惟構造は判然としない。ドイツからアメリカに亡命したある政治学者は、現在の基準では権威主義体制に数えられるようなエストニアの戦間期の体制を、民主主義の自己防衛の例としている（Loewenstein 1937）。その主張は、一時的な逸脱は、ファシストやナチスの封じ込めのためなら許される、といっているに等しく、リベラルという形容詞は、「反共・反ファシズム」という体制区別のためだけのものである。体制の内実は、全ての個人の権利の擁護と自由の十全な行使を重視する、という現代的で実質的な「リベラル」の意味に沿うものではない。

　また、リベラル・デモクラシーの代表的議論として取り上げられるシュンペーター（J. A. Schumpeter）やダール（R. A. Dahl）は、その主要著作においてリベラル・デモクラシーの語を用いていない（シュンペーター　1962; Dahl 1956）。

彼らのモデル化したデモクラシーは要するに、政権を担うエリートないし政党が「ひとつの」集団ではない点で共産党支配の一党制国家とは異なる、というだけの話であり、多元主義と形容したほうが正確だろう[3]。

そこで試みにアメリカ議会図書館所蔵図書を検索すると、liberal democracy の語を標題に掲げる図書は 1937 年、1950 年、1957 年と散発的に存在するのみであり、継続的に現れるようになるのは 1963 年以降である。グーグルのサーヴィスである Ngram Viewer で検索してみても、1930 年代末に出現したこの表現は 1950 年代末まで低位を保ち、1960 年代にやや上昇するが、継続的に使用頻度が増加するのは 1980 年代以降である。つまりこの概念自体が、比較的最近使われるようになった可能性が高い。

ということは、ヨーロッパの民主政の分析にリベラル・デモクラシーの概念を用いる場合、それは外在的な分析概念にとどまることになる。デモクラシーという理念にどのような期待が込められ、何が実現され、どのように変容していったかを捉えるには適していない。

しかもそのことが現在の民主政に対するわれわれの理解を曇らせる危険もある。というのも、戦後西ヨーロッパと現在のヨーロッパにおいて、政治体制が「リベラル・デモクラシー」であることにはかわりないからである。そのなかで「現在の政治はどこかが違う」ということを指摘しようとすると、ポスト・デモクラシーなりポピュリズムなりの新概念が用いられ、「過去には立派なデモクラシーがあったが現在はそれが危機に瀕している」という粗雑な「衰退」論ばかりが語られることになる。では戦後西ヨーロッパのデモクラシーは、そんなに美しく素晴らしい体制だったのだろうか。

本書は、このようなアナクロニズムを排し、デモクラシーがどのようなものとして構想されていたかを内在的に明らかにする。以下ではそこから浮かび上がる論点を確認していこう。ただし本書は何か特定の思考体系がヨーロッパの戦後体制を支える原理となった、という主張を提示するわけではない。むしろ、戦後民主主義という場に働くいくつかの力を明らかにし、それらの多層的な複合体としてより精密な理解を得ることが目的である[4]。

3 戦後民主主義の構成原理

「議会による主権的決断」への批判

　現在に至るまで、ヨーロッパにおいてはデモクラシーの制度化として議会民主政（parliamentary government）が多く採用されている。ただし議会政治の母国たるイギリスは、近代的に整理された統治原理を持たないため、一般的なモデルとはなりえない。では、議会民主政とはどのような構造を備えたモデルなのだろうか。

　現在の比較政治学においては、本人 - 代理人モデルを代表関係に援用し、主権者たる人民・国民と政府がどのように結ばれているか、という「委任の連鎖（chain of delegation）」の観点から制度を整理することが一般的である。しばしば援用される枠組みにおいて議会民主政は「首相およびその政府が、議会の多数派に責任を負い、議会によってその職を追われる可能性がある統治のシステム」と定義される（Strøm, Müller, Bergman eds. 2003, p. 13）。このシステムでは、「投票者から究極的な政策決定者まで、ひとつひとつの段階において単一の本人が唯一の代理人（もしくは権限競合のない複数の代理人）に結びつき、同時に個々の代理人は唯一の本人に対して責任を負うような、委任の連鎖とアカウンタビリティ（ibid., p. 65）」が特徴となる。すなわち決定までの委任の連鎖がひとつの線で構成されるのである。

　この現代政治分析の議会民主政モデルによく対応するのがフランス第三共和政（1875-1940 年）である（樋口 1994、142-167、195-207 頁；カレ・ド・マルベール 2011）。そこでは、立法権に支配的な地位が与えられる。これは、彼らのみが主権を有する人民の名で真に語りうるからであるという。また議会は一院制となり執行権は立法府に従属することになり、権力分立も否定される。もちろん司法部による立法審査などは影も形もない。このため第三共和政はしばしば「議会主権体制」「議会絶対主義」の語で特徴づけられる。

　このような体制が、戦後デモクラシー構想においてはしばしば批判された。

すなわち、戦後構想には「反主権的」な構想がしばしば含まれていたのである。一例を挙げよう。西ドイツ基本法（憲法）の起草にあたった議会評議会（Parlamentarischer Rat）において、戦前からのカトリック政治家でキリスト教民主党議員団の副団長として大きな影響を与えたジュスターヘン（A. Süsterhenn）はこう述べている。

> ルソー風の憲法、つまり数多くの権限を議会に集中させるものが作られてはならない。そうではなくモンテスキューとともに、権力分立の考え方をも顧慮しなければならないのだ。（Parlamentarischer Rat, Hauptausschuß, 30.11.1948, S. 124）

　ここでは「主権者たる人民を代表する唯一の機関である議会が国家を集中的にコントロールする」というモデル――それは自由主義的・立憲主義的であるかどうかは別としてきわめて民主主義的である――が批判されている。戦後西ドイツの一部の論者はこれを「混合政体」の概念で表現していた。
　議会中心の民主政モデルへの批判はさまざまな方向に向かいうる。ひとつの方向は「議会による統制の過剰が執政府の行動を制約している」という認識に基づく統治機構改革であり、これはフランス第五共和制における議会権限の縮小や、戦後西ドイツにおける建設的不信任などの首相の地位強化につながる。
　とはいえ、一般的には主権を制約し、権力を分散していく方策が多くみられる。ヨーロッパの戦後民主主義をある種の「制約」の存在にみる見解として、たとえばミュラー（J.-W. Müller）は「戦後西欧の政治的想像力の中で、安定が主要な目標の位置を占めることになった〔……〕西欧は、人民の主権に対する不信に深く刻印された、きわめて制約された〔原文イタリック〕型のデモクラシーを身にまとうことになった」（Müller 2011, p. 128）とする。この認識は、リベラル・デモクラシーの歴史性を明言する点で有用である。
　しかし、彼がこれを「民主主義と自由主義の原則、とりわけ立憲主義との新しいバランスであり、なおかつ自由主義と民主主義の双方が20世紀半ば

のヨーロッパが経た全体主義の経験に照らして再定義された」(*ibid.*, p. 129)ものと位置づけているのには留保が付されるべきである。内在的な視点をとる限りにおいて、少なからぬ国において自由主義も否定の対象だったからである。次にその点を検討していこう。

「個人主義」への懐疑

　戦後デモクラシーの内在的な構造を考えるひとつの手がかりとして、戦後に新たに定められた憲法をみてみよう。これらにおいて中心となっているのは、世俗的・自由主義的で、孤立した個人を前提するような制約の不在としての自由の概念ではなく、キリスト教的色彩を帯びた「人格」や「尊厳」の概念である。

　たとえばイタリア憲法（1947年12月27日制定）は、その第1条で「イタリアは、労働に基礎を置く民主的共和国である」と謳う（高橋 1985-88）。続く第2条は人権不可侵の規定であるが、そこには「個人として、また自らの人格を発揮する場としての諸社会的集団の中で」という註釈がついて、社会団体が織りなす社会という像を提示するとともに、「政治的・経済的・社会的な連帯の不可欠な義務を履行すること」が求められる。そして第3条では、市民の尊厳が平等に尊重されることが説かれ、人間としての人格の十全な発揮や労働者の実効的な参加を妨げるような、経済的・社会的な障害を除去することが共和国の任務として掲げられている。西ドイツ基本法（1949年5月23日制定）は、「人間の尊厳は不可侵である」という宣言から始まり、「人間の尊厳」という概念、さらには「ドイツ連邦共和国は民主的で社会的な連邦国家である」「所有権には義務が伴う（Eigentum verpflichtet）」といった、所有権の無制約性の否定や社会国家的目標規定で知られる。

　このような憲法における自由は（国民）共同体の中での自由であり、だからこそ労働者の生活や参加を保障する実効的同権化の諸規定が導入される。個人の自由や権利の尊重は謳われているため、文言上の類似点はあるものの、その背後にある社会像はリベラリズムのそれとはかなり異なる。ある同時代的分析は、人間の尊厳の強調が戦後ヨーロッパ憲法の特徴であるとして、

「この広い概念の解釈のされ方によって〔……〕現在のヨーロッパのトレンドは、ソ連から、そしてアメリカからも区別される。というのも人間の尊厳はすべてのヨーロッパの憲法において、表現の自由とともに社会化、より広くは社会的責任を意味するからである」と指摘している（Friedrich 1951, p. 17）。

しかも、形式的な権利平等も完全には実現されていなかった（マゾワー 2015、391-401 頁）。個人の平等な権利擁護はリベラリズムの根幹であるにもかかわらず、である。それが顕著なのは女性の権利である。イタリアでは、レイプされた女性が加害男性と結婚すると、男性の罪は帳消しとされたという。フランスでは銀行口座を開設することも困難だった。スイスにおいて1970年代まで女性の参政権がなかったことも想起されるべきであろう。

以上のように、戦後民主主義が現代的なリベラリズムの原理を基礎としていたとはいいがたく、具体的な権利保障の平面でも、平等な権利擁護が実現していたかどうかは怪しい。このような体制に「リベラル」の語をあてる必要があるだろうか。

「人格」「尊厳」と集団・共同体

「リベラル」な価値が体制の基礎にないとするなら、何があったのか。そのひとつとして注目すべきはカトリックの人格主義である。これは、ナチスやファシズムの独裁に対抗し、ひとりひとりの人間を重視する考え方であるが、そこでの人間はリベラルな「個人」とは一線を画す。代表的な思想家のひとりムーニエ（E. Mounier）はこう説明する。

> 個人主義とは、個人をして孤立と自己防御との態度をがっちりと固めさせるところの慣習、感情、思想、制度の一つのシステムである〔……〕係累からも、血によってつながる共同体からも離脱した抽象的な人間〔……〕それはまさに人格主義のアンチテーゼであり、そのまず第一に闘わねばならない敵である。（ムーニエ 1953、46）

ここでは、現代政治理論風にいうならば、コミュニタリアンな文脈の中で

個人が位置づけられている。独立不羈の単独者としての個人ではなく、具体的な社会の文脈の中に埋め込まれた、共同体の中で役割をはたす人間を重視する考え方である。そこからは、個人と国家が対峙する構造としての近代社会ではなく、各人を多層多様な形で包摂する共同体が積みあがっていく社会がモデルとされる。その中で国家は絶対的な地位を占めるわけではない。この人格主義は、主としてフランスやベルギーのキリスト教民主主義勢力の中で力を持つことになり、ヨーロッパ統合にも一定の影響を及ぼすことになる。

さらにこの人格主義的構想は個人主義や合理主義を積極的に批判するものでもあった。人格主義の思想家としてもっとも著名なマリタン（J. Matitain）は、1949年のアメリカ政治学会講演でこう述べている。

> 例えばジョン・ロックのような〔……〕哲学的理論は、現実の民主主義の内実から、そして徐々に発展してきた共通の意識や道徳的経験からは鋭く区別されなければならない。近代史の中での民主主義の到来は、このような共通の意識や経験に、実際には依存してきたのである〔……〕ルソーやカントが、自分たちのセンチメンタルで哲学的な定式で民主主義の思想に装飾を加えたことが、近代の諸理念の不幸や混乱につながっている。（Maritain 1949）

ここでは、アメリカ建国の思想的基礎としてしばしば言及されるロックをあえて名指しする形で世俗的自由主義が批判される。そしてデモクラシーの合理的かつ哲学的な正当化は、現実の民主政の基盤とは異なると論じられている。

世俗主義という点でこのような発想と対極に立つかにみえる社会主義も例外ではない。社会主義的な体制構想の少なくとも一部は、「抑圧され搾取された個人の解放」というよりも、労働者という具体的な集団の権利を拡張し、そこに内在する理念を場合によっては体制全体に及ぼそうとするものであった。すでに触れた労働や社会的なものをめぐる憲法規定も、そのような文脈で理解する必要がある。

このように独裁を経たヨーロッパにおいては、デモクラシーを中立的・手続的決定メカニズムというより、実体的価値秩序と結びつける考え方が現れていた。西ドイツの憲法裁判所は1958年の判決で、基本法が価値中立的ではないこと、そこに構築された価値秩序が国家を縛るだけではなく私人間においても効力を持つことを宣言した。このような考え方は、結果からみれば、次第に多くの国において影響力を持つようになっていった。

　以上のように、ヨーロッパの戦後民主主義は、自由な個人を基礎に社会契約的に組み立てられた中立的なルールの体系というよりも、一定の社会秩序像・価値体系を前提とし、主権の行使を制約しようとする構想の影響を受けていた。ではこのように「制約された」デモクラシーは具体的にはどのように制度化されるべきものと考えられていたのだろうか。

4　戦後民主主義の制度設計

主権の国際的制約と人権

　主権制約の構想を具体化する方向の第一は、国家から主権の一部を奪い国際機関へ委譲する、ないしは超国家的にプールする制度設計である。

　国際法規範を国内法に（立法措置などを経ずに）受け入れていくという方向自体は、すでに戦間期からみられる傾向であった。つとにこの傾向を強調してきたある憲法学者は第二次大戦後の論稿でこう述べて、戦間期には萌芽でしかなかったものが、ついに現実のものになりつつあるという認識を示している。

　　かつては理論家たちのつつましやかな望みに過ぎなかった憲法の国際的傾向は、今日は、実定憲法のひとつの明白な傾向である〔……〕憲法の生成と国際法の進歩の歴史的相互依存性を見ないことは、平和と自由の不可分性によって支配される今日の政治的現実を見ないことである。
　　（ミルキヌ＝ゲツェヴィッチ 1964、327頁）

ドイツを主な研究対象とするイギリスの法社会学者ソーンヒル（Chris Thornhill）はさらに一歩進んで、戦後ヨーロッパのいくつかの憲法体制の特徴は、その存立を国際法的な正統化に部分的に依存していることにあると指摘する（Thornhill 2016）。つまりそこでは憲法体制の（したがってデモクラシーの）正統性は自足的に民意によって担保されているのではなく、国際的な一定の規範を受け入れていることによって調達されていることになる。

　このような国際規範の最も重要なもののひとつが国際的な人権規範である。本書第3章は、ヨーロッパ人権条約（European Convention on Human Rights）の成立過程を分析し、戦後ヨーロッパの人権レジームの特質を明らかにしている。重要なのは、設立過程を主導した専門家たちが、超国家的な司法手続きの樹立に注力した点である。伝統的な考え方に従えば、国際人権規範が樹立されたとしても、それに違反した場合に参加国が負うのは、「他の参加国との関係で」履行確保を行う責任のみであり、自国民が政府に対して履行強制やサンクションを課す法的手段は存在しない。専門家たちはそれを理解していたがゆえに、権利の内容を限定してでも、加盟国を法的に訴追するメカニズムを導入しようとしていた。この「トロイの木馬」が全面的に機能し始めるのは1970年代以降のことであるが、ここには、国家主権を、そしてすなわち一国単位のデモクラシーを、超国家的な規範によって制約しようとする考えが早くから存在していたことがあらわになっている。

　またドイツやイタリアなど、ポスト独裁の新憲法を中心に、主権の国際機関への一部譲渡を憲法上明示することが行われ始めた。しかもこれは旧枢軸国に限られるものではなく、たとえばオランダでは、ヨーロッパ防衛共同体への参加という文脈ではあるが、主権の部分的委譲のための憲法改正が1950年代にわざわざ行われている。すなわち、戦後民主主義にはすでに一定の範囲で、主権を制約することでデモクラシーの作動範囲を限定する試みが埋め込まれていたのである[5]。

　ただしこのような傾向は、主権国家に「代えて」ヨーロッパ規模の機関を樹立する動きと混同されてはならない。本書第1章が幅広くマッピングしているように、戦後の国際システムや国家そのものの性格については多様な構

想が並存していた。特に、さまざまな連邦・連合構想が、民主的な独立国家の回復と両立していることには注意すべきである。

　また統合推進を主張するヨーロッパ主義も、カトリックや新機能主義といった特定の理念を基礎としていたわけではない。本書第2章がとりあげる、ヨーロッパ経済共同体の初代欧州委員長ハルシュタイン（W. Hallstein）は、国際私法学者としての視角から、西洋文化、とりわけ法文化の統一性が当然にヨーロッパ統合を導くと考えていた。そしてここでも、各国の法秩序が相互に交流する中に法文化の統一性が見出されている。

　すなわち戦後ヨーロッパ秩序は、「国民国家かヨーロッパ連邦か」という二者択一的な形で——そこでは権力行使のレベルが異なるだけで型は同じである——議論されていたのではなく、国民国家「と」ヨーロッパとが複合的に絡み合うものとして、それゆえ権力行使の型をも変容させるものとして論じられていたのである。

「社会的なもの」と集団の「連帯」「同権化」

　重要な論点の第二は、すでに触れた「労働」や「人格（Person）」と関連する、個々人の生活を保障し、それを通じて公的活動を行う枠組みとしての「社会的なもの」の位置である。

　この点は、通俗的には福祉国家の問題、すなわち政府や公的枠組みを通じた生活保障給付の問題として位置づけられることが多い。しかし、「社会的」ということは、単なる給付の問題にとどまらず（市野川 2006）、「参加」や「連帯」というモチーフを含む（中村 1973）。この側面が、戦後の体制構築において一定の意味を持った。アメリカのヨーロッパ史家メイヤー（C. S. Maier）がその画期的著書において（Maier 1975）、大戦間期の相対的安定をコーポラティズムという視角から説明したことを思い起こせば、そこからわずか20年余しか経過していない戦後ヨーロッパにおいて同様の論点が浮上するのは当然である。

　ここで注目しておきたいのは、社会的なものと集団参加や連帯という論点が、「連邦」の語でときに表現される、主権的権力の国内的な分散・共有の

構想を経て、ヨーロッパ統合構想と通じる点である。本書第4章は連邦主義を切り口に、ヨーロッパ統合のさまざまな構想の内部構造を分析することで、地方自治体や職能団体を秩序形成の主体として位置づける、オルタナティヴな構想がヨーロッパ運動に流れ込んでいることが示される。内的に主権を分有する主体が水平的に国境を越えて連合していくことが、国家の枠を越えた秩序形成に資すると位置づけられるのである。このような動きは、ヨーロッパ・レヴェルの労使対話の枠組みや地域の連合組織といった形で、伏流のようにヨーロッパ統合の下支えをしていく。本書第5章においても、中道左派のトランスナショナルなネットワークを通じて、秩序理念が流通していることは描かれている。

　本書第8章はそのような集団参加のメカニズムをめぐる政治として、職能代表を政策形成に参加させる制度をとりあげる。フランス第四共和政の経済評議会やオランダの社会経済評議会などが代表であり、あまり知られていないものの多くの国にこのような機関がある。より具体的な福祉国家の制度に即しても失業保険の運営を労働組合が行ういわゆるヘント・システム（Ghent System）を持つ国がデンマークなど複数ある。フランスやドイツでは社会保険機関（金庫）も労使の代表により運営されている（多田 2009）。このような制度の遍在は、デモクラシーをめぐる同時代的観念の一端をうかがわせる。

デモクラシーの支柱としての政党

　集団の包摂という上記の論点と重なりあう、より具体的な問題系が政党の位置づけである（van Biezen and Napel eds. 2014）。概説的には、戦間期にはなお無視された事実上の存在にすぎない政党が、戦後は憲法上正統なアクターとして位置づけられ、法的な位置づけを得た、と論じられる。このような語りは、19世紀中葉に制限選挙制の下で展開された自由主義の議会政治と、政党が矛盾しないという規範的立場の表明でもあり、進化論的な歴史理解は両者の連続性を強調するために用いられる（cf. 宮沢 1936/2017）。

　しかし、議員が「国民の代表」と位置づけられて命令委任が禁止される一方、党議拘束に従って統一的行動をとるからこそ政党間の政策選択が可能と

なる、という 2 つの事実の間には緊張関係が存在する。議会における交差投票が日常的に存在していたアメリカにおいて、アメリカ政治学会が「責任政党政治」を求めたことを想起しても（American Political Science Association 1950）、議会政治の延長線上に政党デモクラシーを理解することはできない。

　だからこそ組織政党をどのように規範的に位置づけるかが 20 世紀前半には激しく議論された。例えば政党を基礎とする比例代表制を採用していた戦間期のチェコスロヴァキアでは、「政党間の選択」というロジックに忠実であった結果として、離党した議員に議員資格返上を約束させることが選挙裁判所の判例で容認されていた（Osterkamp 2009, p. 18）。

　では「政党デモクラシーの確立」として戦後体制を理解すればよいだろうか。政治運営の実態はそれに近いが、体制の正統性という観点からはそう確言はできない。戦後のイギリスにおいては、政治は重要であるとは考えられていたものの、政党や政党間競合が重視されていたわけでも、市民の参加に価値がおかれていたわけでもなく、能力ある政治家が政治の舵取りを行うことが求められていたという（Moss et al. 2016）。実際、仮に政党が特定の社会階層や集団の「部分利益」を代表するものであるならば、それをデモクラシーの正統化言説として用いるのは容易ではない。

　本書第 6 章が明らかにするように、オランダにおいては、利益ではなく政党が確固たる「原則 = 世界観・秩序観」を持っているからこそ、正統化されうるという考えが戦後においても有力に存在していたという。ここでは政党がイデオロギー的であることが重要で、政策はそこから（たとえばカトリック的世界観の原則から）導き出されるものとなる。しかしそのような原則が複数存在し、しかもそれらは共約不可能であって、どれかひとつの原則が多数を獲得するのではないとすれば、どのようにして統治が可能なのだろうか？　オランダにおける解は意外なものである。原則を代表する政党と、統治の中心である内閣を分離するのである。これは統治のための妥協・合意という要請と、政党が部分でありながら全体性を持つための媒介項である原則を両立させるための、ある意味で誠実な回答であろう。

　チェコスロヴァキアの「人民民主主義」体制においては、「全体を代表す

る」「複数の政党が」「自らの意思で」「共通の目標の下に」挙国一致の連合政権が運営された。この一つひとつの構成要素をとれば、「リベラル・デモクラシー」の中に十分含めることができる。しかし全体として出来上がった体制の運用は、特に政権をめぐる競合がないこともあって、われわれのイメージするそれとはやや異なるものとなっている（中田 2018）。本書第7章は、この人民民主主義体制において、経済民主主義がコンセンサスとなり社会経済的平等が目指されたときに、政党の意義が問い直されることを明らかにしている。すなわち世紀前半の惨禍を踏まえた新しい社会が達成されたならば、政治的多元性や競争の必要性はどこに求められるのか。逆にいえば、政党間競争が必要なのは社会的不平等が存在するからではないのか。

　これらの事例は、部分に過ぎない政党から全体としての公益が生み出されるプロセスをどのように理解し制度化するか、という問いの難しさを示すものである。

戦後デモクラシーにおける自由主義勢力の敗退

　これまでみてきたように、戦後西欧・中欧におけるデモクラシー（構想）においては、必ずしも個人主義やリベラルな価値が核にあったわけでもなければ、競争が重視されていたわけでもない。また、政府の作動範囲は国際規範や人権規範によって制約されていることがある程度前提となっていた。われわれが回顧的にリベラル・デモクラシーの定着、として位置づけがちな第二次大戦後ヨーロッパの政体は、内在的には（現代政治分析が想定するような）リベラル・デモクラシーのロジックを重視する形で理解されていたわけではない[6]。

　自由主義政党の帰趨もこのこととある程度照応する。本書第5章はイタリアにおいて、「自由主義的社会主義」の流れを汲む行動党に集った人々の知的系譜を分析する。通俗的にそうなされるように、戦後ヨーロッパを自由民主主義と福祉国家というキーワードで理解するならば、「自由主義的社会主義」こそその担い手であってもおかしくはない。同党は19世紀的な政治的自由に、「社会的救済」を加えることで戦後の再建に関与しようとした。実際、

行動党が掲げた7項目の目標、すなわち議会制共和国の樹立、地方分権、大企業国有化、農業改革、自由な労組、政教分離、民主主義国による欧州連邦、は一見すると戦後西欧の体制そのものであるようにすらみえる。

　しかしこのような主張を掲げた同党が惨敗し、霧散したのが、イタリアの戦後デモクラシーの現実である。1946年の制憲議会選挙で同党は得票1.4%にとどまる。1945年6月から数カ月にわたって首班の座を占めていたにもかかわらず、である。これはイタリアが例外ということではない。西ヨーロッパにおいてリベラル政党の勢力は小さいままにとどまった。フランスやルクセンブルクなど有意なリベラル政党が存在しない国があるのはもちろん、多くの国で得票は1割を割っている。このようなリベラル政党の勢力の小ささは戦後デモクラシーの性格の一端を明らかにするエピソードといえよう。

　ただし話は行動党の「敗北」では終わらない。第5章が指摘するもうひとつの重要な点は、政治的敗北にもかかわらず、行動党関係者と行動党の理念が、欧州統合との関係で何度も繰り返しよびさまされ、ある種の神話化の対象となることである。ここからは、「現実に体制を支える勢力・構想」と「将来的なヴィジョン・理念」が必ずしも一致せず、両者は別のロジックで動いていることが示唆されるであろう。

5　戦後民主主義の理解に向けて

　メイヤーは最近の著書再版に際して付された序文で、第二次大戦後の安定についても同様の総合的書物を著す構想はあり、文書館調査も進めてはいたものの書籍としての刊行にいたらなかった、と書いている（Maier 2016）。その理由を彼は、「もっとも根本的には、1945年以降の西ヨーロッパにあらわれた社会政治的秩序の新しい原則とは何なのかについて、自分自身で明確に概念化することができなかったからである」と説明している。この問いに本書が明確な答えを出すことができたわけではないが、以下のような点において、一歩を進めることができたのではないかと考える。

　第一に、「自足的で階統的な正統性構造をそなえた主権国家が、しかる後

に超国家組織の構築に乗り出した」わけではないことが、看取できる。有名な「国民国家のヨーロッパ的救済（European rescue of the nation state）」という主張に対してしばしば、「救済」された後の国民国家は自らも変容している、という指摘がなされる。本書もこれを証する。戦後期には、国際・国内を問わない政治社会秩序の総体的再編が構想され、部分的には実現をみた。戦後民主主義は、一国単位の主権＝デモクラシーを制約し、国際レジームに権限委譲を行うこととセットで成立していたのである。

　第二に、戦後民主主義がわれわれが通常考えるような「リベラリズム」の前提に基づいて構築されたわけではない、ということである。広くはキリスト教民主主義、より狭くは人格主義の影響はつとに指摘されてきたことであるが、その思想的基礎においてはしばしば「個人主義」や「自由主義」が批判対象となっている。それは、一見して保守的な潮流（cf. 板橋 2016）にとどまるものではない。社会民主主義もその内実は労働者の集団としての同権化要求に近い。そこから構成される政治秩序が、個人から社会や国家が組み立てられるような見通しのよいものではなく、多様な集団や共同体を組み合わせた複合的なものとなり論理的な明快さを欠くとしても不思議ではないだろう。

　第三に、われわれは歴史をみる際に、時間で区切られた安定的構造の継起と交代として理解しようとしがちである。しかし、一見敗北したにみえた構想が部分的には生き残り、神話化されたり、設立直後はほとんど機能していなかった制度が、後になって大きな意味を持つなど、時間の流れは必ずしも一様ではない。そこからは、その時々の主導的勢力が体制を構築するという発想自体も相対化されるべきであるということになる。歴史を作るのは勝者だけではない。

　このように一歩を進めると同時に、多くの問いが生み出されてくる。たとえば戦後民主主義が必ずしも「リベラル」でないとすれば、現在までの間にいつ何が変化したのだろうか。戦後民主主義が集団や政党を基礎としてようやく機能したのだとすれば、社会的基礎条件が変化したときに、別の形で機能することは可能なのだろうか。戦後民主主義がそもそも国際制約を前提と

して成立しているならば、EU をめぐって議論される「民主主義の赤字」は仮象問題ではないのか。そして、リベラル・デモクラシーや立憲民主主義に対置されるポピュリズムとは、戦後民主主義が歴史的条件の中でデモクラシー理念を縛った「制約」が融解しただけの、その意味でデモクラシーの不可分の一部ではないのか、といったものである。

　私たちは戦後民主主義をまだ知らない。

注
1) 本書は、日本学術振興会科学研究費（基盤研究（B）、課題番号 26285034）に基づく共同研究の成果の一部である。また本章は別稿を圧縮し修正したものであり、内容に重複がある。詳細な議論はそちらを参照されたい（網谷 2018）。
2) ただし Corduwener 2017 や De Graaf 2019 など、いくつかの専門的歴史研究が近年出てきたことには注目したい。
3) ダールはリベラルの語を文献タイトル以外では用いていない。シュンペーターにおいては1箇所リベラル・デモクラシーの語が用いられているが、そのほかで「リベラル」が用いられるのは政治勢力の名称がほとんどである。
4) もちろんリベラリズムの定義次第では、戦後民主主義が全体としてリベラリズムの圏域内にあるという解釈も可能である（Pombeni 2008）。ここでは以下の理由から、リベラリズムとの相違を強調している。第一に、当事者間においては複数の哲学・世界観の間の対立は強く意識されていた。第二に、「結果としてリベラリズムの範囲内にあること」と「リベラリズムを原則としていること」とは異なる。そして歴史的自由主義思想とは異なり、経験的政治学を含む現在の社会科学が多様で共役不可能な個人を基礎とした社会という側面を強調しているためである。
5) 1960年代後半から、EC/EU の裁判機関である欧州司法裁判所と各国国内裁判所は、時にコンフリクトを起こしつつも司法部対話（judicial dialogue）を通じて（ときに政治部門を掣肘しつつ）統合を前進させていく。現在この動きは意識的に推進され、ドイツ連邦憲法裁判所長官は「ヨーロッパにおける憲法裁判所の結合体（Der europäische Verfassungsgerichtsverbund）」を唱導する（Voßkuhle 2010）。
6) 体制としての自由民主主義における正統性の問題を、外在的視点と内在的視点を混同することなく丁寧に論じるものとして川崎 2001 を参照せよ。

参考文献
American Political Science Association（1950）"Toward a More Responsible Two-party System: A Report of the Committee on Political Parties of the American Political Science Association," *American Political Science Review*, 44(3), Supplement.
Corduwener, Pepijn（2017）*The Problem of Democracy in Postwar Europe: Political Actors and the Formation of the Postwar Model of Democracy in France, West Germany and Italy*, London: Routledge.

Coppedge, Michael *et al.* (2011) Conceptualizing and Measuring Democracy: A New Approach, *Perspectives on Politics*, 9(2), pp. 247-267.
Dahl, Robert A. (1956) *A Preface to Democratic Theory*, Chicago: University of Chicago Press.
De Graaf, Jan (2019) *Socialism across the Iron Curtain Socialist Parties in East and West and the Reconstruction of Europe after 1945*, Cambrdige: Cambridge University Press.
Friedrich, Carl J. (1951) "Political Theory of New Democratic Constitutions," In: Arnold J. Zurcher (ed.), *Constitutions and Constitutional Trends since World War II: An Examination of Significant Aspects of Postwar Public Law with Particular Reference to the New Constitutions of Western Europe*, New York: New York University Press, pp. 1-35.
Gourevitch. Peter (1986) *Politics in Hard Times: Comparative Responses to International Economic Crises*, Ithaca: Cornell University Press.
Grimm, Dieter (2016) *Constitutionalism: Past, Present, and Future*, Oxford: Oxford University Press.
Loewenstein, Karl (1937) "Militant Democracy and Fundamental Rights," I and II," *American Political Science Review*, 31(3), pp. 417-432; 31(4), pp. 638-658.
Maier, Charles S. (1975) *Recasting Bourgeois Europe*, Princeton: Princeton University Press.
Maier, Charles S. (1987) *In Search of Stability: Explorations in Historical Political Economy*, Cambridge: Cambridge University Press.
Maier, Charles S. (2016) "Preface to the 2015 Reprinting," In: Id., *Recasting Bourgeois Europe*, new paperback edition, Princeton: Princeton University Press, pp. ix-xviii.
Maritain, Jacques (1949) Christianity and Democracy. Manuscript of the Address given at the Annual Meeting of the American Political Science Association, 29 December, 1949. <maritain.nd.edu/jmc/jm604a.htm>
Merkel, Wolfgang (2014) "Is There a Crisis of Democracy?" *Democratic Theory*, 1(2), pp. 11-25.
Moss, Jonathan, Nick Clarke, Will Jennings and Gerry Stoker (2016) "Golden Age, Apathy or Stealth? Democratic Engagement in Britain, 1945-1950," *Contemporary British History*, 30(4), pp. 441-462.
Müller, Jan-Werner (2011) *Contesting Democracy: Political Ideas in Twentieth-Century Europe*, Princeton: Princeton University Press.
Osterkamp, Jana (2009) *Verfassungsgerichtsbarkeit in der Tschechoslowakei (1920-1939)*, Frankfurt a. M.: Vittorio Klostermann.
Pombeni, Paolo (2008) "Anti-Liberalism and the Liberal Legacy in Postwar European Constitutionalism: Considerations on Some Case Studies," *European Journal of Political Theory*, 7(1), pp. 31-44.
Strøm, Kaare, Wolfgang C. Müller and Torbjörn Bergman, eds. (2003) *Delegation and Accountability in Parliamentary Democracies*, Oxford: Oxford University Press.
Thornhill, Chris (2016) "The Mutation of International Law in Contemporary Constitutions: Thinking Sociologically about Political Constitutionalism," *Modern Law Review*, 79(2), pp. 207-247.
Van Biezen, Ingrid, and Hans-Martien Napel, eds. (2014) *Regulating Political Parties: European Democracies in Comparative Perspective*, Leiden: Leiden University Press.
Voßkuhle, Andreas (2010) "Multilevel cooperation of the European Constitutional Courts: Der

Europaische Verfassungsgerichtsverbund," *European Constitutional Law Review*, 6(2), pp. 175-198.
網谷龍介（2018）「戦後ヨーロッパにはリベラル・デモクラシーが成立し、発展したのか？――現実に存在したデモクラシーの正統性原理とその変容をめぐる序論的考察」『国際関係学研究』45、1-16 頁。
板橋拓己（2016）『黒いヨーロッパ――ドイツにおけるキリスト教保守派の「西洋」主義 1925〜1965 年』吉田書店。
市野川容孝（2006）『社会』岩波書店。
遠藤乾編（2014）『ヨーロッパ統合史［増補版］』名古屋大学出版会。
カレ・ド・マルベール（2011）『法律と一般意思』時本義昭訳、成文堂。
川崎修（2001）「『自由民主主義』――理念と体制の間」『年報政治学』52、3-16 頁。
クラウチ、コリン（2007）『ポスト・デモクラシー――格差拡大の政策を生む政治構造』近藤隆文訳、青灯社。
シュンペーター（1962）『資本主義・社会主義・民主主義（上・中・下）』中山伊知郎・東畑精一訳、東洋経済新報社。
砂原庸介・稗田健志・多湖淳（2015）『政治学の第一歩』有斐閣。
高橋利安（1985-88）「「労働に基礎を置く民主共和国」についての一考察」『早稲田大学法研論集』36、211-234 頁；38、45-68 頁；46、167-190 頁。
多田一路（2009）「社会保障法制における国家の役割――フランスにおけるアンチエタティスム」『立命館法学』321・322、279-302 頁。
中田瑞穂（2018）「第二次大戦後チェコスロヴァキアにおける人民の民主主義と政党間競合――国民社会党を中心に」『スラヴ研究』65、39-66 頁。
中村睦男（1973）『社会権法理の形成』有斐閣。
樋口陽一（1994）『比較憲法［全訂第三版］』青林書院。
マクファーソン、C. B.（1967）『現代世界の民主主義』栗田賢三訳、岩波書店。
マゾワー、マーク（2015）『暗黒の大陸――ヨーロッパの 20 世紀』中田瑞穂・網谷龍介訳、未來社。
宮沢俊義（1936/2017）「政党国家から政党独裁政へ――政党の繁栄とその没落」同『転回期の政治』岩波書店、129-153 頁。
ミュラー、ヤン＝ヴェルナー（2017）『ポピュリズムとは何か』板橋拓己訳、法政大学出版局。
ミルキヌ＝ゲツェヴィチ（1964）『憲法の国際化――国際憲法の比較法的考察』小田滋・樋口陽一訳、有信堂。
ムーニエ、エマニュエル（1953）『人格主義』木村太郎・松浦一郎・越知保夫訳、白水社。

第1章
亡命者たちの戦後構想とその蹉跌

戸澤英典

　第二次世界大戦の惨禍は、ヨーロッパ国際秩序に新たな「統合[1]」の実現を促した。その要因として、統合史研究者のロート（Wilfried Loth）は、「1939/40年のナチス・ドイツによる迅速な侵攻は、ヨーロッパの国民国家がもはや国民に安全保障を提供することができず、従来型の同盟システムによっては武力による侵略に対する十分な防御となり得ないことを痛切に思い知らせた」（Loth 1990, pp. 13-14）と端的に叙述している。もっとも、「欧州統一思想の支持者たちも、戦後の日常生活のやむを得ない必要性に迫られ、まずは実利的に可能なもの——伝統的な国民国家の枠組みでの復興にエネルギーを注いだ」（*ibid.*, p. 28）のであり、その後1950年代以降にジャン・モネらの構想に基づいて現在のEUにつながる「ヨーロッパ建設」が本格的に展開するというのがロートの統合史観である。「ヨーロッパの自殺」とも称される第一次世界大戦による体制動揺と精神史的な衝撃を経て、両大戦間期に広域秩序再編構想が現れ、第二次大戦中のレジスタンス運動等に見られた様々な戦後構想が、ヨーロッパ戦後秩序に質的な変化をもたらしたと見るのである。

　そうした統合史の見方に対しては様々な批判や異論も唱えられてきた。とりわけ、経済史家ミルウォード（Alan Milward）による「国民国家のヨーロッパ的救済」テーゼは大きなインパクトを与えた[2]。

　果たして戦後のヨーロッパでは国民国家が時代遅れのものとなり、あるいは主権国家体制（ウェストファリア体制）は根本的に変容してきたのだろうか。それとも、国民国家は強靭な弾力性を見せて現代に至っているのであろうか。そうした問題意識を念頭に、本章ではこれまであまり検討されてこなかった亡命者たちの戦後構想とその帰結に光を当てて、ヨーロッパ戦後秩序を再考したい。

以下、ヨーロッパ諸国からの亡命という現象を概観し（第1節）、亡命者の中でも興味深い戦後構想のいくつかを詳述（第2節）する。最後に（第3節）、そうした諸構想を国際関係論の泰斗であるウォルツの3つの分析レベルに沿って分類しながら相互の異同をあとづけ、戦後の現実政治に及ぼした影響を評価したい。

1　亡命者たち

未曾有の規模の亡命

　第二次世界大戦がもたらしたものは、歴史上類を見ない規模の亡命である[3]。亡命と移民を峻別することが困難な場合もあることから正確な人数はわからないものの、ナチス政権が権力を掌握した1933年から1944年までの間の亡命者の総数は約50万人、その内ヨーロッパからアメリカへの亡命者数は約24万から32万名と推計されている（フェルミ『亡命の現代史』1巻13頁; 前川 2014、5頁など）。そのかなりの部分がユダヤ人であり、また知識人階級の者も多かったことがアメリカの自然科学・社会科学の発展に大きく寄与したことも改めて言うまでもない。アルベルト・アインシュタイン（1879‒1955）、レオ・シラード（1898‒1964）、エンリコ・フェルミ（1901‒54）、オットー・フリッシュ（1904‒79）、ジョン・フォン・ノイマン（1903‒57）といった亡命科学者たちの頭脳は「マンハッタン計画」による原子爆弾製造を可能とし、核兵器による対峙という新たな時代の扉を開けた。そうした新たな国際関係を分析する学問としてアメリカで発展した国際関係論（IR）の始祖のひとりがモーゲンソーであり、また勢力均衡に基づく現実主義外交を展開したキッシンジャーもまた亡命者である。

　アメリカ以外にも、亡命者たちはイギリスやスイスといった国々に多く逃れ、またかなりの数の人々が大戦後に帰国することとなった。オスロを拠点に反ナチ闘争を続けたブラントは、戦後にノルウェー人として帰国し、その後国籍を回復して政治家となり西ドイツの首相に上り詰めている。もっとも、

第1章　亡命者たちの戦後構想とその蹉跌

帰国した亡命者たちの多くは、大戦前の地位や影響力を失うこととなった。終戦直後のヨーロッパ諸国では、ナチス・ドイツの支配に抗したレジスタンス運動の闘士や、解放をもたらしたアメリカやソ連など外部勢力の影響力が増し、また国家再建に尽力した国内の実務家たちは、亡命政府の帰還の場合に顕著に見られるように「過去の遺物」を手放しで歓迎することはなかった。

亡命者たちの「場」

パリ——大陸ヨーロッパのハブ

フランス革命の人権宣言を共和国の理念とするフランスは、「世界の隠れ家」とも称されるほど亡命者を積極的に受け入れてきた。また、パリは、当時の基幹的な交通手段である鉄道網の中心に位置し、ヨーロッパ外交の中心地のひとつでもあった（国際連盟の本部が置かれたジュネーヴとは、1930年代に国際鉄道で1日3〜4便、約9時間の旅程で結ばれていた）。本章の直接の対象ではないが、芸術の都パリは、多くの芸術家や音楽家を惹きつけ、そのなかにはマルク・シャガール（1887-1985）やサルヴァドール・ダリ（1904-89）のように、その後アメリカに亡命して芸術界に多大な影響を与えた者もいた。

戦間期のフランス外交は、第一次大戦直後の対独復讐的な外交政策が行き詰まり、1925年にルール撤退、次いでロカルノ条約締結と国際協調路線に転換したが、その後もドイツに対する牽制の姿勢を緩めることはなかった。中東欧地域では、「小協商」と称されるチェコスロヴァキア共和国・ユーゴスラヴィア王国・ルーマニア王国の間で成立した同盟システムを強力に支援し、これらの国々との関係はナチス台頭後に亡命者を受け入れる素地となった。

スペイン内戦（1936-39年）に際しては人民戦線側に欧米諸国から多くの義勇兵が加わったが、その拠点となったのもパリである。アメリカの作家アーネスト・ヘミングウェイ（1899-1961）は『日はまた昇る』（1929年）など初期の小説をパリで執筆したが、スペイン内戦に義勇兵として従軍した経験に基づき『誰がために鐘は鳴る』（1940年）を著している。

「ハプスブルク法」によりオーストリアを追われたオットー・フォン・ハ

プスブルクは、1938 年 3 月のオーストリア併合後にパリで故国再興の活動を精力的に行った。同年 9 月のミュンヘン協定後には、チェコスロヴァキア駐仏大使オススツキーが仏外務省の支援を受ける形で独自の活動を続けた。さらに、第二次大戦勃発後には中東欧諸国から多くの亡命者がパリに流れ、ポーランド亡命政府も当初はパリで樹立された。そうした国籍や政治的立場が異なる活動家たちが集う状況は「政治亡命者たちは長い間パリに本拠をおき、そこでお互いの接触を保ち、友情と敵意を絶やさずにいた」(フェルミ『亡命の現代史』1 巻 103 頁) とも表現されている。

　1940 年春にナチス・ドイツの攻勢が強まり、特に、フランス降伏後の休戦協定でヴィシー政権に「ドイツ人」(「第三帝国」支配下から来た他国の人々を含む) の引き渡し要求に応じる義務が生じると、亡命者たちはイギリスに逃れ、あるいは中立国ポルトガルの首都リスボンを経由して南大西洋航路もしくは当時実用化され始めたばかりの空路 (パン・アメリカン航空が最初の大西洋横断民間飛行艇を運航したのは 1939 年 6 月) でアメリカに向かうことを余儀なくされた。

ロンドン——亡命政府の本拠

　イギリスも歴史的に政治亡命者に庇護を提供してきた国である。特に大陸ヨーロッパの政治状況と一線を画す外交姿勢から、ルイ・ナポレオン (ナポレオン 3 世) やカール・マルクスなど、後の欧州情勢に大きな影響を及ぼす亡命者も受け入れてきた。第二次大戦時には「最後の望みの島」(Olson 2017) となったイギリスに大陸ヨーロッパからの要人が逃げ込み、加えて国王ジョージ 6 世が亡命を余儀なくされた欧州各国の王族に手厚い庇護を与えた。そのためほとんどの亡命政府がロンドンで組織されることとなった。

　宥和政策を推進していたチェンバレン内閣の下では、ベネシュらが活動の自粛を求められたように、亡命者の活動はイギリス外交への影響から制限を受けたが、大戦勃発によって情勢は大きく変わることとなった。1939 年 11 月にベネシュがチェコスロヴァキア国民委員会を発足させ (翌年に亡命政府となるまでの経緯は後述)、さらに 1940 年春のナチス・ドイツの侵攻により、

ノルウェー、ベネルクス三国、（フランスから移ってきた）ポーランド、自由フランスの各亡命政府がロンドンで活動することとなった。1941年春にナチス・ドイツがバルカン半島に侵攻すると、ユーゴスラヴィアとギリシャの王室もロンドンに逃れてきた。

　こうした亡命政府に対する庇護はイギリス外交の一環であったが、イギリスと米ソ両国との関係の影響を受けることとなり、特にソ連との関係をめぐって各国の亡命政府は難しい立場に置かれることともなった。後述する「ポーランド・チェコスロヴァキア国家連合」構想をめぐる迷走はその最たるものである。

　イギリスはヨーロッパの知識人を惹きつけてきた国でもある。特に、ロンドン・スクール・オブ・エコノミクス（LSE）には、大戦の危機が先鋭化する前から経済学者をはじめ多くの社会科学者が集っていた。亡命知識人に対して学術関係者により組織された「大学人援護協会」などが支援にあたったが、イギリスの待遇はアメリカと比較して劣悪だったようである。知識社会学の提唱者として著名なカール・マンハイム（1893-1947）も1933年にLSEの講師となったが常勤職を得たのは死の2年前の1945年のことであった（澤井2004）。そうした状況もあり、当時学生であったアルバート・ハーシュマンのように大戦勃発前後からアメリカに亡命した者たちも多い。

アメリカ——知識人移民たちの新天地

　「移民の国」であるアメリカには、パリやロンドン、あるいはスイスといった伝統的な旧大陸の亡命先が危険となるにつれ亡命者たちの多くが流れ、そのうちの1割に当たる約2万5000名とも推計されている新たな知識人移民たちが自然科学・社会科学、芸術といった領域で大きなインパクトを与えることとなった。

　知識人たちのアメリカへの移民の動きは第一次大戦後の不安定なヨーロッパ情勢の下ですでに始まっていたが、大規模な流入はユダヤ人への迫害が激化した1930年代に入ってからである。

　アメリカでは20世紀に入る頃から移民制限の動きが強まり、1921年には

時限立法として移民割当法が成立し、これを恒久化する形で1924年には移民・帰化法が改正され特にアジア系移民(その多くが日本人)が事実上禁止された。1929年7月に、この改正移民法の出身国条項が発効し、ヨーロッパからの移民も著しく制限されることとなったが、知識人はその例外とされた。

　ヨーロッパからの亡命者はニューヨークのエリス島の移民局で入国審査を受け、その後も東海岸で活動することが多かった。知識人移民の場合には、亡命者援護委員会の専門機関や「亡命外国人学者緊急援助委員会」等の私的な組織が定住支援に当たったが、特に亡命者が激増する1930年代半ば以降には、後述するモーゲンソーの場合のように「エレベーター・ボーイかなにかの仕事を探した方が運が向きますよ」と言われることすらあった。ヨーロッパからの財産の持ち出しに制約を受け、家具や衣類を船便で送ることもできなかった「難民」とも呼ぶべき亡命者たちの中には、大変な貧困と苦労を強いられる者も少なくなかった[4]。加えて、言葉や文化が異なる新天地への順応に疲弊し、あるいは故国の状況に絶望した者には死を選ぶ者もいた。アメリカでも著名であった作家シュテファン・ツヴァイクは、自伝『昨日の世界』で、「あらゆる形の亡命というものは、それ自体すでに不可避的に一種の平衡の乱れの原因となるものである」と記しているが、最初の亡命先ロンドンからニューヨークでの一時滞在を経てブラジルに移住した後の1942年に自殺を遂げている。

　そうした知識人移民たちに支援の手を差し伸べ、あるいは活動の場を与えたのは、ユダヤ人コミュニティや東海岸の知識人コミュニティである。ニューヨークのユニオン神学校を拠点としていた神学者のラインホルド・ニーバー(1892-1971)や、コロンビア大学総長を長く務めカーネギー国際平和基金理事長でもあったニコラス・バトラー(1862-1947)といった人物が代表的な支援者に数えられる。彼らの支援を受けて、ニューヨークには「亡命大学[5]」や「社会研究所[6]」という知の拠点が作られ、これらは大戦後に大きな影響を及ぼすこととなった。ドイツ人作家トーマス・マン(1875-1955)はヨーロッパのサロン文化をアメリカに持ち込んだが、妻カタリーナがユダヤ系であったことから、マンのサロンにはアインシュタインや音楽家のアルノ

ルト・シェーンベルク（1874‐1951）、イーゴリ・ストラヴィンスキー（1882‐1971）、経営学者ピーター・ドラッカー（1909‐2005）といったユダヤ系の亡命者たちが多く集ったという。

また、中西部の拠点都市として19世紀半ばから大きく発展を遂げたシカゴには中東欧からの移民コミュニティが形成され、そうした移民による組織や団体は相当の影響力を有するようになった[7]。「亡命学者たちは、東部海岸地帯の古い知的センターでよりも中西部やカリフォルニアで温く迎えられるのがふつうだった」ともいう（Coser 1984, 邦訳12頁）。1931年には初のチェコ系市長アントン・サーマク（1873‐1933；ハプスブルク帝国下のクラドノ生まれ）が誕生している（サーマクは1933年2月、大統領に当選したばかりのフランクリン・ローズヴェルト暗殺未遂事件の巻き添えとなり遊説先のマイアミで射殺された）。そうした移民団体の支援を受ける形で、シカゴも知識人移民たちの重要な活動拠点となった。

こうした亡命学者たちは、物理学や数学といった領域でアメリカの学術水準を飛躍的に高めることとなった。あるいは、フロイトの弟子たちの亡命によって大きく発展することとなった精神分析学や、ヨーゼフ・シュンペーター（1883‐1950）らのオーストリア学派によって新風が吹き込まれた経済学のように、アメリカの知的風土に革新的な刺激を与えた学問領域も少なくない。他方、ハンス・ケルゼン（1881‐1973）やモーゲンソーのように、法学者たちの多くは法体系の異なるアメリカでその業績を正当に評価されることはほとんどなかった。

その他の地

永世中立国として13世紀末に独立したスイスは、16世紀の宗教改革以降には宗教的理由で迫害された人々に庇護を与え、フランス革命以降には政治的な理由で祖国を追われた人々を受け入れてきた。第二次大戦時には結果的に中立を守り通したが、これはナチス・ドイツがスイスに対する侵攻作戦を採用しなかったからであり、ユダヤ人の引き渡し要求等、スイスは枢軸国からの外交上の圧力を受け続けた。それでもなお第二次大戦中にスイスは数万

人の亡命者を受け入れている。他方で、第二次大戦末期に連合国軍あるいは「自由フランス」が占領地を奪還するようになると、ヴィシー政権の要人らが「対独協力者」と非難を浴び、スイスに逃れることもあった。「シャネル」の創業者であるファッション・デザイナーのココ・シャネル（1883‒1971）は、第二次大戦中にはナチス高官の愛人として反ユダヤ的な活動にも手を染めた。連合国軍によるフランス解放後に「売国奴」としてフランス中からの非難を浴びたシャネルはローザンヌへ脱出し、数年間の亡命生活を送っている（Vaughan 2011）。

　ソ連の首都モスクワには、コミンテルン（共産主義インターナショナル）の本部が置かれ、各国の左翼の活動家が亡命した（野坂参三ら日本の共産主義者も含まれる）。そのなかには、戦後に帰国して政治の一翼を担った者もいるが、それ以上にスターリンによる大粛清の犠牲になった者が多い。

　大戦末期まで中立国トルコは「特異な避難所」であったという（フェルミ『亡命の現代史』1巻 80-85頁）。オスマン帝国下における伝統を受け継ぎ、当時のトルコでは様々な民族が共存していた。特に、ユダヤ人によるエレツ・イスラエル（イスラエルの地）への移民（「アリヤー」Aliyah）の第五波にあたる 1929‒39 年には 25 万人のユダヤ人がパレスチナに到着したというが、この多くがトルコを通過し、1939 年以降のアリヤー・ベート（非合法移民）による約 11 万人を加えて 1948 年のイスラエル建国を実現する主力となった[8]。

2　亡命者たちの戦後構想

　本章では、前章で概観した亡命者たちの中から興味深い例をいくつか取り上げ、戦争の惨禍と悲劇を二度と繰り返さないためにどのような構想を打ち出し、それが大戦後にどのような影響を与えたのかを詳しく見ていく。

亡命政府

チェコスロヴァキア[9]

　ロンドン亡命政府の中でも、最も国際的な影響力をもったのはエドヴァル

ド・ベネシュ（1884 - 1948）が率いたチェコスロヴァキア亡命政府である。プラハのカレル大学講師であったベネシュは、第一次大戦中に初代大統領となったトマーシュ・マサリク（1850 - 1937）の右腕として独立運動を指揮し、1918 - 35 年まで外相を務め、35 年にはマサリクの後任として第2 代大統領となった。国際連盟総会などの場で小国の立場を精力的に訴えたことも記憶に新しく、国際的な知名度は抜群であった。

　1938 年 9 月、英仏独伊間のミュンヘン協定によりナチス・ドイツに対する「宥和政策」が実現すると、ベネシュは大統領辞職を余儀なくされ、ロンドンに亡命した。第二次大戦勃発後の 1939 年 10 月にベネシュはチェコスロヴァキア国民委員会の設立を打ち出し、当初は亡命者組織としての承認を求めた。当時、駐仏大使であったステファン・オススツキー（1889 - 1973）のグループはパリで別途活動を続けベネシュと対立していたが、仏政府の圧力もあり国民委員会に参加し、同年 12 月にはイギリス政府も国民委員会を仮承認した。また、スロヴァキア人の元首相ミラン・ホジャ（1878 - 1944）は同年 11 月にスロヴァキア国民会議を設立し、ここにベネシュの路線に反発するチェコ人も加わり、翌 40 年 1 月にチェコ＝スロヴァキア国民会議が結成された。英仏連合軍が大陸から追い落とされた「ダンケルクの戦い」の後の 1940 年 7 月、オススツキーのグループも合流し、国民委員会は亡命政府としてイギリス政府にも正式に承認された[10]。他方、ベネシュとの政争に敗北する形となったホジャは亡命政府に参加せず、アメリカに渡って反ベネシュ・キャンペーンを張りつつ亡命活動の主導権を奪還すべく独自の活動を続けた（福田 2012）。

　こうして成立したチェコスロヴァキア亡命政府は、国民社会党、社会民主党、農業党、人民党の政治家たちから構成されていたが、ポストの配分や資金調達といった点で、ベネシュの存在感は圧倒的なものがあった[11]。

　ベネシュの戦後構想の基本は、1939 年 2-3 月にシカゴ大学で行った講義を基にした『今日と明日の民主主義』（Beneš 1939）に端的に見て取れる。彼の国際政治観は民主主義と不可分に結びついているところに特徴があり、国際連盟は「第一次大戦後の欧州および世界で起きた民主化の兆候と表現」で

あったと言う。とりわけ、中東欧諸国の中で民主主義を守り続けたチェコスロヴァキアは、その象徴的存在であることを示唆している（同時に、ドイツ系住民がナチスの影響を持ち込んでチェコスロヴァキアの民主主義を破壊した点にも言及している）。

そうした認識から出てくる戦後構想は、国内体制と国際秩序双方での民主主義の再興ということになろう。その際、民主主義国家を中心とする国際連盟体制の立て直しとともに、「チェコスロヴァキア共和国の再興」が必須とベネシュの目には映っていた。戦前の失敗を繰り返さないためには、政党対立の克服と民族問題の解決が必要ということはベネシュも認識していた。民族問題の解決については、ベネシュはチェコスロヴァキアの一体性を確保する方針であり、これはオススツキーやホジャらスロヴァキア人政治家との対立を招いた要因でもあった。他方、ドイツ系住民については、1940 年 11 月の書簡でナチス支持者をふくむ 100 万人のドイツ人移住計画を打ち出していたように、早い段階から構想していたようである。ヴェンツェル・ヤークシュ（1896 - 1966）率いるズデーテン・ドイツ社会民主党に対しては分裂活動を仕掛け、41 年 12 月にスターリンがドイツ系住民の強制移住を伴う戦後構想を打ち出すとこれに加担し、翌 42 年 8 月にはズデーテン・ドイツ社会民主党との関係を断つに至った（相馬 2008、10 頁）。

不安定な小国の分裂状況を克服する処方箋として中欧統合構想を打ち出したホジャやオットー・フォン・ハプスブルク（後述）との対立状況を考えると、ベネシュ率いる亡命政府による戦後の国際秩序構想として特に興味深いのは、「ポーランド・チェコスロヴァキア国家連合」構想である。

ベネシュがポーランド亡命政府に対して連邦構想を初めて打診したのは 1939 年 11 月のことであり、翌 40 年 3 月にはロンドンを訪れた米国務次官サムナー・ウェルズ（1892 - 1961）に対して「将来のチェコスロヴァキアと隣国との関係をめぐる問題」と題した覚書を手渡したが、そこでは特にポーランドとの関税同盟や共通の貿易・財政政策といった経済ベースでの統合を打ち出していた。その上で、40 年 11 月には両国間の政治・経済上の同盟関係が表明され、翌 41 年に両国亡命政府間の調整委員会が設立され、1942 年

1月には大戦後に「ポーランド・チェコスロヴァキア国家連合」を形成することが共同声明として公表された（広瀬 1993、23-34 頁）。

　この国家連合構想は他の中東欧諸国への拡大も想定した戦後の「統合」構想ではあったが、その後に設立された調整委員会での交渉は遅々として進まなかった。そもそも、地域統合構想に懐疑的であったと思われるベネシュがポーランド側との国家連合構想を打ち出したのは、国際的な交渉力を強める狙いに過ぎなかったものだろう。

　さらに、ポーランドとの間には三地域の国境問題を抱えていた。そのうち、チェシン地方にはポーランド系、チェコ系住民の他にドイツ系住民も多く、ズデーテン地方をめぐるドイツとの国境問題も含めて、大戦後のチェコスロヴァキアの国境画定と民族問題は難問であった。1942年夏にベネシュはイギリス外務省を説得し、ミュンヘン協定の破棄とズデーテン地方のチェコスロヴァキアへの復帰を約束させることに成功している。残るは、ドイツ占領下で勢力を増したドイツ系住民の扱いである。

　第二次大戦後、ベネシュは帰国し、大統領に復帰し連立政権を率いた。ベネシュは、領内のドイツ系及びハンガリー系住民に対し、チェコスロヴァキア国籍を剥奪のうえ、私有財産を没収し国家収用する旨の大統領令（「ベネシュ布告」）を発した。その結果、250万に及ぶズデーテン・ドイツ人が追放された。この大統領令の背景には、終戦直後の無秩序な報復熱の中でドイツ系住民への暴力や虐殺が相次いだという事情があるというが、ナチスへの協力とは無縁であったドイツ系住民を集団として追放するという「暴挙」に違いはなく、現在でもなお、被追放者団体は没収財産の返還をチェコ政府に求めおり、チェコの「歴史問題」となっている（矢田部 2011）。

　その後、次第にチェコスロヴァキア共産党およびソ連の圧力が強まる中、1948年2月の政変によってベネシュは実質的に権限を喪失し、同年6月に大統領を辞職、9月にボヘミアで死去した。

ポーランド

　独ソ両国のポーランド侵攻を受け、1939年9月、中立国ルーマニアに逃れ

た大統領イグナツィ・モシチツキ（1867‐1946）は憲法の戦時規定に基づいてパリに亡命中であった元上院議長のヴワディスワフ・ラチキェヴィッチ（1885‐1947）を後継大統領に指名した。パリの大使館で新大統領に就任したラチキェヴィッチは、首相にヴワディスワフ・シコルスキ（1881‐1943）を任命し、脱出したポーランド海軍の大部分と一部の陸軍を指揮下に収め、ポーランド亡命政府が発足した（その後、亡命政府は 40 年にアンジェに移転し、フランス降伏後にロンドンに移った）。シコルスキは、第一次大戦後にポーランド独立の建国の父となったユゼフ・ピウスツキ（1867‐1935）を助けた軍人であり 1922 年には首相にも就任したが、その後サナツィア（浄化）体制と呼ばれる独裁化を強めたピウスツキと対立し、30 年代を通して野党的立場を貫いていた。そのため、シコルスキ首班の亡命政府は戦前の野党である農民党、勤労党、ポーランド社会党、国民民主党の連立によって構成された。

　シコルスキは、ソ連との国境をなるべく東に追いやるべくドイツとの協調を重視したピウスツキと異なり、ドイツの脅威を 20 年代から認識していた。また、イギリス政府や亡命政府の大勢と異なり独ソ対立が不可避であることを早くから予見し、対ソ和解・協調への動きを見せていた。1941 年 6 月の独ソ戦勃発により彼の認識の正しさが明らかになると、シコルスキはすぐさまソ連との外交折衝に乗り出し、同年 7 月にポーランド＝ソ連協定（通称「シコルスキ＝マイスキー協定」）を締結した。ただし、その際、懸案事項であったソ連との東部国境問題は先送りにされる形となった（広瀬 1993、11-18 頁）。

　「ポーランド・チェコスロヴァキア国家連合」構想は、前述のようにチェコスロヴァキア側から提案されたものであったが、歴史的にロシアとドイツの双方の脅威に晒されてきたポーランドとしては共通の対外政策と国防面での協力により戦後の恒久的安全保障を実現することが最大の関心事であった。その点で、ソ連の脅威に対する見方が異なり、かつ強烈な反ソ感情が存在しないチェコスロヴァキアとの利害は必ずしも一致しなかった。その後の国家連合構想をめぐる歴史的展開は、まさにソ連との関係を軸に亀裂を深めていく。

第1章　亡命者たちの戦後構想とその蹉跌

　ポーランド側の連邦綱領案では、連邦の中枢機関として各国元首により構成される最高評議会、連邦の行政機関としての閣僚評議会、立法府としての連邦議会、さらに連邦裁判所が主要機関として提唱されており、高度な統合を想定した内容となっていた。だが、正式に亡命政府として承認を受けてポーランドと対等の立場となったベネシュ亡命政権は次第に連邦構想に慎重な姿勢を見せ始め、各加盟国の主権を大幅に保持し政策調整に主眼を置く方針を強め、両国の協議は具体的な進展を見なかった（広瀬1993、28-29頁）。

　1943年春に発覚した「カティンの森」事件によりポーランドとソ連の関係が決定的に悪化し、これを「ドイツの謀略」とするソ連は「非友好的対応」を理由にポーランド亡命政府との外交関係を停止した。それ以前よりソ連から国家連合構想への反対を伝えられていたベネシュは、ソ連との友好関係の維持を優先するようになった。一方、ソ連への反発を強めた在中東ポーランド軍（ソ連から独自に撤収し転戦）の不満を抑えるために中東訪問を敢行したシコルスキは帰路にジブラルタル沖で飛行機事故により死亡し[12]、その後を継いで同年7月に首相となった農民党のスタニスワフ・ミコワイチク（1901-66）は対ソ強硬派を抑えることができず、ソ連との関係改善を果たすことができなかった。

　1943年10月の英米ソ三国によるモスクワ外相会談では、イギリス外相イーデンが「連邦問題を含めたポーランド、ドナウ、バルカン諸国の将来」について、三大国がヨーロッパ諸国の国家連合の形成を支援する用意があること等を宣言案に盛り込んだ。その意図はソ連の中欧およびバルカンへの影響力を抑制するというものだったが、ウィルソン流の理想主義者で「勢力圏」的な構想に懐疑的な米国務長官コーデル・ハル（1871-1955）が個別的・地域的問題に不関与の立場を示したことで失敗に終わった。ここに中欧の国家連合構想も最終的に破綻することとなる（広瀬1994、133-156頁）。

　その後、1944年7月にスターリンの意向に基づき、「ポーランド国民解放委員会（通称ルブリン委員会）」が組織され、「ポーランドにおける暫定行政機関」としてソ連に承認された。一方、ロンドン亡命政府は、大戦後の主導権を握るべく、同年8月に国内軍およびレジスタンス運動による「ワルシャ

33

ワ蜂起」を主導した。だが、当初態度を明らかにしていなかったソ連軍は「ワルシャワ蜂起」を見殺しにし、ロンドン亡命政府とソ連との決別が明らかとなった。

　ミコワイチクはソ連に不信感を持ちつつもルブリン委員会に参加すべく、ポーランド解放後の同年 11 月、亡命政府を辞任した。翌 45 年 6 月、挙国一致臨時政府が樹立され、そこには亡命政府系の政治家も帰国して参加し、ミコワイチクは「ポーランド農民党」を結成して新政府内での共産主義者への対抗勢力となった。しかし、その後、米ソ対立が強まり、東西冷戦が明らかとなる中で、ポーランド農民党は弾圧を受け、ミコワイチク自身も 47 年 10 月にポーランドを脱出しロンドンに再亡命した（吉岡 2005）。

　他方、ミコワイチクに反対しロンドンにとどまった亡命政府のポーランド人は、45 年 7 月にイギリスによる承認が撤回されたことからロンドンの大使館から退去を余儀なくされ、多くがアメリカに移住することとなった。その後も亡命政府は形式的に存在したが、ほとんど影響力を持つことはなく、東欧革命により 1990 年にレフ・ヴァウェンサ政権（ポーランド第三共和国）が成立すると、これを第二共和国の正式な継承者として消滅することとなった。

　ポーランド亡命政府は、チェコスロヴァキア亡命政府と比して、軍部を傘下に収めるなど政府の体裁はより整っているようにも思われる。だが、ソ連との抗争により大戦中からその運命は翻弄され、またその戦後構想が日の目を見ることはなかった。東西冷戦終結後に、中東欧地域でも「中欧イニシアティブ」や「ヴィシェグラード協力」といった独自の動きが見られたものの、旧東側の各国は EU／NATO 加盟を主眼とした。「ポーランド・チェコスロヴァキア国家連合」構想は、むしろ「狭間のヨーロッパ」がまとまる難しさを示す歴史の一頁となったというべきかもしれない。

その他の亡命政府

　チェコスロヴァキアとポーランドのほかにも、亡命政府間では様々な戦後構想と国家間協力への動きが見られた。

第 1 章　亡命者たちの戦後構想とその蹉跌

　ベルギー、オランダ、ルクセンブルクの三国間では、1944 年 9 月に関税協定が締結された。この調印は、ベルギー亡命政府の帰国直前のことであったが、帰国後の国内での反対を予想し既成事実化が図られたものである（遠藤編 2008a、164-167 頁）。一方、オランダの解放はライン川を防衛線とするドイツ軍の激しい抵抗によってドイツ降伏直前の 45 年 5 月にずれ込み、かつドイツ軍による持ち去りや戦争による破壊によって経済が大打撃を受けたことから、戦争直後のオランダは統制経済的な政策を採った。そのため、関税協定の各国での批准作業は遅れたが、農産物貿易や税制の調和といった難問を何とかクリアし、48 年 1 月にベネルクス関税同盟が発足した（小島 2007）。この関税同盟を主導したポール゠アンリ・スパーク（1899‐1972）、パウル・ファン・ゼーラント（1893‐1973）らは、欧州石炭鉄鋼共同体（ECSC）や欧州経済共同体（EEC）設立の立役者ともなり、その点でもヨーロッパ統合の先駆的存在といえる。

　ギリシャとユーゴスラヴィアの亡命政府間では、1942 年 1 月に両国の国家連合協定が調印された。これはバルカン半島へのソ連の影響力浸透を危惧するイギリス外務省の意向に沿ったものであったが、ユーゴスラヴィア国内でヨシップ・チトー（1892‐1980）率いるパルチザンの抵抗運動へイギリス政府が支援を切り替えたことで、その意味を失った。

　フランス降伏後、ヴィシー政権に抗して「自由フランス」を率いたシャルル・ドゴール（1890‐1970）将軍は、降伏直前にジャン・モネ（1888‐1979）らによって起草された「英仏国家連合案」にも理解を示した。だが、「フランスの栄光」を求めるドゴールは、大戦中から米英ソとは異なる立場を貫いていた。北アフリカ戦線での軍事的な成功によって存在感を強めたドゴールは、フランス解放後の臨時政府の首班となったがすぐに下野し、アルジェリア戦争によって内乱の危機に陥った第四共和政を打破する形で 1958 年に第五共和制の大統領となった。ドゴール大統領は米ソに抗した「大西洋からウラルまでのヨーロッパ」を掲げる独特の外交を展開したが、彼の「ヨーロッパ統合」の中核には常に「フランスの栄光」があった（小窪 2013）。

ブラント

　ヴィリー・ブラント（1913 - 1992）は、北ドイツのリューベックに母マルタ・フラームの私生児として生まれ、ヘルベルト・フラームと名付けられた。ヘルベルトは労働者階級の家庭に育ったが成績優秀だったことからギムナジウムに進学し、在学中に社会主義者としての活動を始めた。母マルタが組合活動に熱心だったため、社会主義者になることは自然なことに思われたという（Lorenz 2012, p. 11）。
　1931 年秋にドイツ社会民主党から分離した左翼分派のグループであるドイツ社会主義労働者党（SAPD: Sozialistische Arbeiterpartei Deutschlands）が組織されると、ブラントは、政治活動の師であるユリウス・レーバー（1891 - 1945）の忠告に背いて、このグループに加わった。
　1933 年のナチス政権成立により、社会主義政党の活動が禁止されると、ヘルベルトはオスロに逃れノルウェー人女性と結婚し、「ヴィリー・ブラント」と名乗りノルウェー労働党の機関誌に寄稿するなどジャーナリストとしての活動を始めた。その後、この変名を使いドイツを含むヨーロッパ各地を取材し、同時に SAPD の再興のために活動を続けた。この間、1935 年には、ヴェルサイユ条約に違反してドイツが空軍創設の準備を進めていることを暴露し国家反逆罪で投獄されたカール・フォン・オシエツキー（1889 - 1938）のノーベル平和賞受賞に尽力している（Lorenz 2012, p. 23）。
　1938 年にはナチス・ドイツによりドイツ国籍を剥奪されたことからノルウェー国籍を申請したがすぐには受理されず、1940 年 4 月にドイツ軍がノルウェーに侵攻するとその身は危険に晒されることとなった。軍服を着てノルウェー軍人として一時逮捕されるというきわどい逃走劇により中立国スウェーデンに入りストックホルムに居を構えたブラントは、同年 8 月にノルウェー亡命政府により国籍を付与され、ユダヤ系通信社（Overseas News Agency[13]）所属のジャーナリストとして活動を継続した。
　この時期のブラントの活動は、何よりもまず統一的な社会主義政党の再建に向けられていたようである。戦後の国際秩序にかかる構想としては、「ド

第 1 章　亡命者たちの戦後構想とその蹉跌

イツ問題のヨーロッパ的解決」が必要だとし、「工業国ドイツと東欧・南東欧の農業国の間の自由な連邦」が「包括的なヨーロッパでの解決に向けた一歩」としていた（Lipgens ed. 1986, Vol. 2, pp. 568-570）。あたかもナウマン流の「中欧論」を彷彿とさせる構想であるが、それ以上に具体的な内容に乏しいきらいもある。

　戦後ドイツに戻ったブラントは、1948 年には国籍を回復すると共に正式に改名した。当初は SAPD の一員として統一的な社会主義政党の樹立を目指していたが、ソ連占領地区の党員たちが社会主義統一党（SED）結成へと流れる状況もあり、社会民主党（SPD）の政治家としてベルリンを拠点に活動することとなったブラントは、1957 年に西ベルリン市長に就任した。この市長在任期の 1961 年 8 月に東ドイツは「ベルリンの壁」建設を始め、それによって惹起されたベルリン危機に対処したブラントの人気は一気に高まった。SPD の主流派はなお、コンラート・アデナウアー（1876-1967）首相以来の西側統合路線に反対の態度をとっていたが、ブラントは市長として、自由な西ベルリンの維持はアメリカをはじめとする西側諸国の支援なしには不可能であることを痛感し、特に NATO／WEU という西側軍事同盟との結びつきを重視するようになった。もっともブラント自身は、北欧での亡命生活がアングロ・サクソンへの親和性をもたらした、とも述べている（Brandt 1966, 邦訳 3-4 頁）。また、この東西対立の最前線での経験は、後に新東方政策（Ostpolitik）を推進する原動力ともなった。

　その後、国政に転じたブラントは、1966 年からクルト・ゲオルク・キージンガー（1904-88）大連立内閣の外相を務め、1969 年には SPD・FDP 連立政権の首相に上り詰めた。首相在任時には側近エゴン・バール（1922-2015）の構想に基づき新東方政策を推進し、「接近による変化」をスローガンに東西分断の克服に努めて成果を挙げた。1971 年にはその成果によりノーベル平和賞を受賞したが、1974 年に秘書が東ドイツ国家保安省（Stasi）のスパイと発覚したギヨーム事件により首相辞任を余儀なくされた。その後も、社会主義インターナショナル議長（1976-92）や、国連の「国際開発問題に関する独立委員会」（1977-80 年；通称ブラント委員会）など国際舞台での存在感

37

を保ち、「ベルリンの壁」崩壊とドイツ統一の実現を見届けた後の 1992 年に死去した。

クーデンホーフ゠カレルギー

　リヒャルト・クーデンホーフ゠カレルギー伯爵（1892 - 1972、以下ク伯）は、1923 年に弱冠 29 歳で出版した『パン・ヨーロッパ』によってヨーロッパ文壇の寵児となった。ク伯の『パン・ヨーロッパ』は、世界をパン・ヨーロッパ、パン・アメリカ、ソヴィエト・ロシア、大英世界帝国、パン・アジア、の五大ブロックに分けて統合する構想である。ヨーロッパを統合する構想は近代国家が形成された 14 世紀以降のものだけでも無数に存在するが、ク伯の「パン・ヨーロッパ」の一大特徴はイギリスとロシアを欧州から切り離したことにある。また、具体的な政治機構としては、（共産主義に対する憎悪は隠さなかったものの）王政や共和制といった各国の政治体制や内政に対しては直接的な干渉を避け、相互不可侵に力点を置く国家間機構としての欧州連邦を想定していた。加えて、アフリカの植民地については「共同所有（開発）」の方針を打ち出し、後の「ユーラフリカ」（l' Eurafrique）の先駆とも言える構想となっていた（戸澤 2003）。

　その後、自ら組織したパン・ヨーロッパ運動は盛り上がりを見せ、1929 年 9 月にはパン・ヨーロッパ運動の名誉総裁となっていた仏首相アリスティード・ブリアン（1862 - 1932）が、国際連盟総会の場で「欧州連邦秩序構想」の演説を行い、ヨーロッパ統合運動は初めて現実政治の場に上ることとなった（遠藤編 2008a、104-113 頁）。

　だが、ブリアンの良き理解者であった独外相グスタフ・シュトレーゼマン（1878 - 1929）が折り悪しく死去し、ニューヨーク株式恐慌に端を発する世界大恐慌の影響から各国の保護主義が強まったこともあり、ブリアン構想は頓挫した。その後、1930 年代のク伯は悪戦苦闘を続ける。全ヨーロッパ大の統合運動をひとまず棚上げし、ドイツとの合邦（アンシュルス）に代替するオーストリアの外交オプションとして「ドナウ連合」を構想したク伯は、オーストリア独特の権威主義体制を樹立したエンゲルベルト・ドルフス（1892 -

1934) 首相に接近した。さらに、ナチズムと対立するなか、オーストリアの独立を守るためにムッソリーニに接近したク伯の戦略は、目立った成功を見せないまま、1937 年の日独伊三国同盟の締結によって最終的に灰燼に帰した。

　1938 年 3 月にナチス・ドイツによってオーストリアは併合され、ウィーンのパン・ヨーロッパ事務局は占拠された。ク伯は、苦難の逃避行の末スイスに逃れ、さらにナチス・ドイツの攻勢の強まった 1940 年にはリスボンを経由してアメリカへの亡命を余儀なくされた。

　亡命直後のク伯の活動はなかなか思うに任せなかったが、カーネギー国際平和基金理事長バトラーの援助を受けるようになるとニューヨークを本拠としてパン・ヨーロッパ運動を継続できるようになった。ク伯は、ニューヨーク大学でのセミナーや講演旅行を行い、またパン・ヨーロッパ会議を開催してアメリカの世論に訴えかけるとともに、戦後のアメリカのヨーロッパ政策に大きな役割を果たすこととなるディーン・アチソン（1893‐1971）やジョン・フォスター・ダレス（1888‐1959）といったアメリカ政界の要人に接近した。

　アメリカ亡命期のク伯の政治体制構想にはアメリカの民主主義の影響が顕著に見られ、1944 年 3 月の「欧州合衆国憲法草案」は全 95 条から成る詳細な内容のもので（1930 年の協約草案は全 20 条）、福祉国家に関する諸規定が置かれるなど加盟国の内政に対しても一定の水準が要求され、また連邦と加盟国の権限に関しても、この草案の具体化如何ではアメリカ並みの連邦制を実現できる内容となっていた。

　当時のアメリカ内では、ハル国務長官の「ひとつの世界」——具体的には国際連合構想——との緊張関係から、パン・ヨーロッパのような地域統合構想に対してはむしろこれを警戒する声の方が強かった。ク伯の働きかけは、そうしたアメリカの風潮に影響を与え、戦後のアメリカ外交が（東西冷戦の激化という要因もあるにしろ）ヨーロッパ統合に支持を与える土壌を育んだと評価できる。

　また、ク伯がその理想の実現を託し、最も熱心にアプローチした相手はチ

ャーチル英首相であった。チャーチルは戦後の欧州国際体系の再編が不可避な情勢を鋭敏に感じ取り、ク伯のパン・ヨーロッパに共感を示しつつも、義息ダンカン・サンズ (1908-87) に独自のヨーロッパ統合運動を組織させた。大戦後、チャーチルはチューリッヒ演説（1946 年）で「欧州合衆国」を打ち出し、ク伯とも協力しながら 1948 年にはハーグ会議の開催にこぎ着け、これが翌年の欧州評議会（CE）の創設をもたらした。

　だが、大戦後に帰欧したク伯は戦間期の影響力を失い、ク伯の統合運動を「簒奪」したチャーチルや、ジャン・モネらによるフランス主導の「欧州建設」によって周辺化した存在となっていく。大戦後のオーストリアは東西対立の中で中立を余儀なくされ西欧統合から外れることとなり、また東西に分断されたドイツでもパン・ヨーロッパ運動は下火となった。オーストリアという国家の後ろ盾を失い、ドイツ支部の豊富な資金力を失ったク伯は、統合の実現に際して端役に甘んじざるを得なくなり、ヨーロッパ旗の制定時の功績などに痕跡をとどめるものの、晩年は懐古的な保守派と見なされ次第に「忘却」された。

オットー・フォン・ハプスブルク

　ハプスブルク家の正統継承者であるオットー・フォン・ハプスブルク（1912-2011、以下オットー大公）は、第一次大戦の敗戦によりオーストリア＝ハンガリー帝国が崩壊した後、退位した父カール1世とツィタ妃ら家族と共に亡命生活に入り、各地を転々とした。

　その後、ルーヴェン・カトリック大学に入学したオットー大公は、ブリュッセル近郊シュテーノッケルゼールのハム城を居所とし、ハプスブルク家の統治を正統であるとするオーストリア正統主義者たちや、ロンドンを活動の拠点とした弟ローベルト（エスターライヒ＝エステ大公）とも連携しながら、ナチス・ドイツからオーストリアの独立を守るべく活動を行った。

　オーストリア併合後の 1939 年にはパリに移り、フランス軍下に亡命オーストリア人部隊の設置を画策した。しかし、戦間期オーストリアの国内情勢を引きずるように、亡命オーストリア人の間でも尖鋭な党派対立は続き、特

第 1 章　亡命者たちの戦後構想とその蹉跌

に社会（民主）主義者はオットー大公の動きに対して復古的なものと反発した。そのため、連合国側に承認される統一的な亡命政府を組織することもできず、亡命オーストリア人部隊の設置も実現しなかった。

　1940 年 3 月にアメリカを訪問しローズヴェルト米大統領と会談した後、5 月にパリ経由でハム城に戻ったオットー大公を待っていたのはドイツ軍の電撃的な侵攻であった。辛くもナチス・ドイツの追及を逃れたオットー大公は、フランス、スペインを経由し、3 カ月前の初めての訪米時と同様にリスボンからパン・アメリカン航空のクリッパー機（水上艇）に乗り、アメリカのボルティモア港に到着した。

　上陸から 1 週間後にローズヴェルト大統領と再び会談することができたオットー大公は、すでに大戦勃発時からアメリカに滞在していた弟フェリックス（三男）の助力も得つつアメリカ政府や各界の要人に働きかけを行った。フェリックスは中南米諸国にも亡命オーストリア人の受け入れを働きかけたという。また、ロンドンに滞在していた弟ローベルトらを通じてイギリス政府・要人への働きかけを行った。

　アメリカ政府・軍部との関係を重視しワシントン DC に居を構えたオットー大公の活動は、オーストリアを「被占領国」として認識させ、オーストリア亡命政府を樹立することに向けられた。大戦末期にナチスの「被害者[14]」としてオーストリアへの爆撃が相当程度回避されたのも、ある程度はオットー大公の功績であろう[15]。

　他方で、亡命政府樹立とアメリカ陸軍内に亡命オーストリア人部隊を設立する試みは実現しなかった。この失敗の背後には党派間対立に加えて、ベネシュの影響下にあるチェコ人亡命組織の妨害があったという。

　亡命政府樹立構想に際しては、ニューヨークに滞在していたク伯に組織化を依頼したという。オットー大公がク伯に初めて会ったのは 1930 年代後半のパリらしいが、戦間期のオットー大公がパン・ヨーロッパ運動に積極的にコミットした形跡は見られない。前節で述べたように、アメリカ亡命時のク伯のパン・ヨーロッパ構想には変化が見られるが、そうしたヨーロッパ大の統合構想に対してのオットー大公の言及はほぼ皆無である。

かわりにオットー大公が提唱したのは「ドナウ連邦」構想である。その骨子は、大戦後の中東欧地域においては、(1) 小国が独立する時代が終焉し「ドナウ合衆国」のように「再統合」される必要があり、(2)「ドナウ合衆国」においては個人と民族の権利が保障され、(ハプスブルク帝国下で試行されたような) 各民族を平等に代表する議会を通して少数民族問題という難問が解決され、(3) ドイツやソ連という隣接する大国に対する集団安全保障をより強力な国際連盟によって実現するといった方策が必要になる、というものであった (遠藤編 2008a、154-157 頁)。この構想は、1942 年 1 月に『フォーリン・アフェアーズ』誌に「オットー・フォン・オーストリア」の名 (アメリカ滞在中のオットー大公がしばしば使った自称) で「ドナウの再建」と題して寄稿されたが、同一誌上に掲載されたベネシュによる「戦後ヨーロッパの組織」と題する論稿とは、真っ向から対立する内容を含んでいた。特に、対立した点は、ズデーテン・ドイツ人の扱いをめぐるものであった。また、オットー大公は「ドナウ連邦」を「リベラルな構想」としていたが、周囲の正統主義者たちを含めて、ハプスブルク帝国への郷愁と (新たな形態での) 再興に望みを託していたようである。

　大戦後のオットー大公は、なお有効な「ハプスブルク法」によりオーストリア入国を阻まれ、初代大統領となったカール・レンナーらと激しく対立しつつも、保守派の間に影響力を保持した。また、ク伯の死去 (1972 年) 後にはパン・ヨーロッパ同盟の第 2 代議長に就任し、復古的なヨーロッパ統合路線を推進した。バイエルン州ペッキングに居住し、1979 - 99 年には (西) ドイツの CSU 選出の欧州議会議員を務めた。この間、1989 年 8 月に東ドイツ市民をハンガリーからオーストリアに大量に脱出させた「パン・ヨーロッパ・ピクニック」の立役者となり、東西冷戦崩壊のきっかけを作った。

　1995 年にオーストリアの EU 加盟が実現した後は、オットー大公 (あるいはハプスブルク家) をめぐるオーストリアの国内対立は徐々に歴史の一頁と化していった。もっとも、長男カールはメディア業界で働きオーストリア選出の欧州議会議員 (1996 - 99) も務め、二男ゲオルクはハンガリー赤十字社総裁やハンガリー EU 代表部大使を歴任するなど、ハプスブルク家のネット

ワークは現在のヨーロッパでもなお一定の影響力を有している。2011年8月に96歳で逝去したオットー大公の葬儀は、欧州各国の元首らが参列しウィーンで盛大に執り行われた。

モーゲンソー

　国際関係論の始祖のひとりとして知られるハンス・モーゲンソー（1904-80）は、ドイツ・コーブルクのユダヤ人家庭に生まれ、ベルリン、フランクフルト、ミュンヘン、ジュネーヴの各地で学び、1927年に法曹資格を得てフランクフルト労働裁判所等で働くかたわら、博士論文『国際司法』を刊行した。1932年にはジュネーヴ大学に公法の私講師として赴任したが、当時の反ユダヤ的風潮の中でドイツでの裁判官の地位を失い、ジュネーヴ大学でもドイツ人同僚の嫌がらせに苦しんだという。その後、スペイン、パリとヨーロッパ各地を転々とした後、1937年7月に妻イルマとともにアメリカに移住した。

　ナチスによる政権掌握前にドイツを出国していた事実が亡命学者として認定されることを困難とし、モーゲンソーは前述したように求職で非常な苦労をしたという。何とかニューヨークのいくつかの大学で時間給の講師職を得て食いつないだ後、1939年1月にカンザスシティ大学（現ミズーリ・カンザスシティ大学）に職を得た。この間、モーゲンソーはユダヤ人としてのアイデンティティを再認識し、カンザスシティでは大学での講義のかたわら、中西部を代表するシナゴーグであるクネセト・イスラエル・ベート・シャローム（Keneseth Israel Beth Shalom）のユダヤ学プログラムでも教えるようになった（Mollov 2000, p. 122）。

　アメリカの大戦参戦後、モーゲンソーは陸軍および海軍に志願したものの受理されなかった。だが、1943年にはアメリカ市民権を得て、また学務のかたわらミズーリ州弁護士資格を取得し、秋にはシカゴ大学政治学部に移った。そこで、国際関係（論）に関するモーゲンソーの旺盛な研究・言論活動が始まる。

　1946年に出版された『科学的人間と権力政治』では、人間存在の特質から

政治的・社会的問題の全てを科学的・合理的に解決することはできない、という合理主義批判を展開した。その背景には、アメリカの知的伝統の特質であるプラグマティズムに対してヨーロッパからの亡命知識人の多くが感じた違和感があり、また 1944 年に出会って以来生涯にわたって友情と知的交流を保ち続けたラインホルド・ニーバーの影響があった。ニーバーの著作『道徳的人間と非道徳的社会』(*Moral Man and Immoral Society: A Study in Ethics and Politics, 1932*) および『人間の本性と定め』(*The Nature and Destiny of Man: A Christian Interpretation, 1941‒43*) で展開されている「科学主義」に対する攻撃は、モーゲンソーにも刻印を残しているという (Rice 2013, p. 147)。

1948 年には大著『国際政治──権力と平和』を出版し、その中で「政治的リアリズムが国際政治という風景をとおっていく場合に道案内の助けとなるおもな道標は、パワーによって定義される利益の概念である」(邦訳 (上) 43 頁) と記し、そのうえで各国家がパワーの増進を合理的に追求することが国際政治の原理であり、また (不安定な国際情勢を回避するために望ましい) 規範でもある、と述べて揺籃期の国際関係論に大きなインパクトを与えた[16]。

同時にモーゲンソーは、ジョージ・ケナンに請われて国務省政策企画本部に参画するなど現実政治へのコミットを続け、またアメリカの外交政策に関する論評活動を盛んに行った。とりわけ、キューバ・ミサイル危機により顕在化した全面核戦争の恐怖と、泥沼化したベトナム戦争への対応はモーゲンソーの国際政治学にとっても難問であった。

核兵器の問題は、版を重ねた『国際政治』でも幾度も加筆された点である。『国際政治』の第 3 版 (1960 年) の序文には、「核戦争の全面的破壊性という点からみて、対外政策の手段としての総力戦的暴力の行使は時代遅れであること〔……〕全面的暴力が時代遅れになったということだけは本当に先例のないこと」(邦訳 (上) 26 頁) と記し、後に展開する核戦略批判を匂わせている。1962 年 10 月のキューバ・ミサイル危機に際しては、キューバに対する断固たる対応を説いていたモーゲンソーが、現実の核戦争の脅威が明らかになるとソ連との外交交渉によって危機を解決するよう主張を改めている (宮下 2012、256-259 頁)。

一国の共産主義化が隣接国に及ぶという「ドミノ理論」を歴史的に見て「誤った考え」と断じたモーゲンソーは、ベトナムへの軍事介入を強めるジョンソン政権を激しく批判し、国防総省の顧問を解任された。そもそも、ウィルソン主義を批判し、あるいは反共イデオロギーに基づくアメリカの世界戦略に懐疑的であったモーゲンソーにとって、ベトナムでの「内戦」への介入はアメリカの国益の観点から全く肯定できないものであった。

　地域紛争への対応という観点からは、ベトナムと対照的に、中東戦争に関してモーゲンソーは明確にイスラエル支持の姿勢をとった。1967 年の第三次中東戦争（六日間戦争）でイスラエルが圧勝すると、「イスラエルが国家であり、その国民が（外敵と）戦い、自らの足で立つことのできることが証明された」ことに喜びと誇りを感じ、それ以降はユダヤ人としてのアイデンティティを一層強めたのだという（Mollov 2000, p. 124）。

　モーゲンソーのリアリズムは、各国家がパワーの増進を図る世界の中での外交の重要性を説きつつ、利己的な人間に失われた「客観的な道徳秩序」の再建を究極的に目指していた。各国の行動の根本には人間の本質に基づく権力欲があるからこそ人間の道徳的判断が重要であり、それによって「より小さい悪」の選択が可能となって、何とか平和が維持できると考えていた。パワーの増進を国際政治の規範でもあると論じたモーゲンソーが、外交や国際法を重視したのはそうした考えによるものである。そうした側面から、多くのリアリズム思想と異なり、モーゲンソーは「古典的リアリズム」と称されることが多い[17]。仮説的な段階を出ないが、モーゲンソー流のリアリズムに基づく処方箋が最も妥当するのはイスラエルではないだろうか。軍事・政治・経済的な手段を用いて利己的に国益を図って他国と争いながら、なお独特の道徳秩序の再建を求める志向が、パレスチナ人難民の犠牲の上で建国したイスラエルの姿と重なるのである。

キッシンジャー

　ヘンリー・キッシンジャー（1923-）は、独バイエルン州フュルトでユダヤ系ドイツ人の家庭にハインツ・キッシンガーとして生まれた。1938 年、キッ

シンガー家はナチスの迫害を逃れるべく、ロンドンを経由して 9 月にニューヨークにたどり着いた。

移住後の一家はマンハッタン北部のユダヤ人地区に居住し、長男ハインツはジョージ・ワシントン高校に通い、2 年目からは夜間に学び、昼は髭そり用ブラシ工場で働き一家の生計を助けた。ハインツはすぐにアメリカの文化に馴染んだものの、強いドイツ訛りの英語は変わることがなかった。高校卒業後は、ニューヨーク市立大学シティカレッジでパートタイム学生として会計学を学び、1943 年にアメリカ陸軍に召集された。

陸軍入隊中に帰化が認められヘンリーと改名したキッシンジャーは、第 84 歩兵部隊の教官で同じくユダヤ系であったフリッツ・クレーマーにドイツ語能力と知性を認められ、ヨーロッパ戦線の諜報部隊で活躍した。終戦後にはかつての母国ドイツに駐留し、多くのドイツ軍戦犯の処遇にあたった。多くのユダヤ人のアメリカ陸軍兵士が戦犯への激しい憎悪をむき出しにするなか、キッシンジャーはドイツ人への報復行為を抑止していたという。

1946 年に復員しハーバード大学に入学したキッシンジャーは、1950 年に最優等で学士課程を卒業して同大学院に進学し、歴代大統領のアドバイザーも務めたウィリアム・エリオット（1896-1979）の指導を仰いだ。大学院生時代から、世界各国の有望な若手指導者をハーバード大学に集めて国際情勢について講義や議論を行うサマー・セミナーの幹事役を引き受け、これは後の国際的な人脈につながった。

1954 年にウィーン体制についての研究で博士号を取得し、引き続きハーバード大学で教鞭をとったキッシンジャーは、外交問題評議会に参画し、ロックフェラー家の知己を得ると共に政界への人脈を強めた。

民主党員としてアイゼンハワー政権の外交政策や「大量報復戦略」という核戦略を痛烈に批判したキッシンジャーは、ベストセラーとなった『核兵器と外交政策』(*Nuclear Weapons and Foreign Policy*, 1957) において、限定的通常戦争か全面的核戦争かの 2 つに選択肢を限定することの愚を説き、「限定核戦争は現在のわが国がとり得る最も有効な策である」とした (Isaacson 1992, 邦訳（上）130-133 頁)。これは後にケネディ政権が採用した「柔軟反応戦略」のひ

な形を提供するものであったが、ケネディ゠ジョンソンの民主党政権期のキッシンジャーは、「辛辣で挫折感だらけ、自信も失っていた大学教授」（Landau 1972, 邦訳 17 頁）のままであった。

1968 年の大統領選挙では、共和党の大統領候補指名選に立候補したネルソン・ロックフェラー（1908 - 79）の外交顧問を務め、ロックフェラーの敗北後には共和党候補となったリチャード・ニクソン（1913 - 94）のスカウトを受け、ニクソン大統領誕生と同時に国家安全保障問題担当補佐官として政権入りした。ここから、国際舞台におけるキッシンジャーの本格的な活躍が始まる。1971 年には中華人民共和国を極秘に訪問して米中和解への道筋をつけ、この中国との和解を交渉カードとして、ソ連とのデタント（緊張緩和）を推進し、かつアメリカにとっての最大の外交課題であったベトナム戦争の終結にも成果を収めた。

1973 年に国務長官に就任したキッシンジャーは、ウォーターゲート事件で辞任に追い込まれたニクソンの後を継いだフォード大統領の下でも、引き続き国務長官を務めた。第四次中東戦争後にはアラブとイスラエルの調停を図る「シャトル外交」を展開し、アラブ陣営の盟主的存在であったエジプトの親米化に成功した。

フォード政権の退陣と共に政界を離れたキッシンジャーは、ジョージタウン大学戦略国際問題研究所に招かれ、回想録を公刊すると共に、外交に関する多くの著作を発表し続けている。また、コンサルティング会社である「キッシンジャー・アソシエーツ」を設立し、中国やロシアでのビジネスの橋渡し等を行っている。その国内外における影響力は現在でも大きく、トランプ米大統領の外交指南役も務めているという[18]。

キッシンジャー外交は、アメリカ外交には異質だったレアルポリティーク（現実主義外交）をもたらしたものと評されるが、19 世紀のウィーン体制をひとつのモデルとし、世界的な勢力均衡に配慮しつつアメリカの国益を外交の中心に据える点でモーゲンソーの『国際政治』とも親和的なものである。だが、モーゲンソーの思想の根底に、人間性に対する関心あるいはユダヤ人としての出自が存在するのに比して、キッシンジャーの場合にはそうした点

が希薄である。米中和解や中東和平交渉の際には、そうしたリアリズムの徹底が功を奏した点も否めないだろう。あるいは、亡命生活で苦労を重ねたモーゲンソーと、少年期に亡命しアメリカのエスタブリッシュメントの中で順調にキャリアを積んだキッシンジャーでは、究極的に求める世界像が異なっていたといえるかもしれない。

3 戦後構想の蹉跌？

　これまで述べてきたように、亡命者たちは第二次大戦勃発の要因を様々に解釈し、その処方箋である戦後構想にも多様なものが見られた。モーゲンソーとは一線を画し「科学としての国際関係理論」を目指すケネス・ウォルツは、ネオ・リアリズムの基点となった著作『人間・国家・戦争』で戦争原因を 3 つのイメージ（分析レベル）の違いから鮮やかに論じているが、ここではウォルツの提示した分析レベルに即して諸構想をまとめてみたい。

　第一イメージは、人間（個人）のレベルに戦争の主たる要因を見出す。

　戦争当時者の意図を遥かに超えてエスカレートした第一次大戦と異なり、第二次大戦にヒトラー個人の果たした役割は多くが認めるところである。そうした戦争指導者個人の問題とは別に、ワイマール憲法下でナチス党が合法に政権を掌握し、かつ他国でもナチスを受け入れる素地があったことに着目すれば、当時のヨーロッパに蔓延していた反ユダヤ主義や大衆政治の弊害（あるいは原子化した個人）に根源的な問題を見出すこととなる。一連の著作で全体主義を生み出した大衆社会の問題を鋭く分析したハンナ・アレント（1906 - 75）がその代表的な存在である[19]。

　他方、戦争による個々の人間への害悪という観点を重視した論者として、「脱出」をキーワードに 20 世紀のキリスト教神学に大きな影響を与えたパウル・ティリッヒ（1886 - 1965）も、個人としての処方箋を提示したと評することができるだろう[20]。あるいは、ナチスによるホロコーストの再来を防ぐべく国際的な人権擁護の活動を展開し、世界人権宣言（1948 年）や欧州人権条約（1950 年）、欧州人権裁判所の設立（1959 年）の立役者となったルネ・カ

サン（1887 - 1976）もここに含めることができるかもしれない。

　モーゲンソーは、勢力均衡を図る現実主義外交を唱道した点で第三イメージの論者としてとらえられるが、彼が究極として目指したものは「客観的な道徳秩序」の再建であり、そのためには権力政治の中で人間の役割を復権させることが必要である、と考えていたことは前述の通りである。その点を重視すれば、モーゲンソーは第一イメージの思想家としてとらえることもでき、それゆえ、モーゲンソーは現在の国際関係論（IR）の主流である（ネオ・）リアリズムからは異質に見えるのだろう。

　第二イメージの国家のあり方を重視する見方からは、いくつかの処方箋が出てくる。

　亡命政府のほとんどは、ナチス・ドイツに支配される以前の国家再興をまずは目的としていた。そのうえで、戦間期の不安定さを招いた要因ともなった国内体制の問題については、本書の各章が詳しく論じているように、党派間対立をいかに克服し、安定した民主主義を構築するかが様々に論じられた。大戦直後の中東欧諸国に成立した人民民主主義体制はそうした試みとしても評価できるだろう。対照的に、ブラントの戦時中からの活動には（特に思想面で一貫したものは感じないが）社会民主主義を強固なものとしてナチスの再来を防ぐという意図があったように思われる。

　加えて、特に諸民族が入り乱れる中東欧諸国では、民族問題の解決が課題であった。ベネシュは、ナチスによる侵略の口実ともなったドイツ系住民を取り除きつつ、スロヴァキアとの一体性を保持する解決策を構想した。また、ナチスによる徹底したホロコーストにより、ポーランドをはじめ中東欧諸国における大戦後のユダヤ人問題は著しく軽減され、ネイションの一体性は容易なものとなった。

　対照的に、国家を持たないがゆえに生存を脅かされたユダヤ人の多くはイスラエルの建国に力を注ぎ、結果として中東での民族対立が激化することとなった（ユダヤ人問題の「輸出」とも称される側面である）。第二次大戦はヨーロッパ宗主国の威信を失墜させ、あるいは戦時体制への協力の必要から各民族に戦後の独立を約束し、植民地解放への動きを一気に進めることともな

った。そもそも、ウェストファリア体制は、主権国家による領域支配を相互に尊重することで宗派間・民族間の対立を止揚する意図で成立したものである。国家を持たない民族にとって生き残りを確保するには、他国に干渉されない国家として独立することが、第二次大戦後の世界でもなお最も有効な処方箋であったといえるかもしれない。

　第三イメージの国際システムの構造に戦争の根本的要因を見出す立場からは、大別すると2つの処方箋が出てくる。

　ひとつは、小国が乱立する状況を克服し、主権国家同士の争いを「統合」によって不可能なものにするという処方箋である。クーデンホーフ＝カレルギーのパン・ヨーロッパ運動は大陸ヨーロッパを広く再編する構想だったが、より狭い範囲で紐帯の強い地域を「統合」し、大国からの自主独立を守ろうと考えた人々もいた。オットー大公やホジャは、かつてのハプスブルク帝国の版図に属する国々による「ドナウ連合」を構想し、ポーランド＝チェコスロヴァキア国家連合構想も「狭間のヨーロッパ」をまとめる限定的な地域統合構想であった。ジャン・モネらフランス主導の「ヨーロッパ建設」は、ベネルクス三国にイタリアを含め、西ドイツの経済力を利用できる「西欧」という枠組みで進められたものであった。

　他方で、カーやモーゲンソーといった国際政治学の始祖たちは、国際政治におけるパワー・ポリティクスを直視する必要性を強調し、ウェストファリア体制を維持しつつ「力による解決」を図る構想でもあった。それが実現できない場合には、勢力均衡、特に大国間で軍事バランスを図り、外交によって協調を図る必要が生じる。キッシンジャーはその実践者であった。東西陣営内部での覇権国と同盟諸国間の関係は、現実を反映して対等なものではなくなる。冷戦の激化が1962年のキューバ危機で頂点に達した後、デタントの時代を迎えて米ソ二極体制は相対的な安定期に入るが、東西陣営内での同盟関係は第二次大戦までのものとは質の異なる拘束力の強いものとなり、冷戦の国内化により各国内政に至るまで直に影響を及ぼすようになった。そうした点を考慮すれば、第二次大戦後のウェストファリア体制は、（地域統合といった現象が見られなくとも）構造的に変容したともいえる。

第 1 章　亡命者たちの戦後構想とその蹉跌

　冒頭で記したロートの統合史観とは異なり、第二次大戦後のヨーロッパをめぐっては国際システムや国家のあり方をめぐり様々な見方が並存し、それは現在にまで脈々と受け継がれているものである。ポスト国民国家の時代に突入したかに見えた EU 諸国でも、イギリスが EU 離脱（Brexit）を決定し、その他の国々でも反 EU 勢力が伸長し、あるいは排外的なナショナリズムを唱えるポピュリズムの動きが強まっている。本章で見たように、祖国を失い程度の差こそあれ相当の辛苦を味わうという類似の経験をした亡命者たちの間にも多様な考え方があり、大戦の惨禍を二度と繰り返さないという目的を共有しつつ多様であった各構想にはそれぞれ限界があり、完全な実現を見たものはなかった。その点で、全てのアイディアは、未完の構想のままといえるかもしれない。もっとも、東西冷戦終焉後の EU/NATO/CE 体制の拡大により大陸ヨーロッパに「不戦共同体」は実現したことからすれば、亡命者たちの願いはミニマムにはかなったと評価できるのかもしれないが。

注
 1)「統合」（integration）は、ラテン語で「完全」を意味する integrare に語源を持つ。その際に「完全」とは「キリスト教世界の統一」を意味し、近代国家が成立した 14 世紀に、その完全なるもの（全きもの）の回復を目指す思想としてヨーロッパ統合思想が芽生えた。その後、18 世紀になると「統合」という言葉には、数学の積分記号 ∫ の用法のように、機能的な意味合いが加わった。国際秩序において「統合」が具体的に何を意味してきたのかについて、戸澤 2012、Herbst 1986 を参照のこと。
 2) ミルウォードらが各国の外交史料に基づいて実証的に提示した「国益」と「統合」の同時進行という見方は、ヨーロッパ統合の理論的な考察にも大きな影響を与え、現在の理論研究ではモラヴチック（Andrew Moravscik）らのリベラル政府間主義やマルチレベル・ガバナンス論が主流となっている
 3) 第二次大戦時の亡命には、チャンドラ・ボースのように宗主国による弾圧を逃れた独立運動家や、国内での弾圧を逃れた共産主義者や社会主義者など、広範なものがある。ただし、本章ではヨーロッパの戦後構想をテーマとしているため、主として中東欧諸国からの亡命者に限定して議論を進める。
 4) 1941 年 7 月に設立された戦争情報局（Office of War Information: OWI）には、かなりの数の亡命知識人が雇用され、各国語での情報分析やプロパガンダ資料の作成に当たっていた。OWI は亡命政治家や知識人とアメリカ政府をつなぐ重要な役割を果たしたが、それについては別稿を執筆予定である。
 5) 1919 年に当時『ニュー・リパブリック』の編集に携わっていた複数の進歩的知識人に

よって創設されたニュースクール大学（The New School）は、学長アルヴィン・ジョンソンの下で「ラディカルな思想家に避難所を与える機関」を目指し、1933年にはロックフェラー財団の支援を受けて「亡命大学」を設置した。第二次大戦中には、ドイツ系が主流を占める大学院では居心地の悪かったフランスとベルギーの学者のために、別個に「高等研究自由学院」（École Libre des Hautes Études）が創設され、『星の王子さま』の作者として著名なアントワーヌ・ド・サン＝テグジュペリ（1900-44）、哲学者ジャック・マリタン（1882-1973）、文化人類学者レヴィ・ストロース（1908-2009）らが活動を続けた。ここには、1929年にブリアン仏首相が提案した「欧州連邦秩序構想」を具体化する覚書を起草した外交官アレクシ・レジェ（1887-1975；詩人サン＝ジョン・ペルスとしても著名）やクーデンホーフ＝カレルギー、さらにはナチス批判の寄稿記事で睨まれ衝突を恐れたスイス政府に文化使節として送り出された作家ドニ・ド・ルージュモン（1906-85）らも集い、ヨーロッパ統合運動の拠点ともなった。ニュースクール大学については、前田 2014、48-70頁も参照。

6) 1933年にナチス突撃隊の襲撃によって閉鎖に追い込まれたフランクフルト社会研究所は、ジュネーヴを経て、1934年にコロンビア大学の中に移ることとなった。ここを拠点に、マックス・ホルクハイマー（1895-1973）、ヘルベルト・マルクーゼ（1898-1979）、エーリヒ・フロム（1900-80）、テオドール・アドルノ（1903-69）らが多彩な学問的貢献を為し、大戦後に帰欧したホルクハイマーとアドルノはフランクフルト大学で社会研究所を再興した。アメリカに残った学者も含め、「フランクフルト学派」は現在にまで続いている。Jay 1986、徳永 2002、細見 2014などを参照。

7) チェコ系の移民コミュニティは、シカゴ南西地区の家畜置き場の近辺に形成され、チェコの都市プルゼニの英語名をとってピルセン（Pilsen）地区と呼ばれるようになった（ただし、チェコ系市民の社会・経済的地位向上による移住もあり、現在のピルセンはヒスパニック系の街として知られる）。この他にも、シカゴにはアイルランド系、イタリア系、ポーランド系、ユダヤ系、華僑系などのコミュニティが歴史的に形成され、このことはシカゴ大学が移民研究の拠点（シカゴ学派）となった要因でもある。

8) Jewish Virtual Library（https://www.jewishvirtuallibrary.org/immigration-to-israel）の情報に基づく。イスラエル建国の日は、パレスチナ人側からは「ナクバ（大災厄）」と呼ばれている。パペ 2018等も参照のこと。

9) チェコスロヴァキア亡命政府に関する詳細は、本書の第7章（中田瑞穂執筆）も参照のこと。第7章では国内体制をめぐる諸構想を中心に論じており、本章では外交政策を主に扱っている。

10) ただし、この時点では、イギリス政府は第一共和国からの「法的連続性」を受け入れず、「暫定政府」の承認という形となった。イギリス政府が亡命政府を正式に承認したのは独ソ戦勃発後の1941年7月のことであるが、イギリス政府はなお「法的連続性」と国境線の不変に留保を付した。林 1992、124-8頁。

11) オットー大公ら政敵の目には、「当時ベネシュは本当に際限なく自由に資金と使うことができ（中略）それはハーハ大統領が、ヒトラー政権下、誰にも煩わされずにプラハ城に住み、ベネシュに適時資金を用立てていたから」（Feigl 1992, 邦訳162頁）と映っていた。亡命政府の資金源の詳細については不明だが、史料調査上からは、その多くは移

民団体・支援者からの寄付やベネシュの講演旅行の謝金（当時のアメリカにおける最高ランク）等から得ていたようである。Library of Congress, Jan Papánek papers 1917-1967.（ジャン・パパネク（1896-1991）はチェコスロヴァキアの外交官で、戦時中にはベネシュのアメリカにおける代理人を務め、大戦後には米国チェコスロヴァキア避難民基金 American Fund for Czechoslovak Refugees の代表として活動した。）

12）シコルスキの「飛行機事故」には、ソ連の謀略説、イギリス情報府による暗殺説、反ポ感情を抱いていたチェコ情報部による偽装事故説、亡命政府内での反シコルスキ派による暗殺説などがある（広瀬 1994、107-109 頁）。真相はなお不明のままだが、シコルスキの置かれていた難しい立場を示すエピソードである。

13）Overseas News Agency は、ジェイコブ・ランドウ（1892-1952）が 1917 年にニューヨークで設立した Jewish Telegraph Agency の支社として、1940 年に設立されたものである。英国情報局秘密情報部（SIS；通称 MI6）からの資金提供があったといわれるが、ノルウェー亡命政府への情報提供を除けば、管見の限りブラント自身がユダヤ系団体あるいはイギリスのエージェントとして活動していた形跡はないようである。

14）オーストリアの戦争責任問題は長らくタブー視されてきたが、第 4 代国連事務総長を務めたクルト・ヴァルトハイム（1918-2007）がオーストリア大統領選に出馬した 1985 年にナチス党員だった過去と戦時中の軍歴における「空白」が告発され国際的なスキャンダルとなった「ヴァルトハイム事件」により議論を呼ぶこととなった。1991 年 7 月、フラニツキー首相は国民議会で公式に戦争責任を認めたが、オーストリアがナチス・ドイツの「被害者」なのか「共犯者」なのかの議論は今なお続いている。Pick 2000 など。

15）オットー大公は、ローズヴェルト大統領の個人秘書グレース・タリー（1900-84）を通じて直に連絡をとれる仲だったようである。Feigl 1992, 邦訳 160-163 頁；NARA, Record Group 59: General Records of the Department of State, 1763-2002, Records of Ambassador Charles E. Bohlen, 1942-1971.「かつて自らオーストリア＝ハンガリー帝国を自転車で旅した若き日々を思い出させた」オットー大公に対して車椅子のローズヴェルトが敬意と親近感を覚えた、というのは当たっているかもしれない（Feigl 1992, 邦訳 113 頁）。

16）シカゴ大学のモーゲンソーの下には、坂本義和（1927-2014）、ゲラルト・シュトゥルツ（1929-：オーストリアを代表する政治学者）など世界各国からの研究者が集い、批判的受容も含めて、その影響力は世界大に広く及ぶこととなった。

17）本節の記述は、モーゲンソーの国際政治思想の展開を生涯にわたって思想史的に跡付けた労作である宮下 2012 にその多くを負っているが、「事実命題としても当為命題としてもモーゲンソーはリアリズムでなかった」という宮下の主張については、リアリズムの持つ多義性の観点から同意し難いと感じる。もっとも、国際関係論におけるリアリズムを俯瞰し、各々を位置づける作業は筆者の力量の及ぶところではないが。

18）存命中かつ毀誉褒貶の激しいキッシンジャーの思想や外交に関する研究は続々と出されており、また史料に基づく実証的な研究は今後の課題である部分も多い。そうした新しい研究成果を網羅的に扱うことは不可能に近いが、研究動向については吉留 2010、対中接近によりソ連をも引きつける「三角外交」については佐橋 2015、111-149 頁を参照。キッシンジャー外交に容赦ない批判を加えたものとして、Hanhimäki 2004。また、同時代の論評から解釈が分かれてきた論点であるが、最近の研究でも Suri 2007 がドイツ生

まれのユダヤ難民としての側面を強調するのに対し、Del Pero 2010 はアメリカの知的環境が与えた影響を重視している。いずれにしろ、モーゲンソーと比較した場合、道徳的な側面やユダヤ人としてのアイデンティティが希薄であることは指摘できよう。
19）戦後構想の比較検討という本章のテーマからアレントについては詳しく取り上げなかったが、モーゲンソーをはじめ他の亡命知識人に与えた影響についても多くの論考がある。川崎 2014、矢野 2014 など参照。人間のあり方を重視したアレントが具体的な国際レベルでの戦後構想に言及した例はほとんどないようだが、レジスタンス運動から「連合したヨーロッパ」の観念が発展したように、ネイションと階級社会に依存しない市民の自発的秩序形成として「人類」の理念に対応する連邦制を模索していた、という。川崎 2014、211-213 頁。
20）ティリッヒは、ニーバー兄弟の庇護を受け、ユニオン神学校やハーバード大学で教鞭をとり神学にとどまらない華々しい活躍をした。ティリッヒを「アメリカ風亡命神学者」と評したコーザーに従えば、ティリッヒ個人は「脱出」に成功した個人の最たるものといえるのかもしれない。

参考文献・資料
[一次史料]
National Archives and Records Administration（NARA）
Dwight D. Eisenhower Presidential Library（Abilene, Kansas）
Franklin D. Roosevelt Presidential Library（New York）
Library of Congress, Manuscript Division（Washington DC）

Beneš, Eduard（1939）*Democracy Today and Tomorrow*, New York: Macmillan.
Beneš, Eduard（1942）"The Organization of Postwar Europe," *Foreign Affairs*, Vol. 20, No. 2, January 1942.
Brandt, Willy（1989）*Erinnerungen*, Frankfurt am Main: Propyläen-Verlag.
Brandt, Willy（1971）*In exile: Essays, Reflections and Letters, 1933-1947;* translated from the German by R. W. Last ; biographical introduction by Terence Prittie, London: Wolff.
Brandt, Willy（1966）*Draußen: Schriften während der Emigration*, herausgegeben von Günter Struve, Berlin : Dietz.（『抵抗——レジスタンス』高橋正雄訳、読売新聞社、1972 年）
Dokumentationsarchiv des Österreichischen Widerstandes（ed.）（1995）*Österreicher im Exil USA 1938-1945. Eine Dokumentation*, 2 Bd. Wien: DÖW.
Gehler, Michael（2002）*Der lange Weg nach Europa. Darstellung + Dokumente*, Innsbruck: Studienverlag.
Habsburg, Otto von（1999）*Die paneuropäische Idee: eine Vision wird Wirklichkeit*, Wien: Amalthea.
Otto of Austria（1942）"Danubian Reconstruction," *Foreign Affairs*, Vol. 20, No. 2, January 1942.
Otto von Habsburg Official Website: http://www.ottovonhabsburg.org
Hodža, Milan（1942）*Federation in Central Europe: Reflections and Reminiscences*, London: Jarrolds Publishers.
Kissinger, Henry（1994）*Diplomacy*, New York: Simon & Schuster.（岡崎久彦監訳『外交（上）

（下）』日本経済新聞社、1996 年）
Kissinger, Henry（2015）*World Order*, New York: Penguin Books.（伏見威蕃訳『国際秩序』日本経済新聞出版社、2016 年）
Lipgens, Walter ed.（1986）*Documents on the History of European Integration, Vol. II.: Plans for European Union in Great Britain and in Exile 1939-1945*, Berlin: Walter de Gruyter.
Morgenthau, Hans J.(1948) *Politics among Nations : the Struggle for Power and Peace*, New York: Knopf.（原彬久監訳『国際政治――権力と平和』岩波文庫、2013 年）
遠藤乾編（2008a）『原典 ヨーロッパ統合史――資料と解説』名古屋大学出版会。
クーデンホーフ・カレルギー（1970）『クーデンホーフ・カレルギー全集（全 9 巻）』鹿島出版会。
スタニスワフ・ミコワイチク（2001）『奪われた祖国ポーランド――ミコワイチク回顧録』広瀬佳一・渡辺克義訳、中央公論新社。

[二次文献]
Andics, Helmut（1965）*Der Fall Otto Habsburg. Ein Bericht*, Wien, München: Fritz Molden.
Baier, Stephan/ Demmerle, Eva eds.（2012）*Otto von Habsburg 1912-2011. Die Biografie ; mit einem Kondolenzschreiben von Papst Benedikt XVI*, 6.überarb. und erw. Aufl., Wien: Amalthea.
Brook-Shepherd, Gordon（2003）*Uncrowned Emperor: The Life and Times of Otto von Habsburg*, London: Hambledon and London
Carr, Edward H.（1939）*The Twenty Years' Crisis, 1919-1939: An Introduction to the Study of International Relations*, London: Macmillan.（原彬久訳『危機の二十年――理想と現実』岩波文庫、2011 年）
Coser, Lewis A.(1984) *Refugee Scholars in America: Their Impact and Their Experiences*, New Haven: Yale University Press.（荒川幾男訳『亡命知識人とアメリカ――その影響とその経験』岩波書店、1988 年）
Del Pero, Mario（2010）*The Eccentric Realist: Henry Kissinger and the Shaping of American Foreign Policy*, Ithaca; New York: Cornell University Press.
Dezsy, Hanne（2001）*Gentleman Europas*, Wien: Czernin Verlag.
Eppel, Peter（1988）"Österreicher im Exil 1938-1945," In: Emmerich Talos et al eds. *NS-Herrschaft in Österreich 1938-1945*, Wien: DÖW.
Feigl, Erich（1992）*Otto von Habsburg : Profil eines Lebens*. 2. Aufl., Wien: Amalthea.（関口宏道監訳／北村佳子訳『ハプスブルク帝国、最後の皇太子――激動の 20 世紀欧州を生き抜いたオットー大公の生涯』朝日新聞出版、2016 年）
Graubard, Stephen R.（1973）*Kissinger: Portrait of a Mind*, New York: W. W. Norton & Company.（読売新聞社外報部訳『キッシンジャー――その信念の軌跡』読売新聞社、1973 年）
Hanhimäki, Jussi（2004）*The Flawed Architect, Henry Kissinger and American Foregin Policy*, New York: Oxford University Press.
Herbst, Ludorf（1986）"Die zeitgenössische Integrationstheorie und die Anfänge der europäischen Einigung 1947-50," *Vierteljahrshefte für Zeitgeschichte*, 34, Heft 2, pp. 161-205.
Isaacson, Walter（1992）*Kissinger: A Biography*, New York: Simon & Schuster.（別宮貞徳監訳『キ

ッシンジャー――世界をデザインした男』日本放送出版協会、1994 年）
Jay, Martin（1986）*Permanent Exiles: Essays on the Intellectual Migration from Germany to America*, New York: Columbia University Press.（今村仁司他訳『永遠の亡命者たち――知識人の移住と思想の運命』新曜社、1987 年）
Kinzer, Stephen（2013）*The Brothers: John Foster Dulles, Allen Dulles, and Their Secret World War*, New York Times Books.（渡辺惣樹訳『ダレス兄弟――国務長官と CIA 長官の秘密の戦争』草思社、2015 年）
Kochanski, Halik（2012）*The Eagle Unbowed: Poland and the Poles in the Second World War*, Cambridge, MA: Harvard University Press.
Landau, David（1972）*Kissinger: The Uses of Power*, Boston, MA: Houghton Mifflin.（朝日新聞外報部訳『キッシンジャー――その権力の秘密』朝日新聞社、1973 年）
Lorenz, Einhart（1989）*Willy Brandt in Norwegen: die Jahre des Exils 1933 bis 1940*, Kiel: Neuer Malik Verlag.
Lorenz, Einhart（2012）*Willy Brandt. Deutscher-Europäer-Weltbürger*, Stuttgart: Kohlhammer-Verlag.
Loth, Wilfried（1990）*Der Weg nach Europa Geschichte der europäischen Integration 1939-1957*, Göttingen: Vandenhoeck & Ruprecht.
Loyer, Emanuelle（2005）*Paris à New York, Intellectuels et artistes français en exil, 1940-1947*, Paris: Grasset.
Mahl, Thomas E.（1998）*Desperate Deception: British Covert Operations in the United States, 1939-1944*, Washington DC: Brassey's.
Mazower, Mark（1998）*Dark Continent: Europe's Twentieth Century*, London: Penguin.（中田瑞穂・網谷龍介訳『暗黒の大陸――ヨーロッパの 20 世紀』未來社）
Mazower, Mark（2012）*Governing the World: The History of an Idea*, London: Penguin.（依田卓巳訳『国際協調の先駆者たち――理想と現実の 200 年』NTT 出版）
Mollov, M. Benjamin（2000）"The Jewish Experience as an Influence on Hans J. Morgenthau's Realism," *Jewish Political Studies Review*, 12: 1-2, pp. 113-40.
Mollov, M. Benjamin（2002）*Power and Transcendence: Hans J. Morgenthau and the Jewish Experience*, Lanham: Lexington Books.
Olson, Lynne（2017）*Last Hope Island: Britain, Occupied Europe, and the Brotherhood that Helped Turn the Tide of War*, New York: Random House.
Pick, Hella（2000）*Guilty Victims: Austria from the Holocaust to Haider*, London: I. B. Tauris.
Posselt, Martin（1987-9）"Richard Coudenhove-Kalergi: Teil 1-10," In: *Paneuropa Deutshland*.
Rice, Daniel（2013）*Reinhold Niebuhr and His Circle of Influence*, New York: University of Cambridge Press.
Schöllgen, Gregor（2013）*Willy Brandt: Die Biographie*, Berlin: Berlin Verlag.（岡田浩平訳『ヴィリー・ブラントの生涯』三元社、2015 年）
Smith, Michael J.（1987）*Realist Thought from Weber to Kissinger*, Baiton Rouge, LA: Louisiana State University Press.（押村高他訳『現実主義の国際政治思想――M. ウェーバーから H. キッシンジャーまで』垣内出版、1997 年）
Suri, Jeremi（2007）*Henry Kissinger and the American Century*, Cambridge, Mass: Belknap Press of

Harvard University Press.

Vaughan, Hal (2011) *Sleeping with the Enemy: Coco Chanel's Secret War*, New York: Vintage.（赤根洋子訳『誰も知らなかったココ・シャネル』文藝春秋、2012 年）

Waltz, Kenneth N. (1959) *Man, the State and War: A Theoretical Analysis*, New York: Columbia University Press.（渡邉昭夫・岡垣知子訳『人間・国家・戦争——国際政治の 3 つのイメージ』勁草書房、2013 年）

Winter, Jay/ Prost, Antoine (2013) *René Cassin and Human Rights : from the Great War to the Universal Declaration*, Cambridge, UK : Cambridge University Press,.

Ziegerhofer-Prettenthaler, Anita (2004) *Botschafter Europas: Richard Niklaus Condenhore-Kalergi und die Paneurope-Bewebung in den Zwanziger und dreissiger Jahren*, Wien: Bóhlau.

Ziegerhofer-Prettenthaler, Anita (2012) *Europäische Integrationsgeschichte: Unter besonderer Berücksichtigung des österreichischen Weges nach Brüsel*, 3. Auf. Innsbruck: Studienverlag.

Zurcher, Arnold John (1958) *The Struggle to unite Europe 1940-1958*, New York: New York University Press.

Zweig, Stefan (1942) *Die Welt von Gestern*.（原田義人訳『昨日の世界』みすず書房、1999 年）

『亡命の現代史』全 6 巻、みすず書房、1972-73 年。

板橋拓己（2010）『中欧の模索——ドイツ・ナショナリズムの一系譜』創文社。

イラン・パペ（2018）「バルフォアからナクバへ——パレスチナにおける入植型植民の歴史過程」鈴木啓之訳『現代思想』2018 年 5 月号、128-135 頁。

遠藤乾編（2008b）『ヨーロッパ統合史』名古屋大学出版会。

大賀哲（2008）「黎明期国際政治学の構想力——ハンス・モーゲンソーの国際関係思想講義から」『法政研究（九州大学法政学会）』75 巻 2 号、211-259 頁。

大島美穂（1989）「第二次世界大戦下のノルウェー亡命政権の外交——戦後構想との連関で」『国際政治』89 号、24-41 頁。

川崎修（2014）『ハンナ・アレント』講談社学術文庫。

河原忠彦（1998）『シュテファン・ツヴァイク——ヨーロッパ統一幻想を生きた伝記作家』中公新書。

北村厚（2014）『ヴァイマル共和国のヨーロッパ統合構想——中欧から拡大する道』ミネルヴァ書房。

小窪千早（2013）「ドゴールと欧州構想——「大西洋からウラルまでのヨーロッパ」に関する一考察」『国際関係・比較文化研究（静岡県立大学国際関係学部）』12 巻 1 号、131-141 頁。

小島健（2007）『欧州建設とベルギー——統合の社会経済史的研究』日本経済評論社。

斎藤孝（1978）『戦間期国際政治史』岩波書店。

佐橋亮（2015）『共存の模索——アメリカと「二つの中国」の冷戦史』勁草書房。

澤井敦（2004）『カール・マンハイム——時代を診断する亡命者』東信堂。

芝崎厚士（2015）『国際関係の思想史——グローバル関係研究のために』岩波書店。

篠原初枝（2010）『国際連盟』中公新書。

鈴木輝二（2003）『ユダヤ・エリート——アメリカへ渡った東方ユダヤ人』中公新書。

関口宏道（2014）「オットー・フォン・ハプスブルクからオットー・フォン・ヨーロッパ

へ──オットー戦記の試み」『松蔭大学紀要』17 号、143-190 頁。
相馬保夫（2008-10）「離散と抵抗──ズデーテン・ドイツ社会民主党亡命組織（4）～（8）」『東京外国語大学論集』77─81 号。
竹本真希子（2004）「パンヨーロッパ運動と「ヴェルトビューネ」」『専修史学』36 号、15-34 頁。
徳永恂（2002）『フランクフルト学派の展開──20 世紀思想の断層』新曜社。
戸澤英典（2003）「パン・ヨーロッパ運動の憲法体制構想」『阪大法学』53 巻 3・4 号、979-1013 頁。
戸澤英典（2012）「ヨーロッパ統合の歴史」森井裕一編『ヨーロッパの政治経済・入門』有斐閣。
西村邦行（2012）『国際政治学の誕生──E・H・カーと近代の隘路』昭和堂。
林忠行（1992）「チェコスロヴァキア亡命政権の形成と政策──E・ベネシュの認識と行動を中心に」石井修編『1940 年代ヨーロッパの政治と冷戦』ミネルヴァ書房、113-158 頁。
広瀬佳一（1993）『ポーランドをめぐる政治力学──冷戦への序章 1939-1945』勁草書房。
広瀬佳一（1994）『ヨーロッパ分断 1943──大国の思惑、小国の構想』中公新書。
深井智朗（2016）『パウル・ティリヒ──「多く赦された者」の神学』岩波現代全書。
福田宏（2012）「ミラン・ホジャの中欧連邦構想──地域再編の試みと農民民主主義の思想」『境界研究』（北海道大学スラブ研究センター）No. 3、45-77 頁。
細見和之（2014）『フランクフルト学派──ホルクハイマー、アドルノから 21 世紀の「批判理論」へ』中公新書。
前川玲子（2014）『亡命知識人たちのアメリカ』世界思想社。
松川克彦（1998）「ポーランド政府のルーマニアへの亡命──第二次大戦勃発後の国際関係」『京都産業大学論集 国際関係系列』18、122-149 頁。
三牧聖子（2014）『戦争違法化運動の時代──「危機の 20 年」のアメリカ国際関係思想』名古屋大学出版会。
宮下豊（2012）『ハンス・J・モーゲンソーの国際政治思想』大学教育出版。
矢田部順二（2004）「チェコスロヴァキア国民委員会の成立 1938-39 年──亡命政治活動初期における E. ベネシュの苦悩」『修道法学』27 巻 1 号、240-213 頁。
矢田部順二（2011）「リスボン条約とチェコ共和国──アイデンティティを問う契機としての歴史問題」『修道法学』33 巻 2 号、492-465 頁。
矢野久美子（2014）『ハンナ・アーレント──「戦争の世紀」を生きた政治哲学者』中公新書。
山中仁美（2017）『戦間期国際政治と E・H・カー』岩波書店。
吉岡潤（2005）「戦後初期ポーランドにおける複数政党制と労働者党のヘゲモニー（1944-47 年）」『スラヴ研究』52、1-37 頁。
吉岡潤（2014）『戦うポーランド──第二次世界大戦とポーランド』東洋書店。
吉留公太（2010）「二つのキッシンジャー──「デタント」推進派の中心人物に関する研究動向」『研究論集』（関西外国語大学・関西外国語大学短期大学部）92 巻、55-73 頁。
渡辺克美（2017）『物語ポーランドの歴史──東欧の「大国」の苦難と再生』中公新書。

第 2 章
ナチズム、戦争、アメリカ
初代欧州委員会委員長ハルシュタインの思想形成過程

板橋拓己

1　ハルシュタインとは誰か

「忘れられたヨーロッパ人」？

　1950年6月、ドイツ連邦共和国（西ドイツ）初代首相コンラート・アデナウアーは、欧州石炭鉄鋼共同体（ECSC）設立につながるシューマン・プラン交渉の西ドイツ代表団長に、フランクフルト大学の法学教授ヴァルター・ハルシュタイン（Walter Hallstein, 1901 - 82）を指名した[1]。それまで学問の世界以外ではほとんど知られていなかった法学者ハルシュタインは、以後ドイツおよびヨーロッパ政治の表舞台に立ち続けることになる。1950年8月には首相府の次官に任命され、51年3月に外務省が再建されると、同省の次官に転任した。そしてハルシュタインは、アデナウアーの外交面での右腕として、ECSC交渉に始まり、欧州防衛共同体（EDC）交渉、ローマ条約交渉を主導した。1955/56年に定式化された有名な西ドイツの外交原則、すなわち西ドイツはドイツ民主共和国（東ドイツ）を承認する国とは国交を結ばないという原則が「ハルシュタイン・ドクトリン」と呼ばれたように、ハルシュタインはアデナウアー外交のひとつのアイコンであった[2]。

　そして1958年1月、ハルシュタインは、ローマ条約によって新たに発足した欧州経済共同体（EEC）委員会の委員長に就任した。ハルシュタインが務めたのは（EECとECSCと欧州原子力共同体の三共同体の機構が統合される前の）EEC委員会の委員長だが、通例彼が「初代欧州委員会委員長」に位置づけられる（Ludlow 2006, p. 37）。ハルシュタインは同委員長を10年近く務

めたのち、1967年6月に辞任した。その後も彼はヨーロッパ統合に尽力し、1968年から74年までヨーロッパ運動の総裁を務めるとともに、69年から72年までキリスト教民主同盟（CDU）所属の連邦議会議員として活躍した。

1982年にハルシュタインが死去したとき、その国葬でカール・カルステンス連邦大統領は故人を「統一ヨーロッパの創始者」と呼び、イギリスの『タイムズ』紙は「ミスター・ヨーロッパ」と名付けた。

以上から明らかなように、ハルシュタインはドイツ外交史およびヨーロッパ統合史における最重要人物のひとりである。しかし彼は、世間一般においても、学界においても、決してポピュラーな人物とは言えない。彼に関する研究も、たとえばジャン・モネのような他の「ヨーロッパの聖人たち」（Milward 2000, ch. 6）と比べると、決して多いとは言えない。ハルシュタインに関する最初の包括的な論文集のタイトルは『忘却されたヨーロッパ人？』であった（Loth *et al.* 1995）。

この「忘却」にはいくつか理由が挙げられよう。まずハルシュタインは、モネやアルティエーロ・スピネッリとは異なり、自らの業績を伝えるような「門弟たち」を持たなかった（*ibid.*, p. 14）。また、当初からハルシュタインにつきまとっていた「頭でっかちな法学者」というイメージも、彼を敬遠させた一因であろう。1956年に当時の自由民主党（FDP）党首トーマス・デーラーは、ハルシュタインについて次のように評している。ビスマルクが述べたように、政治家は「3つの大文字のHを備えていなければならない。すなわち、頭脳（Hirn）、ハート（Herz）、睾丸（Hoden）だ」。けれどもハルシュタイン教授は「ハートも睾丸も持たない人物」（＝頭脳だけの人）だと[3]。以後このフレーズは、ハルシュタインを語る際に繰り返し引用されることになる。

こうした「頭でっかち」なイメージは「頑迷さ」とも結びつけられた。すでに1960年に西ドイツの代表的な雑誌『シュピーゲル』は、ハルシュタインを「ヨーロッパ教条主義者」および「愛されないヨーロッパ主義者」と呼んでいる[4]。現在に至るまで「頑迷なヨーロッパ主義者」というハルシュタインのイメージは根強い。さらに、1960年代半ばに共同体権限の強化を求めたEEC委員会委員長ハルシュタインが、超国家的統合に反対するフランス

第 2 章　ナチズム、戦争、アメリカ

大統領シャルル・ド・ゴールと対立し（1965/66 年のいわゆる「空席危機」）、結果として「敗者」になったことは大きい。これによりハルシュタインには「ナイーブな超国家主義者（スープラナショナリスト）」あるいは「机上の空論家」というイメージがついてしまった。

　しかし、研究が進み、史料の公開も進んでいくなかで、こうしたハルシュタインのイメージも修正されつつある。まず、先に挙げた論文集『忘れられたヨーロッパ人？』は、ハルシュタインの側近をはじめとする同時代人たちの回顧録とロートらアカデミシャンによる研究論文とを組み合わせたものだが、ハルシュタインのヨーロッパ統合への貢献を個別のトピックごとに改めて跡付け、のちの研究の礎を築いた（Loth *et al.* 1995; 1998[5]）。ただし本書は、時代的な制約からハルシュタインの遺稿（ナッハラス）（以下「ハルシュタイン文書」）を用いておらず、歴史研究としては限界があった。また本書が扱っているのは首相府次官就任後のハルシュタインであり、それ以前の時代についてはほとんど言及がない。

　ともあれ、今世紀に入ったあたりから、各種史料の公開と並行するかたちで、ハルシュタインに関わる研究も飛躍的に進んだ。ここで網羅的に挙げることはしないが、たとえば 1950 年代の西ドイツのヨーロッパ政策に果たした役割（Elvert 2008）、EEC 委員会委員長としての活動（Ludlow 2006）、とりわけ「空席危機」における役割（Bajon 2012）などが注目されてきた。さらに、主著『未完の連邦国家』を主たる分析対象とした思想・構想研究（Wessels 2003; Piela 2012）や、他の欧州委員会ないし委員長との比較研究（Seidel 2010; Müller 2017）も進んでいる。

　なかでもハルシュタイン研究に大きく貢献しているのは、歴史家シェーンヴァルトである。彼はコブレンツの連邦文書館に寄贈された膨大なハルシュタイン文書を検討して実証的な論文を逐次発表し、2018 年には（160 頁程度の薄いものとはいえ）ハルシュタインの伝記を公刊した（Schönwald 2018）。それまでもハルシュタインの生涯をスケッチした論考は少なくなかったが（たとえば Loth 2003; Kilian 2005; Bajon 2014; Elvert 2014）、一次史料に基づいて生涯全体をカバーした伝記はシェーンヴァルトのものが初めてである。

本章の問題意識

　本章は、政治の表舞台に立つ前のハルシュタイン、すなわち首相府次官に就任する前の1940年代までのハルシュタインの前半生を跡づけ、その思想形成過程を明らかにする。前述のように、ハルシュタイン研究は次官時代からEEC委員会委員長時代に集中している。また思想的な研究については、委員長辞任後の著作を検討したものが多い。次官時代以前のハルシュタインについては、1940年代の2度のアメリカ滞在を検討したシェーンヴァルトの論文（Schönwald 1999）と、初期ハルシュタインの政治思想をプラトンと対比させながら検討したフライベルガーによる論文（Freiberger 2010）がある程度である。

　かかる研究状況に対し、本章は、ハルシュタインの前半生を検討する。この作業は、ハルシュタイン研究に資するだけでなく、戦後ヨーロッパ、とりわけ（西）ドイツにおけるヨーロッパ構想の生成の一例を解き明かすことにもつながる。その際に本稿は、ナチズム、戦争、「アメリカ」という1930年代から40年代にかけての3つの体験を重視する。しばしば（ハルシュタインをはじめとする）ドイツのヨーロッパ主義者については、①ナチズムへの反省からヨーロッパ主義者となった、②主権国家間の戦争を克服するために超国家的なヨーロッパ統合を志向した、③アメリカ合衆国をモデルとして「ヨーロッパ合衆国」を唱えた、といった大雑把な説明がなされることが多い。しかし詳細にハルシュタインの経験を辿ると、こうした説明では不十分であることが分かる。

　本章は、ハルシュタインの思想形成過程を辿ることによって、ハルシュタイン研究の空隙を埋めるだけでなく、戦後ドイツにおけるヨーロッパ統合の担い手がいかにして生まれたか、そしていかなる青写真をもってヨーロッパ統合を主導したかについて、そのひとつの事例（ただし無視できぬ重要人物の事例）を明らかにする。

　以下本章では、コブレンツの連邦文書館に収められたハルシュタイン文書（BArch Koblenz, N 1266）を中心的な史料としつつ、シェーンヴァルトによる最

新の伝記（Schönwald 2018）の助けも借りながら、初期ハルシュタインの思想形成過程を検討していく。

なお、ハルシュタインは回顧録の類を残していない。また、ハルシュタインを研究しようとする者の多くが嘆くように、連邦文書館のハルシュタイン文書は実に膨大である[6]。筆者もまだそのごく一部に目を通したに過ぎないことを断っておく。ちなみにハルシュタイン研究（とりわけ思想的なアプローチ）で頻繁に使用されるのは、2冊の演説集（Hallstein 1968; 1979b）と主著『未完の連邦国家』（Hallstein 1969）およびその改訂増補第5版の『ヨーロッパ共同体』（Hallstein 1979a）である。しかし、どちらの演説集もEEC委員会委員長就任後の演説を収録したものであり、また『未完の連邦国家』は体系的な書だが、委員長辞任後に執筆されたものであり、本章の主たる検討対象とはなりえない。

2　ハルシュタインの前半生

本節では、これまでほとんど知られていなかったハルシュタインの前半生を跡づける。その際、ハルシュタイン文書に収められた米軍政府関連資料を主たる典拠とする。戦後の占領期に米軍政府は「非ナチ化（Entnazifizierung）」政策の一環で、ドイツの大学教員の経歴（とくにナチ時代の経歴）を調査しているが、その回答書にハルシュタインが添付した詳細な経歴書が、とりわけ重要な資料となる[7]。

法学者への道

ヴァルター・ハルシュタインは、1901年11月17日にマインツでプロテスタントの家庭の次男として生まれた[8]。ハルシュタイン家は代々ヘッセンの農民だったが、彼の父ヤーコプがその家系で最初に官僚となった。ヤーコプはつねに「自らの才能と努力で」道を切り拓き、測量技師見習からプロイセン王国およびヘッセン大公国鉄道管理局の官吏に任用され、最終的にはドイツ国鉄の政府建築監督官となった人物である。また、母アンナは「夫と

子供たちの世話を何よりも優先する繊細な女性」であった。「疲れを知らぬ勤勉さ、誠実さ、自らの人格よりも義務を重視するというドイツ官僚層の最良の伝統、倹約、質素な生活様式、そして芸術的感覚の育成。これらは、わたしが両親の家で尊重することを学んだ諸価値である」とハルシュタインは述べている (Lebenslauf, Bl. 1)。

　ハルシュタインは、国民学校（小学校）と、ダルムシュタットおよびマインツの人文主義ギムナジウムを「苦もなくクラスの最優等生として」修了した。少年ハルシュタインの関心は「秩序だった思考、論理、体系的な厳密さを要求する科目」に向けられ、「ギリシャ語よりもラテン語、歴史よりもドイツ語、自然科学よりも数学、英語よりもフランス語」を好んだ (Lebenslauf, Bl. 1)。一方で、同時代の一般的な少年たちと同様にヴィルヘルム時代の愛国的雰囲気に染まっていたようであり、1965 年のインタビューで、自分は「ヨーロッパ的とは言えない世代」に属しており、「ナショナルな考えに満たされていた少年」であったと答えている (Hallstein 1966, pp. 141 f.)。また、当時は軍国主義的な色彩が強かったボーイスカウトにも加入していた。第一次世界大戦が勃発したとき、12 歳の少年ハルシュタインはそれを歓迎したという (Schönwald 2018, pp. 16 f.)。

　大学で法学を学ぶか建築を学ぶか迷ったようだが、ハルシュタインは 1920 年からボン大学で法学・国家学を学ぶことになり、ミュンヘン大学を経て、1921/22 年の冬学期にベルリン大学へ移った。ハルシュタインが法学を学んだ時期はヴァイマル国法学の全盛期にあたり、歴史家のマゾワーが言うように「法学者が王」の時代であった（マゾワー 2015、25 頁）。ハルシュタイン自身、「ドイツの大学で最も重要な世代の法学者」の講義を聴いたと記しており、「とりわけ影響を受けた」人物として、エルンスト・ツィーテルマン、ヨーゼフ・パルチュ、マルティン・ヴォルフ、エルンスト・ラーベル、ハインリヒ・トリーペル、ルードルフ・スメント、エドゥアルト・コールラウシュを挙げている (Lebenslauf, Bl. 2)。また、法学や経済学に加え、哲学や美術史にも熱中し、さらにイタリア語とスペイン語を習得した。

　当初ハルシュタインは学者になるつもりはなかったが、授業休暇期間中に

第 2 章　ナチズム、戦争、アメリカ

「ある大きな工業会社の法律部門」で実習生を務めていたときに国際私法への関心が高まったようだ（Lebenslauf, Bl. 3）。そしてハルシュタインは、1923年に第一次国家試験に合格して司法官試補見習となったのち、パルチュを指導教員として、1925 年 8 月に『ヴェルサイユ条約における生命保険契約』という論文によってベルリン大学で法学博士号を取得した[9]。ベルリン大学法学部でのハルシュタインへの評価は高く、彼は（博士号取得直前の 25 年 3 月にパルチュが急死したため）ヴォルフの助手に採用された。

　1927 年末にハルシュタインはカイザー・ヴィルヘルム協会（現在のマックス・プランク研究所）の外国・国際私法研究所（所長はラーベル）の研究員に着任した。そこで彼は商法および株式法の比較を専門とし、1929 年 11 月に『イタリア株式法研究』（未公刊）で教授資格を取得した。さらに、ドイツの株式法改革のためにライヒ司法省から委託された研究の成果である『現代の株式法』（1931 年公刊）は、この分野における重要な業績となった[10]。なお、その間の 1927 年 9 月に第二次国家試験に合格して司法官試補となり、短期間ではあるが判事としても活動している。

　ヴァイマル共和国期のハルシュタインの政治的態度については史料がなく、ハルシュタイン自身の言を信じるしかない。彼はこう述べている。「自立した政治的意見の形成について、ましてや政治への積極的な参加について、わたしは、官僚の息子として、両親の家でも、また——わたしの世代に典型的だが——学校でも、正しい心構えができていなかった。1918 年の崩壊の印象のもと、まずは民主党の目標に親近感を覚えたが、とりわけシュトレーゼマンの外交政策が決定的となり、ドイツ人民党に投票するようになった[11]」（Lebenslauf, Bl. 6）。アドルフ・ヒトラーが政権を掌握する直前の 1932 年 11 月のライヒ議会選挙でも、ハルシュタインはドイツ人民党に投票したと米軍に申し立てている[12]。いずれにせよハルシュタインは、ヴァイマル共和国期にはいかなる政党の党員でもなかった。

　1930 年 10 月、ハルシュタインはロストック大学の法学部に正教授として招聘される。このとき彼はまだ 28 歳であり、当時のドイツの法学教授では最年少だった。彼が担当した講義は、民法、商法、ドイツ法制史、ドイツと

メクレンブルクの私法などであった。ハルシュタインはこのロストック時代の最初の数年間を「わたしの人生のなかで最も幸福」な時期だったと1945年に振り返っている（Lebenslauf, Bl. 4）。しかし、周知のように1933年1月にヒトラーが首相に就任し、ドイツは褐色の波に呑まれていく。では、ハルシュタインはナチズムに対してどのような態度をとり、またナチの経験はハルシュタインにいかなる影響を与えたのだろうか。

ナチ時代

長らくハルシュタインはナチ党員ではなかったと考えられてきた。ハルシュタイン自身、米軍による「非ナチ化」調査に対して、ナチ法擁護者同盟（NS-Rechtswahrerbund）とナチ民族福祉団（Nationalsozialistische Volkswohlfahrt）のメンバーだったが、ナチ党員ではなかったと申告している[13]。そして、この経歴の「潔白」こそ、彼が戦後のドイツおよびヨーロッパで活躍する前提であった。後述するように、アメリカは、ハルシュタインを「非ナチ的」な人物と診断したがゆえに、戦後ドイツの再建に有用な人物として遇するようになる。また、アデナウアーが彼をシューマン・プラン交渉の代表に選抜したのも、「ハルシュタインが同僚のあいだでナチ体制に対する批判者としての評判を得ており、ナチ党およびその諸組織の正式なメンバーシップを有しておらず、潔白を貫いていた」からであった（Maulucci 2012, p. 112）。仇敵である西ドイツ外務省の過去を調べ上げた東ドイツ外務省も、その調査報告書『リッベントロップからアデナウアーへ』（1961年）のなかで、ハルシュタインを「ナチ支持者」と断定しながらも、その証拠を提示することはできなかった[14]。近年のハルシュタイン研究も、彼がナチ党員ではなかったことを当然の前提としている[15]（Freiberger 2010, p. 213）。

しかし、こうした想定は2018年に刊行されたシェーンヴァルトによる伝記研究で覆された（Schönwald 2018, pp. 27-35）。シェーンヴァルトは、現在ベルリンの連邦文書館に所蔵されている旧「ベルリン・ドキュメント・センター（BDC）」文書から、ハルシュタインの党員証を発見している（名前、出生地、誕生日、住所が一致。党員番号310212）。その党員証によると、ハルシュタ

第 2 章　ナチズム、戦争、アメリカ

インは 1934 年 7 月に入党している（*ibid.*, p. 27）。

　とはいえ、ハルシュタインがどこまでナチに接近したかは分からない。ハルシュタインは、すでに 1933 年 10 月に国民社会主義ドイツ法律家連盟（Bund Nationalsozialistischer Deutscher Juristen）に加入し、34 年 4 月 12 日にはロストック大学の同僚全員とともにヒトラーに宣誓している（*ibid.*, p. 27）。また、前述のようにナチ法擁護者同盟とナチ民族福祉団にも加入した。しかし、これらの団体への所属は、米占領軍が問題視しなかったことからも分かるように、ハルシュタインのような立場の者に対して「体制が要求した最低限のメンバーシップ」（*ibid.*）であった。

　また、学究肌のハルシュタインにとって、ナチズムの思想、そしてその暴力性は明らかに縁遠いものであった。戦後の「非ナチ化」調査の際に提出した資料であることを割引かねばならないが、以下の言明は幾分か本心であっただろう。

　　極端さと不寛容は、わたしにとって昔から政治的な事柄で耐え難いものであった〔……〕。当初からわたしは、ナチズムにとって政治的に本質的なもの全てのなかに、ドイツ民族(フォルク)にとっての災厄を見出していた。とりわけ、人種学、現代における「大衆の反逆」の計画的な利用、そして最高の政治原理としての権力のニヒリスティックな崇拝のなかに。もちろんわたしは、計画的な戦争準備を認識し損ねていた。またわたしは、最後までドイツの対抗勢力の強さについて評価を誤っており、それに政府の除去を期待していた。われわれの国政におけるほとんど全ての自由な勢力が哀れに崩壊したことは、わたしを深く失望させた。(Lebenslauf, Bl. 6)

　さらに、ハルシュタインがナチから距離をとっていたこと、そして場合によってはナチと対決した証も残っている。たとえば 1934 年、当時ロストック大学神学部の学生だったオイゲン・ゲルステンマイアー（のちレジスタンスのクライザウ・サークルに参加、戦後は CDU の連邦議会議員で、14 年にわたって連邦議会議長を務める）が親衛隊員と決闘騒ぎになったとき、大学内の懲戒

裁判の長を務めたハルシュタインは、ゲルステンマイアーの無罪放免に尽力したという。のちにゲルステンマイアーは、「わたしはその結果について、商法の若き正教授だったヴァルター・ハルシュタインに感謝しなければならない。〔……〕彼は並外れて明晰な法律家であり、傑出した交渉人であり、そもそも体制と何も共通した考えのない男だった」と記している（Gerstenmaier 1981, p. 66）。

またハルシュタイン自身、1936 年から 41 年までロストック大学の法学部長として「友人や同志たちとともに、大学へのナチズムの侵入を懸命に防いでいた」と記している（Lebenslauf, Bl. 6 f. 引用は Bl. 7）。これについてもいくつか証拠はあり、たとえばオーストリア併合（アンシュルス）によってウィーン大学を追われた著名な法史学家ハインリヒ・ミッタイスを、ハルシュタインはロストック大学に迎え入れた。

1941 年 4 月にハルシュタインはフランクフルト大学法学部の教授に就任するが（直後に学部長に就任）、こうした自らの人事に際しても、ハルシュタインとナチとの緊張関係は見て取れる。たとえば 1938 年にミュンヘン大学がハルシュタインを招聘しようとしたとき、大学教員連盟（Dozentenbund）はハルシュタインの「ナチズムに対するきわめて批判的な態度」を指摘し、「要注意」だと評価している（Schönwald 2018, p. 29）。また、最終的に成功したフランクフルト大学への移籍についても、ロストックの同僚の密告のため、ひと悶着があったようだ。

とはいえハルシュタインは、ゲスターポに拘束されたこともなければ、ナチ系のメディアから攻撃されたこともなかった[16]。またハルシュタインは、体制に迎合するような演説をしたこともあった。1939 年 1 月 23 日にロストック大学の教授陣の前で行った「大ドイツの法的統一性（Die Rechtseinheit Großdeutschlands）」という演説がそれである。

　　大ドイツ帝国（ライヒ）の創設は、ひとつの政治的な事件であり、世界史的に重要な総統（フューラー）の行為であり、ヨーロッパの地図を変え、古いフェルキッシュな憧憬を満たす行為のひとつというだけではない〔……〕それは、法史

学的にもきわめて重要な意義をもつ出来事である。肝要なのは、老朽化した古い家を修復するだけでなく〔……〕大きくなった家族のために新しい家屋を築くことなのである。(Schönwald 2018: 34)

ナチ時代のハルシュタインについてはいまだ明らかになっていないことが多く、彼がどのくらい「褐色」だったのかは確言できない。ただ、この時代においても、なるべく非政治的に振る舞おうとしていたことは確かである。彼の2人の師、ヴォルフとラーベルがともにユダヤ人であり、亡命に追い込まれたことも[17]、ハルシュタインの用心深さに拍車をかけただろう。そして、はっきりしているのは、この時代のハルシュタインが「学問」と「政治」を切り離して考えており、後者による前者への介入を嫌っていたことである。ハルシュタインがナチに反抗を試みたのは、学問の領域ないし大学という場にナチが介入しようとしたときであった。この経験は、のちのハルシュタインの「政治」観に影響を与えることになる。

戦時捕虜の経験

1942年8月、ハルシュタインはノルマンディの連隊本部付将校として西部戦線に配置された。そして44年6月26日、シェルブールでアメリカの戦時捕虜となり、総計約40万人のドイツ人戦時捕虜のひとりとしてアメリカへ移送された[18](捕虜となった時点では少尉、のち中尉に)。結局計1年余り、ハルシュタインは、ミシシッピ州の戦時捕虜収容所キャンプ・コモで過ごすことになる。

第二次世界大戦中のアメリカは、戦時捕虜に関する国際法的な規定(1907年のハーグ陸戦法規および1929年にジュネーヴで締結された戦時捕虜の待遇に関する協定)に基づき、ドイツ人捕虜を丁重に扱っていた。このとき9万人以上のアメリカ人捕虜がドイツに拘留されており、ドイツ人捕虜を丁重に扱わないと、報復措置が採られる恐れがあったことも大きかった[19]。

戦時捕虜を管轄していた米陸軍省は、収容所の運営を概ねドイツ人自身に委ねた。しかし、これは収容所内にナチ・ドイツの秩序をそのまま持ち込む

ことにつながった。ハルシュタインがいたキャンプ・コモは、「ナチ収容所」と呼べるほどナチ活動家が所内に多く、「公然たるテロル」が行われていたという。ハルシュタインやその同志たちは、「体制の敵に対する暴力行為を予告され〔……〕しばらくの間、夜は寝室にバリケードを築く」必要があった (Lebenslauf, Bl. 9 f.)。こうした状況は、1945 年春にアメリカ側がナチ活動家を別の収容所に移送したことで解消された。

そうした問題を除けば、ハルシュタインは捕虜としては恵まれた環境にあった。収容所は比較的清潔であり、優れた医療が提供され、図書館や映画館も利用できた。また、将校は個室か 2 人部屋で、下士官以下とは異なり、労働にも動員されなかった。こうしてハルシュタインは、収容所の図書館で多くの文献を借り出して読むことができた。たとえば、シェーンヴァルトによれば、この時期ハルシュタインはハイエクの『隷属への道』の詳細な抜粋を作成していたという (Schönwald 1999, pp. 36 f.)。

さらに重要なことに、当地でハルシュタインは、「法学・経済学収容所学部」(通称「収容所大学 (Lageruniversität)」) の設立をアメリカから委ねられ、2 つの学期と 2 つの中間学期 (Zwischensemester) を運営した。この収容所大学には、キャンプ・コモに収容された 1000 人のドイツ人将校のうち 400 人が参加した[20]。ハルシュタインは自ら講義やゼミも担当し、英米法に関する英書を読み漁って準備した。彼が担当した科目は「私法入門」「民法総則」「比較法演習」などであり、さらには英語で「アメリカ私法概論」などを講義した[21]。

またハルシュタインは、シカゴ大学ロースクールと連携して、収容所内の専門図書館の拡充に努めるとともに[22]、1945 年夏には、多くの図書が失われてしまった故国ドイツへ、アメリカ法関連書籍を送付する手配をしている[23]。

収容所大学の運営に加えて、戦時捕虜時代のハルシュタインにとって重要な経験は、1945 年夏にロードアイランド州フォート・ゲッティ (Fort Getty) の「行政学院 (Administrative School)」で、アメリカによる「再教育」を受けたことである[24] (Lebenslauf, Bl. 10)。この学校は、米陸軍省のいわゆる「サンフラワー計画 (Project Sunflower)」のもとに設立されたものであり、信頼できるド

イツ人捕虜に対して、来たる戦後ドイツの占領行政を担わせるために「再教育」を施すことを課題としていた[25]。

ハルシュタインは、再教育プログラム候補者 1000 名のうち、3 回の試験を通過した選り抜きの 10 人のうちのひとりとなり、フォート・ゲッティで 2 カ月の「きわめて多忙なコース」を受講した。フォート・ゲッティ行政学院には、ハルシュタインから見ても「傑出した講師陣」が揃えられていたが (Lebenslauf, Bl. 10)、その多くはドイツ語圏からの移住者・亡命者であった。たとえば有名なところでは、1933 年にアメリカに逃れ、当時イエール大学で教鞭を執っていたアーノルド・ウォルファースがいる。フォート・ゲッティでは、英語や軍政の仕組みとともに、アメリカの憲政と歴史が重点的に教えられていた。やはりここでもハルシュタインは優秀だったようで、修了式で受講者側の答辞を読み上げている[26] (Lebenslauf, Bl. 10)。フォート・ゲッティでの体験は、収容所大学で芽生えていたと思われるアメリカ史への彼の関心をさらに高め、加えて英語の運用能力の向上にもつながった（のちにハルシュタインは外務次官および EEC 委員会委員長として英語圏のパートナーと通訳抜きで会話できるようになる）。

ハルシュタインは、フォート・ゲッティ修了後もアメリカ（具体的にはシカゴ大学）で法学研究を継続することを希望していたが、米陸軍省の許可を得ることができず、1945 年 11 月にドイツへ帰還することになる。

3　学問と政治

戦争末期および戦後初期にハルシュタインが取り組んだのは、「学問と政治」の関係という問題であった。これは一見するとヨーロッパ構想と関係がないように思える。しかし、この「学問と政治」に関する考察が、ハルシュタインの政治との関わり方を規定するとともに、のちの彼のヨーロッパ構想の基礎をなすものとなる。それゆえ、少し立ち入って検討しよう。

ハルシュタインに学問と政治の関係を考えるきっかけを与えたのは、何よりもナチズムの経験である。そして、その考察を披露する最初の機会は、前

述の収容所大学の設立であった。1944年10月15日にハルシュタインは、収容所大学の第一学期開始前に、戦時捕虜となった1000人のドイツ人将校の前で「ドイツの大学の社会的および政治的責任について」という開講演説を行っている[27]。

　この演説でのハルシュタインの課題は、当時収容所内に満ちていた「政治的ドグマの呪縛を破壊すること」であり、収容所の兵士たちを「学生に、そしてもし可能ならば、思考する人間（denkende Menschen）にすること」であった。将来的にドイツの大学も同様の課題を抱えることが予想されるがゆえに、重要なテーマであった（VdH, Bl. 1）。

　この演説の前半部分でハルシュタインは、学問に関する3つの「きわめて根強い先入見」を取り上げ、それに反駁している。まず反駁すべき第一の先入見は、「真理（Wahrheit）」や「知（Weisheit）」を成り立たせているのは「権威」だというものである。これは収容所大学という特殊な場所において、とくに重要なものであった。彼は言う。「〔兵士の〕世界は命令と服従の世界である。〔……〕学問の世界ではこのカテゴリーは妥当しない。学問の法則は真理の法則であり、真理は命令と親和的ではない。〔……〕わたしは、何かが真であると命令することはできない。それが本当に真であるならば、命令は不要である。それが真でないならば、命令によってもそれは真にならない。〔……〕学問は、それが根拠に基づいた認識であることによって、真理に仕える。〔……〕兵士にとって命令と服従にあたるものは、学問に従事する者にとっての根拠と推論である」。こうしてハルシュタインは、学問的言明の妥当性は、「決して外部の権威にではなく〔……〕もっぱら根拠づけの重みに基づく」と述べる。そして「認識の妥当性はその根拠の質にのみ従属するのだから、それはつねにより良い根拠によって克服されうる。したがって、必然的に討論（Diskussion）が学問的方法には欠かせないものとなる」。討論こそ「まさに学問の生命の息吹」なのである（VdH, Bl. 3 f.）。

　第二の反駁すべき先入見は、学問はある「目的」ないし「利益」に仕えるものだという考え方である。これに対しハルシュタインは次のように述べる。「学問の目的はそれ自体のなかにある。学問は、人間が定めた何らかの目的

に奉仕するものではない。学問が満たすのは、人間に生得的な知識欲である。人間性の高貴なものに属するこの知識欲は〔……〕学問の唯一の源泉である」。それゆえ「学問的業績の価値は、未知の暗闇から新しい真理の一部を獲得できたか否か、新しい認識を切り拓くことができたか否かに基づく」。学問が「ある政治的目的の単なる道具」となったとき、それは「堕落」なのである（VdH, Bl. 5 f.）。

　第三の反駁すべき先入見は、「理論（Theorie）」と「実践（Praxis）」は区別すべきであり、かつ「あらゆる物事の評価の尺度」は実践に置くべきという考え方である。これに対しハルシュタインは、「理論は定式化された真理であり、それは思想の形式をとった生そのものである」と述べ、むしろ理論と実践の一致を説く。たしかに、実践に価値を置く者が言うように「誤った理論」は存在しうる。しかしそれは、「正しい理論」に改善していけばよいだけの話である（VdH, Bl. 6）。

　それゆえハルシュタインにおいては「理論」も「実践」も学問に従属している。そして、ここからハルシュタインは、学問のなかにある「高次の倫理的な諸価値」を説き、「最上の人間の美徳」について説いていく。その美徳として挙げられるのは、第一に「問題（Sache）への無条件の没入」、第二に「妥協なき真実への愛」、第三に「冷静かつ堅実で明確な客観性（Sachlichkeit）」、第四に「不快な認識も直視し、自らの確信を怯むことなく〔……〕主張する勇気」、そして第五に「自らの意見を批判に晒し」、「批判者の意見も尊重し」つつ「討論の形式」をとった「〔学問的な〕闘争への喜び」である（VdH, Bl. 7 f.）。

　ハルシュタインは、以上の「基本的確信」から、「ドイツの大学には真理および真理への愛を教育すること以外の目的はなく、そしてそれに通じる道は、自由で、根拠によって支えられ、さらに自由な意見交換によって繰り返し吟味され証明された確信以外にない」と言い切る。そして、この意味において「正しく導かれた大学は、公共団体（Gemeinwesen）のなかに存在する民主主義的な施設（demokratische Einrichtungen）なのである。そこでは、生まれや人種や財産や政治的名声の区別は存在しない」。また、大学は「社会の状況につい

て先入見に囚われない研究を教育する。それは、先入見に囚われた評価に無批判に束縛されることを非難し、それによって健全な社会政策の条件を予断なく吟味することを可能にする」という。これが大学の「社会的責任」であった（VdH, Bl. 9）。

そして、ハルシュタインは大学の「政治的責任」も説く。

> 学問的態度を形成するあらゆる美徳は、同時に政治的美徳でもある。大学はそれらについて教育することによって、同時に健全な政治秩序のための基盤を据えるのである。寛容のための、敵対者（Gegner）との公正な対決のための、そして、生まれながらの人権を尊重し、人間に相応しい政治秩序を保証する、妥協の戦術のための基盤を。（VdH, Bl. 10）

その際にハルシュタインは、「政党政治的な争い——残念ながらドイツでは世界観政党と不寛容を特徴としたものが伝統的なスタイルである——が大学運営から遠ざけられれば、政治的な問題に関する学問的な討論を回避しなくても済むようになるだろう」と付け加えている。そして最後に、「アカデミックな訓練を経験した青年だけでなく、国民（Volk）全体の政治教育」の必要性を説いて、この演説は終わっている（VdH, Bl. 10）。

この演説は、当時の兵士にとって当たり前となっていた命令と服従の原理が学問と両立しないことを丁寧かつ平易に説いたものだった。またハルシュタインは、学問が「政治的な道具」、とりわけ政党政治の道具に堕することを厳しく戒めた。しかし、さらに重要なことは、その一方でハルシュタインが、学問的な美徳や方法は、そのまま政治における美徳や方法になると確信していたことである。つまり、学問は政治の道具になってはならないが、政治は学問の美徳を取り入れるべきなのである。

かかるハルシュタインの考え方は、その後も繰り返された。収容所大学開講演説から3年半余り後の1948年5月18日、ハルシュタインは、フランクフルト大学で開催されたフランクフルト国民議会100周年記念式典で、国内外の多くの聴衆の前で「学問と政治」と題する演説を行った。ここでハルシ

ュタインは、学問が政治の対象になりうるのか、また逆に政治が学問の対象になりうるのかという問題を取り上げている。すでに見た収容所大学での開講演説からも明らかなように、ハルシュタインは前者については徹底的に批判する。つまり、学問の領域への政治の介入は、学問の自律性を脅かすがゆえに否定されねばならない。しかし逆に、政治は学問の美徳[28]を取り入れた場合にのみ、うまくいくのである。

そしてハルシュタインは、プラトンの対話篇『政治家』を引用しつつ、次のように述べる。

> 学問は、人間的な価値を持つゆえに、政治的な価値を持つ。〔……〕この価値が尊重される国家では、精神と権力の対立も、より高次の政治の概念に止揚される。(Hallstein 1949, p. 23)

ハルシュタインとプラトンの思想の「類似 (Parallelität)」を検討したフライベルガーに従えば、ハルシュタインは、プラトン的な意味における「理性の洞察 (Vernunfteinsicht)」によって、存在の本質に接近することが初めて可能になると考えていた。そしてハルシュタインは、「国政術 (Staatskunst)」を政治家の理性的洞察と理解することによって、プラトンと同様に理論と実践の一致を想定したのである (Freiberger 2010, pp. 220-224)。

さらに、1954年の演説を先取りして引用するならば、ハルシュタインにとってはヨーロッパ統合も「理性によって、その行動を純化し統御するヨーロッパ人の心のなかから生じるプロセス」であった。つまり、ヨーロッパ統合は、「利害」や「権力の手段」として追求するものではなく、「理性的な熟慮 (vernünftige Überlegung)」を働かせれば得られるはずのものなのである (Hallstein 1954, p. 446)。

また、ハルシュタインにとって、公正かつ民主主義的な公共団体の実現は、学問的美徳の教育によってのみ可能であった。学問的な方法で教育された人間が、とりもなおさず政治的美徳を持つ人間となる。これこそ、公正かつ民主主義的なヨーロッパ共同体を望んだハルシュタインが、ユーラトム条約の

交渉においてヨーロッパ大学の設立を条約に書き込んだ理由であろう[29]。

4 「西洋(アーベントラント)」の統一性

　では、なぜ理性を働かせればヨーロッパの統合へと行き着くのだろうか。それは、ハルシュタインが法学者、とりわけ国際私法学者および比較私法学者として理性を働かせた結果、「西洋(アーベントラント)（Abendland）」の一体性への認識に行き着いたからに他ならない。ハルシュタインは、1945年の時点で自らの研究についてこう述べている。

> わたしの学問的なライフワークの目標は、私法の比較の拡充だった。西洋世界全体が統一的な文化の担い手であり、個々のナショナルな文化はその変種に過ぎないという確信に導かれて〔……〕欧米圏の諸民族の法文化の内的な統一性を、それが熟した領域において描写しようとしたのである。他でもなく西洋文化の歴史において、ある民族(フォルク)の法秩序のみを孤立して考察することは実りがないという意識が生まれ、研ぎ澄まされた。というのも、ある民族の法秩序は、他の法秩序との絶え間ない問題と解決法の交換の結果だからである。こうした作業は多くの利点を有する。すなわち、法政策に実際に活用できるだけでなく〔……〕また国際私法に有益な刺激を直接与えるだけでもなく〔……〕計画への傾向によって世界中で危険に晒されている私法の理念を強化するとともに、西洋諸民族の連帯を生き生きと描写できるのである。(Lebenslauf, Bl. 5)

また、占領下のドイツに戻ったハルシュタインは当地の占領改革に不満を抱き、1946年6月にフォート・ゲッティ行政学院の学長に次のように書き送っている。

> むしろ必要なのは、この改革が、他の西側の（westlich）法システムとの絶えざる意見交換のなかで行われねばならないと認識することです。ド

イツの法的発展が、孤立した一国民の発展として進んだというイメージは克服されねばなりません。問題と解決法は、隣人の文化と交換されねばなりません。ドイツの法も、西洋（アーベントラント）の統一的な法文化の一部にすぎないからです。この理由から、経験が教えるように、ここでなされている誤りは、単にわれわれ自身を害するだけでなく、アーベントラント文化全体（die gesamte abendländische Kultur）に伝染するものです[30]。

このようにハルシュタインは、ヴァイマル期以来の自らの国際私法・比較私法研究から「西洋文化」の一体性を認識していた（ここで「文化」は主に法文化を指しており、公的生活に関するものである）。そして、この「西洋文化」の基礎をなすものは（のちの演説で明示されるが）ギリシャ哲学とキリスト教であった[31]。ハルシュタインの目には、ヨーロッパの多様性の背後には「西洋文化」の統一性が読み取れるのである。それゆえ、

> 何か異質なものとして、他のヨーロッパのナショナルな文化と向き合うのは不十分である〔……〕。同様に、ヨーロッパ文化をナショナルな文化の単なる総和として見るのも十分ではない。われわれが尽力しなければならないのは、他のヨーロッパの文化領域で異質になったものを自らのものとして再発見し、多様性のなかに再びヨーロッパ文化の統一性を見ることである[32]。

なおハルシュタインのキリスト教信仰は、ナチズムと戦争を経ても揺らぐことはなかった。1947年8月の米軍政府によるアンケートで、ハルシュタインは、「戦争および戦争体験」が彼の「宗教的信仰」に「影響を与えなかった」と回答している[33]。また、48年3月のアンケートでは、「教会と教育システムはいかなる関係にあるべきか」という問いに対し、「協働」と答えている[34]。

さらに、すでに上記の引用からも読み取れるが、ハルシュタインはアメリカも「西洋」の一部だと考えており、それは戦時捕虜としてのアメリカ体験によって強められた。ハルシュタインは、フォート・ゲッティ行政学院の修

了式における答辞のなかで、彼がアメリカで出会った「西洋文明の活力（effective vigourness of Western Civilisation）」について指摘し、ドイツや西欧諸国はアメリカと「〔西洋〕文化の統一性と不可分性」を通じて結びついていると述べている。共通の文化と共通のキリスト教的な価値が米欧を結びつけているというのである[35]。

　この点で想起すべきは、フォート・ゲッティの講師陣にドイツ語圏からアメリカへ移住・亡命してきた人が多かったことである。ナチによって迫害された人びとが、アメリカという地で学問を続けていたことは、ハルシュタインの「西洋」イメージに強い印象を与えただろう。ハルシュタインは、戦後復興のためにアメリカ法に関する書籍をドイツへ送付することをシカゴ大学ロースクール長に願い出るが、そこでは次のように述べている。

> 現代世界の法学研究や法律家や立法者が答えるべき巨大な問題群は、欧米文化圏（der europäisch-amerikanische Kulturkreis ／ the European-American civilization）に属する全ての国民の法律家の共同作業によってのみ解決されうると、わたしは固く確信しています。ヨーロッパの法発展にとってのアメリカの法思考様式の重要性に鑑みるなら、ヨーロッパ大陸においても、アメリカ法についての体系的な知識が欠かせません[36]。

かかる「西洋」の一体性の認識が、戦後のハルシュタインのヨーロッパ政策を支えたのである。またアメリカとヨーロッパの一体性の認識は、やがてヨーロッパ統合の模範を、アメリカ合衆国の歴史と法および政治制度に見出すという議論に向かうことになるだろう（典型的には、Hallstein 1954）。

5　おわりに

　ナチ体験は、ハルシュタインに学問と政治の関係という問題を突きつけた。そこでハルシュタインは、学問への政治の介入を拒否しただけでなく、さらに一歩進み、「学問の美徳」が政治の領域を支配すべきだと説くに至った。

彼にとって民主主義とは、学問における真理をめぐる「討論」と同一視されている。そうした彼の志向は、戦時捕虜となり、さらに収容所大学を運営するという特殊な環境によって育まれたものでもある。

そして、学問が政治の領域を支配することへの肯定と、理論と実践の一致の主張は、学究肌のハルシュタインがなぜ政治の道に進んだのかも説明するだろう。ハルシュタインは、自らの学問的知見が政治においても役立つという確信があったのである。

また本章は、ハルシュタインがいかにしてヨーロッパ統合思想に辿り着いたかも検討した。ハルシュタインは自らの法学研究から「西洋」の一体性を導き出したのであり、ナチズムや戦争の体験は（二次的ではあっても）彼がヨーロッパ構想を抱いた決定的な理由ではなかった（この点は、たとえばレジスタンスの人びとと異なる）。

本章で得た知見によれば、ハルシュタインは、通例のヨーロッパ統合史に登場するヨーロッパ主義者とはかなり異なる思想の持ち主だったと言えそうである。

たとえばハルシュタインは、しばしば同時代に活躍した新機能主義者と同列に論じられる。そしてハルシュタイン自身、ヨーロッパ統合の進展を「事物の理（Sachlogik）」という概念で説明するようになる（たとえばHallstein 1969）。この概念はハルシュタインのヨーロッパ思想の代名詞となり、従来の研究では（同時代のエルンスト・ハースの議論の影響から）新機能主義的な「スピルオーバー」に似た概念として説明されてきた。しかし、ここまでハルシュタインを見てきたわれわれは、少なくとも発想の点で、ハルシュタインを新機能主義的な論者と位置づけることはできない。むしろハルシュタインにとって「事物の理」とは、理性の洞察によって認識できる真理のことであり、ヨーロッパ統合は真理に近づいていく過程だったのである。

またハルシュタインは（プロテスタントであるものの）しばしばキリスト教民主主義的なヨーロッパ主義者と見なされることもある。そうした評価は、長くアデナウアーのヨーロッパ政策を支えたこと、そしてEEC委員会委員長退任後の1969年からCDUの連邦議会議員として活動したことから当然

のようにも思える。なお、ハルシュタインを連邦議会選のラインラント゠プファルツ州 CDU 選挙リストの筆頭候補に招いたのは、当時同州の首相であったヘルムート・コールであり、そのコールはハルシュタインを「補完性原理を定式化した最初の人びとのひとり」として讃えている（Kohl 1995, p. 8）。こうした言説はキリスト教民主主義的なハルシュタインのイメージを強めただろう。

　しかしハルシュタインは、「西洋」の統一性の基盤にキリスト教を据えてはいるものの、少なくとも（カトリック教説に由来する）「補完性原理」といった考えからヨーロッパの統合を唱え始めたわけではない。むしろ人間の理性への確信、あるいは学問的な信念から、ヨーロッパ統合を論じ始めたのである。

　ちなみに、1950 年代の CDU / CSU にはいわゆる「西洋主義者〔アーベントラント〕」と呼ばれる保守的で復古的なヨーロッパ主義者が大きな影響力を持っていた（板橋 2016）。この「西洋主義者〔アーベントラント〕」たちは、カトリックが多数派で、何よりも反近代、反自由主義、反共をその思想的特徴としていた。彼らとハルシュタインが程遠い位置にあったことは言うまでもなかろう。ハルシュタインはプロテスタントであり、模範は（「西洋主義者」のように中世ではなく）古典古代のギリシャ哲学であり、何よりも「理性」を強調したのである。

　さて、戦後初期のハルシュタインが「西洋」の一体性、そして米欧の一体性を認識したあたりまで本章は検討した。その後ハルシュタインは、アメリカ合衆国の歴史と法・政治制度のなかにヨーロッパ統合の模範を見出すことになる。もちろんそのきっかけは収容所大学およびフォート・ゲッティ行政学院で学んだことにあるが、さらにハルシュタインは、1948 年から 49 年にかけてワシントンのジョージタウン大学に客員教授として滞在し、アメリカへの理解を深めることになる。また他方でハルシュタインは、アメリカのみならず、神聖ローマ帝国以来のドイツにおける「国家連合と連邦（Konföderation und Föderation）」の歴史も、ヨーロッパ統合のひとつの教訓と見なすようになっていく[37]。ではハルシュタインは、いかにしてアメリカの歴史や制度、あるいはドイツの歴史や制度をヨーロッパ統合のモデルとして解釈したのか。

第 2 章　ナチズム、戦争、アメリカ

この点の解明は次の課題としたい。

注
1) アデナウアーの側近であるヘルベルト・ブランケンホルンの日記によると、経済学者のヴィルヘルム・レプケが、「経済および経済法について傑出した知識を有し、外国の人びとの扱いに関しても優れた心理的才能を持つ」人物としてハルシュタインを推挙した（Blankenhorn 1980, p. 108）。
2) ただし、ハルシュタイン・ドクトリンを実際に立案したのは外務省政治局長ヴィルヘルム・グレーヴェである。グレーヴェは、「ハルシュタインはヨーロッパというテーマに全力で取り組んでおり〔……〕ドイツ政策についてはわたしに委ねた」と回顧している（Grewe 1995, p. 61）。
3) *Der Spiegel*, Nr. 49/1956, S. 68. Vgl. auch: Daniel Koerfer, "Die Hatz auf den alten Leitwolf," *Die Zeit*, Ausgabe Nr. 11/1987.
4) "Hallsteins Eiserner Vorhang," *Der Spiegel*, Nr. 15/1960 (6. April 1960), S. 21-33.
5) 本書はまず 1995 年にドイツ語で刊行されたが、98 年の英語版の刊行によってスタンダードワークとなった。
6) 連邦文書館が作成した目録の解説によれば、ハルシュタイン文書は「連邦文書館で最も膨大なもののひとつ」である（Bundesarchiv 2006）。
7) Lebenslauf [Anlage zu Personalfragebogen für Hochschulbeamte, Ende 1945], 10 Bl., in: BArch Koblenz, N 1266 / 271. 以下、本文書は Lebenslauf と略記。引用部分の傍点は原文の下線を示す。また、米軍による次の 2 つの調査用紙（ハルシュタインが直筆で回答）も、伝記的データとして参照した。Military Government of Germany, Fragebogen, 6 Bl.; Personalfragebogen für Hochschulbeamte, 3 Bl., beide in: BArch Koblenz, N 1266 / 271. 断りのない限り、1945 年までのハルシュタインの経歴についての記述は、これらの史料に基づく。
8) 周知のようにマインツは歴史と権威ある大司教座をもつ都市であり、19 世紀初頭には住民の 80％がカトリックであった。しかし、その後の人口増加に伴い、1914 年には住民に占めるカトリックの割合は 50％程となっていた（Schönwald 2018: 14）。
9) この博士論文は 1926 年に公刊された。Walter Hallstein, *Der Lebensversicherungsvertrag im Versailler Vertrag*, N. G. Elwert, 1926.
10) Walter Hallstein, *Die Aktienrechte der Gegenwart: Gesetze und Entwürfe in rechtsvergleichender Darstellung*, hg. vom Reichsjustizministerium und vom Institut für ausländisches und internationales Privatrecht, Franz Vahlen, 1931.
11) なお、父ヤーコプもドイツ人民党の支持者だったようである。Vgl. Personalfragebogen für Hochschulbeamte, Bl. 1, in: BArch Koblenz, N 1266 / 271.
12) Military Government of Germany, Fragebogen, Bl. 4, in: BArch Koblenz, N 1266 / 271.
13) *Ibid.*, Bl. 3.
14) *Von Ribbentrop zu Adenauer. Eine Dokumentation über das Bonner Auswärtige Amt*, hg. vom Ministerium für Auswärtige Angelegenheiten der DDR, 1961. Vgl. Schönwald 2018, p. 27.
15) なお、2005 年に当時のドイツ外相ヨシュカ・フィッシャーの指示により、ドイツのみ

ならずアメリカやイスラエルの歴史家も招いて、外務省とナチの関わりを調査する「独立歴史家委員会」が編成され、2010 年にその報告書が公刊されたが、そこでもハルシュタインの経歴はとくに問題となっていない（Conze *et al.* 2010）。

16）Vgl. Personalfragebogen für Hochschulbeamte, Bl. 2, in: BArch Koblenz, N 1266 / 271.
17）ヴォルフはオックスフォード大学のオール・ソウルズ・カレッジで、ラーベルはミシガン大学ロースクールで職を得た。
18）これがハルシュタインにとって初のアメリカ滞在である。なおハルシュタインは、このときまでヨーロッパ諸国およびモロッコしか外国に旅行したことはなかった。Vgl. Reisen außerhalb Deutschlands［Anlage zu Personalfragebogen für Hochschulbeamte, Ende 1945］, in: BArch Koblenz, N 1266 / 271.
19）第二次世界大戦期のアメリカにおけるドイツ人戦時捕虜に関する研究として、Krammer 1995 がある。
20）1944 年 5 月にドイツ文化省は、アメリカの収容所大学で取得した単位をドイツの大学の成績として認めることを承認し、その旨を赤十字を通じてアメリカの捕虜に伝えている（Schönwald 1999, p. 38）。収容所での法学教育に関するハルシュタイン自身の報告として Hallstein 1946/1948 を参照。
21）BArch Koblenz, N 1266 / 1621（Lageruniversität in Como, USA, Bd. 2: Universitätsbetrieb）には、各学期の時間割や採点表が収録されている。
22）Vgl. Oberleutnant Walter Hallstein（Prisoner of War Camp Como, Komp. 33）an den Herrn Dekan der Rechtsfakultät der Universität Chicago, Como, Miss., den 22. Mai 1945, in: BArch Koblenz, N 1266 / 1620.
23）Vgl. Leutnant Walter Hallstein（Prisoner of War Camp Como, Co. 33）an den Dekan der Rechtswissenschaftlichen Fakultät der Universität Chicago, Como, Miss., den 9. September 1944, in: BArch Koblenz, N 1266 / 1620.
24）なお、他にフォート・ゲッティの行政学院でアメリカの再教育プログラムを受けた人物としては、作家のアルフレート・アンデルシュがいる（Vgl. Andersch 1947）。
25）フォート・ゲッティ行政学院の他に、同じロードアイランド州にフォート・ウェザリル警察学校が設立されている。米陸軍省によるドイツ人捕虜の「再教育」計画については、Krammer 1995, pp. 202-251; Schönwald 1999, pp. 39 f.
26）修了証書の日付は 1945 年 10 月 20 日（BArch Koblenz, N 1266 / 271）。
27）現在入手できる本演説の原稿は、米軍政当局に提出され、ハルシュタイン文書に収められた次のものである。"Ueber die soziale und politische Verantwortung der deutschen Hochschulen," 10 Bl., in: BArch Koblenz, N 1266 / 271. 以下、本文書は VdH と略記。引用部分の傍点は原文の下線を示す。なお、この演説に言及している研究としては次のものがある。Freiberger 2010, pp. 217 f.; Wolbring 2014, pp. 144 f.
28）この演説でハルシュタインは、学問の美徳として次の 4 つを挙げている。すなわち、「真理への無条件の奉仕」としての「誠実さ（Wahrhaftigkeit）」、自らの理解力を絶えず批判的に吟味する「合理性（Rationalität）」、「問題と研究対象への没入」としての「客観性（Objektivität）」、敵からであれ味方からであれ不断に「真理の声」を聴きとろうとする「人間（Humanität）」である（Hallstein 1949, p. 20 f.）。

29） Walter Hallstein, "Die Europäische Universität," Stiftung Europa-Kolleg, Hamburg, 18. Juli 1958, in: Hallstein 1979b, pp. 60-69, esp. p. 62. この指摘は Freiberger 2010, p. 224 による。
30） Hallstein an den Leiter der Fort Getty Schule, 28. Juni 1946, in: BArch Koblenz, N 1266 / 2133. Freiberger 2010, pp. 226 f. からの再引用。
31） E.g. "Einheit der Europäischen Kultur und Politik der Einigung Europas," Europäische Kulturstiftung, Mailand, 13. Dezember 1958, in: Hallstein 1979b, pp. 92-102, here 94 f. この点については、Freiberger 2010, pp. 232 f. も参照。
32） Hallstein 1979b, p. 96.
33） Office of Military Government（U.S.）, Information Control Division, Opinion Surveys, 6. August 1947, in: BArch Koblenz, N 1266 / 224. ただし本アンケートは選択問題であり、戦争体験によって宗教的信仰が「強められた」（あるいは「弱まった」）という選択肢もある。
34） Office of Military Government for Germany（US）, Information Control Division, Opinion Surveys, APO 742, 27 March 1948, in: BArch Koblenz, N 1266 / 224.
35） BArch Koblenz, N 1266 / 1620 に所収の演説草稿から。また Schönwald 1999, pp. 42 f.; 2018, p. 44 も参照。
36） Oberleutnant Walter Hallstein（Prisoner of War Camp Como, Komp. 33）to the Dean of the University of Chicago Law School, Como, Miss., May 22, 1945, l. 2. 本書簡は英独対訳。
37） E.g. Professor Walter Hallstein, "Konföderation und Föderation. Die deutsche Erfahrung," Aktionskomitee für die vereinigten Staaten von Europa, November 1971, 23 S., in: ACDP, Nachlaß Walter Hallstein, 01-341-024/6.

参照文献・引用文献
●未公刊資料
Bundesarchiv（BArch）Koblenz
　N1266（Nachlaß Walter Hallstein）.
Archiv für Christlich-Demokratische Politik（ACDP）, Konrad Adenauer Stiftung e. V., Sankt Augustin.
　Teilnachlaß Walter Hallstein（01-341）
●公刊一次資料・二次文献
Andersch, Alfred（1947）"Getty oder Die Umerziehung in der Retorte," *Frankfurter Hefte*, Heft 11.
Bajon, Philip（2012）*Europapolitik „am Abgrund". Die Krise des „leeren Stuhls" 1965-66*, Franz Steiner.
Bajon, Philip（2014）"Renaissance eines „vergessenen Europäers". Erinnerungen an Walter Hallstein," in: Michaela Bachem-Rehm / Claudia Hiepel / Henning Türk（Hg.）, *Teilungen überwinden. Europäische und Internationale Geschichte im 19. und 20. Jahrhundert. Festschrift für Wilfried Loth*, Oldenbourg, pp. 481-490.
Blankenhorn, Herbert（1980）*Verständnis und Verständigung. Blätter eines politischen Tagebuchs 1949 bis 1979*, Propyläen.
Bundesarchiv（Hg.）（2006）*Nachlass Walter Hallstein. Bestand N 1266*, bearbeitet von Brigitta Schenke unter Mitarbeit von Gregor Pickro, Koblenz.

Conze, Eckart / Frei, Norbert / Hayes, Peter / Zimmermann, Moshe (2010) *Das Amt und die Vergangenheit. Deutsche Diplomaten im Dritten Reich und in der Bundesrepublik*, unter Mitarbeit von Annette Weinke und Andrea Wiegeshoff, Blessing.（エッカルト・コンツェほか『ドイツ外務省「過去と罪」――第三帝国から連邦共和国体制下の外交官言行録』稲川照芳ほか訳、えにし書房、2018 年）

Elvert, Jürgen (2008) "Walter Hallstein: ein vergessener Europäer?" In: Sylvain Schirmann (dir.), *Robert Schuman et les Pères de l'Europe*, Peter Lang, pp. 115-132.

Elvert, Jürgen (2014) "Walter Hallstein (1901-1982)," In: Winfried Böttcher (Hg.), *Klassiker des europäischen Denkens. Friedens- und Europavorstellungen aus 700 Jahren europäischer Kulturgeschichte*, Nomos, pp. 635-640.

Freiberger, Thomas (2010) "Der friedliche Revolutionär: Walter Hallsteins Epochenbewusstsein," In: Volker Depkat / Piero S. Graglia (Hg.), *Entscheidung für Europa. Erfahrung, Zeitgeist und politische Herausforderungen am Beginn der europäischen Integration*, Walter de Gruyter, S. 205-241.

Gerstenmaier, Eugen (1981) *Streit und Friede hat seine Zeit. Ein Lebensbericht*, Propyläen.

Grewe, Wilhelm G. (1995) "Hallsteins deutschlandpolitische Konzeption," In: Loth / Wallace / Wessels (Hg.) (1995), pp. 57-79.

Hallstein, Walter (1946/1948) "Rechtsstudium in Kriegsgefangenenlagern," *Süddeutsche Juristen-Zeitung*, Jg. 1, Nr. 7, Oktober 1946, Sp. 186-188 / Jg. 3, Nr. 7, Juli 1948, Sp. 408-411.

Hallstein, Walter (1949) *Wissenschaft und Politik. Festrede des derzeitigen Rektors Dr. iur. Walter Hallstein o. Professor der Rechte. Ansprache des Kanzlers der Universität Chicago Dr.h.c.Dr.h.c. Robert M. Hutchins LLD. Professor of Law. Beim Akademischen Festakt aus Anlass der Hundertjahrfeier der Nationalversammlung am 18. Mai 1948*, Vittorio Klostermann.

Hallstein, Walter (1954) "Föderation jenseits und diesseits des Atlantiks," *Diplomatischer Kurier*, 3. Jg., Heft 14, 2. Juli 1954, pp. 443-446.

Hallstein, Walter (1966) "Ich glaube nicht an den Untergang des Abendlandes," In: Günter Gaus, *Zur Person. Porträts in Antwort und Frage*, Bd. 2, Feder Verlag, pp. 140-154.

Hallstein, Walter (1968) *Walter Hallstein - Europa 1980*, Einleitung und biographische Skizze von Theo M. Loch, 2, überarb. und erw. Aufl., Eicholz-Verlag / Pontes-Verlag (zuerst: *Wege nach Europa. Walter Hallstein und die junge Generation*, Pontes-Verlag, 1967).

Hallstein, Walter (1969) *Der Unvollendete Bundesstaat. Europäische Erfahrungen und Erkenntnisse*, unter Mitarbeit von Hans Herbert Götz und Karl-Heinz Narjes, Econ-Verlag.

Hallstein, Walter (1979a) *Die Europäische Gemeinschaft*, 5. überarbeitete und erweiterte Aufl., Econ-Verlag.

Hallstein, Walter (1979b) *Europäische Reden*, hg. von Thomas Oppermann unter Mitarbeit von Joachim Kohler, Deutsche Verlags-Anstalt.

Kilian, Michael (2005) "Walter Hallstein: Jurist und Europäer," *Jahrbuch des öffentlichen Rechts der Gegenwart. Neue Folge*, Bd. 53, hg. von Peter Häberle, Mohr Siebeck, pp. 369-389.

Kohl, Helmut (1995) "Vorwort," In: Loth / Wallace / Wessels (eds.) (1995), pp. 7-9.

Krammer, Arnold (1995) *Deutsche Kriegsgefangene in Amerika 1942-1946*, Universitas Verlag Tübingen.

第 2 章　ナチズム、戦争、アメリカ

Loth, Wilfried (2003) "Europäische Politik mit Walter Hallstein," In: Manfred Zuleeg (Hg.), *Der Beitrag Walter Hallsteins zur Zukunft Europas. Referate zu Ehren von Walter Hallstein*, Nomos, pp. 28–37.
Loth, Wilfried / Wallace, William / Wessels, Wolfgang (Hg.) (1995) *Walter Hallstein. Der vergessene Europäer?* mit Vorworten von Helmut Kohl und Jacques Delors, Europa Union Verlag.
Loth, Wilfried / Wallace, William / Wessels, Wolfgang (eds.) (1998) *Walter Hallstein: The Forgotten European?* Forewords by Jacques Delors, Sir Edward Heath and Helmut Kohl, translated from the German by Bryan Ruppert, Macmillan.
Ludlow, Piers (2006) "A Supranational Icarus? Hallstein, The Early Commission and the Search for an Independent Role," In: Antonio Varsori (ed.), *Inside the European Community. Actors and Policies in the European Integration 1957–1972*, Nomos, pp. 37–53.
Maulucci, Jr., Thomas W. (2012) *Adenauer's Foreign Office: West German Diplomacy in the Shadow of the Third Reich*, Northern Illinois University Press.
Milward, Alan S. (2000) *The European Rescue of the Nation-State*, 2nd ed., with the assistance of George Brennan and Federico Romero, Routledge.
Müller, Henriette (2017) "Setting Europe's Agenda: The Commission Presidents and Political leadership," *Journal of European Integration*, 39(2), pp. 129–142.
Piela, Ingrid (2012) *Walter Hallstein - Jurist und gestaltender Europapolitiker der ersten Stunde. Politische und institutionelle Visionen des ersten Präsidenten der EWG-Kommission (1958-1967)*, Berliner Wissenschafts-Verlag.
Schönwald, Matthias (1999) "Hinter Stacheldraht - vor Studenten: Die „amerikanischen Jahre" Walter Hallsteins, 1944–1949," In: Ralph Dietl / Franz Knipping (Hg.), *Begegnung zweier Kontinente. Die Vereinigten Staaten und Europa seit dem Ersten Weltkrieg*, WVT Wissenschaftlicher Verlag Trier, pp. 31–54.
Schönwald, Matthias (2018) *Walter Hallstein. Ein Wegbereiter Europas*, W. Kohlhammer.
Seidel, Katja (2010) *The Process of Politics in Europe: The Rise of European Elites and Supranational Institutions*, I. B. Tauris.
Wessels, Wolfgang (2003) "Walter Hallstein: Verkannter Integrationsprophet? Schlüsselbegriffe im Relevanztest," In: Manfred Zuleeg (Hg.), *Der Beitrag Walter Hallsteins zur Zukunft Europas. Referate zu Ehren von Walter Hallstein*, Nomos, pp. 38–55.
Wolbring, Barbara (2014) ""Erziehung zu unablässiger Kritik und verantwortlichem Nach-Denken der überkommenen Gedanken": Neubeginn nach Diktatur und Krieg - Rektor Walter Hallstein und sein Plädoyer für eine freie Universität," *Forschung Frankfurt*, 32(2), pp. 141–145.
板橋拓己（2016）『黒いヨーロッパ――ドイツにおけるキリスト教保守派の「西洋（アーベントラント）」主義、1925～1965 年』吉田書店。
マゾワー、マーク（2015）『暗黒の大陸――ヨーロッパの 20 世紀』中田瑞穂・網谷龍介訳、未來社。

第3章
国際司法による人権保障というイノヴェーション
欧州人権条約の形成過程に見る戦後欧州人権保障構想の変容

大内勇也

　現代の国際人権保障の歴史は1948年の世界人権宣言に始まり、その後の様々な人権条約形成により制度化が進められてきた。そのうち、最も司法制度化が進んでいるのが欧州の地域人権保障制度である。現在の欧州人権保障制度は、個人が人権侵害を訴えることができる欧州人権裁判所によって監視される一元的な制度となっているが、このような制度は他に存在しない。

　この欧州人権保障制度の基盤となっているが、1950年11月に欧州審議会 (Council of Europe) で調印された[1]、「人権及び基本的自由の保護のための条約 (Convention for the Protection of Human Rights and Fundamental Freedoms：欧州人権条約)」である。

　欧州人権条約は市民的及び政治的権利（以下、自由権）を中心に規定しており、経済的、社会的及び文化的権利（以下、社会権）は規定していない。そのため権利内容の点では限定的であった上に、当時においても目新しくなかった。

　しかし、この条約の際立った革新性はその制度設計にあった（Madsen 2011, p.64）。まず、調印時の欧州人権条約は監視機関として欧州人権委員会と欧州人権裁判所を設置したが[2]、国際人権裁判所による人権問題の司法的な解決という制度は現代に至るまで多くない。さらにこの条約では、人権侵害を受けた個人が欧州人権委員会に直接訴えることができる個人通報制度も規定していたが、これらの制度形成は人権保障が国内問題だと見なされていた当時の国際社会においては革新的であった。

それでは、なぜこのような革新的な欧州人権条約の形成が目指されたのだろうか。この条約構想は、誰の、どのような意図に基づくものだったのだろうか。本章は、欧州人権条約の歴史的な意味を、当時の他の欧州人権保障構想と比較することで浮き彫りにする。

1　欧州人権条約の起源

　欧州人権条約は、欧州における戦後新秩序形成に向けた最初期の成果のひとつであった。その背景にあったのは、第二次世界大戦の経験と冷戦の深刻化であり、条約形成はナチズムや共産主義の予防と西欧民主主義の防衛を意図したものであった（Bates 2010, pp. 5-8）。

　ただし、このような認識は欧州に限ったものではなく、国際社会一般においても全体主義的な政治体制が戦争を引き起こしたという理解から、民主主義の基盤である人権の保障が平和実現に必要だと認識されていたのである[3]（Mazower 2004, p. 386）。

　しかし特に西欧においては、1948年2月のチェコスロヴァキアにおける政変で共産党の支配が確立すると、共産主義に対する民主主義の防衛手段という意識が強まった。このような前提から、欧州人権条約の起源についてはさらにいくつかの解釈が提示されている。

　まず、地域大国であったイギリスの外交に着目した研究が、欧州人権条約の形成過程におけるイギリスの姿勢を詳細に明らかにしている（Simpson 2001, Marston 1993）。特に、個人通報制度や人権裁判所の設置に強く反対していたイギリスが、これらの規定を国家が受け入れを選択できる「選択条項」化させた経緯を描いている。

　このようにイギリスは、欧州人権条約の形成過程でむしろ抵抗勢力であったが、それに対して条約形成の推進者に着目した研究もある。そのような推進者としてまず着目されたのが、フランスやイタリアなど戦後民主主義に復帰した「新興民主主義国家」であった。この説明は、これらの民主主義国家が依然として不安定な自国の政治体制を将来的にも維持するために、国際制

度に固定（lock-in）する意図で条約形成を支持した、というものである（Moravcsik 2000）。

また、近年の研究では条約形成の推進者として英仏における保守勢力が挙げられている。この説明では、人権裁判所の設置と自由権に絞られた権利規定の背景には、英仏国内において当時少数派であった右派勢力が多数派の左派に対して自由主義を防衛する意図があったと解釈される（Duranti 2017, p. 3）。さらに別の主体に着目した研究として、欧州人権条約の形成過程における法律家の主導的役割が挙げられている。これによると、戦後欧州政治に関わる法律家が、法的専門性と政治的判断を織り交ぜた「法的外交（legal diplomacy）」と呼ばれる方法で欧州人権保障制度の初期の発展を担ったと説明される（Madsen 2011）。

条約形成に関与したそれぞれの主体に着目するこれらの解釈は、欧州人権条約に複数の起源があることを示している。そして、全体主義の予防という大枠の目的を共有していた関係主体は、実際の具体的な条約構想については合意しておらず、条約形成過程では異なる思惑が競合する形で提示されていた[4]。2年半ほどの条約形成過程において、それらの構想は条約草案という形で提示され、時系列に見ると欧州人権保障構想が段階的に変容して行く様を見せている。

この点、既存研究は最終的な条約内容を起点としてその起源を探ろうとしているため、条約構想の競合や段階的変容が意味することにはあまり注意を払っていない。特に、選択されなかった人権保障構想との比較という視点に乏しく、実際にありえた他の人権保障制度の可能性に対する検討が不十分である。しかし、最終的に選択された人権保障構想の意味は、選択されなかった構想との比較を通して浮き彫りにすることで、より明確に理解できるであろう。本章はそのような方法で欧州人権条約の歴史的意味を解釈する試みである。

2　欧州人権条約形成過程における 3 つの構想

　欧州人権条約の形成が具体的な形ではじめに提案されたのは、欧州統合構想を論じるために 1948 年 5 月に開催された欧州会議（Congress of Europe：ハーグ会議）においてであった[5]。この会議は、のちに欧州運動（European Movement）として連合体を形成する諸組織が主催したもので、政治、経済、文化という 3 つの委員会によって構成されていた。そして、会議の最終決議によって後に欧州審議会となる欧州議会の創設と欧州人権条約の形成が求められたのである。本章で取り上げる第一の条約構想は、まずハーグ会議に提出されたアレクサンドル・マルク（Alexandre Marc）の「権利の宣言」草案である[6]。
　欧州諸国はハーグ会議の決議を受けて欧州審議会の創設に向けて動き出すが、人権条約形成については当時進行中であった国連における作業を優先する考えが優勢であった。このような政府側に先行する形で、欧州における地域的な人権保障構想を進めたのが欧州運動のメンバーだったといえる[7]。本章で取り上げる第二の条約構想は、この段階で欧州運動司法委員会のメンバーであった法律家が中心となって起草されたものである。そしてこの構想は欧州審議会に提出され、1949 年 9 月に欧州審議会の諮問議会[8]（Consultative Assembly）において採択されたことで、その後の政府間交渉の原案となっている。
　そして第三の人権保障構想が、1950 年 11 月に調印された欧州人権条約である。この条約は諮問議会草案を基にした政府間交渉の結果であり、政府側の条約構想を反映したものといえる。
　本章は以上の 3 つの条約構想の内容を比較分析するが、その際に特に以下の 3 点に着目してそれぞれの構想の解釈を試みる。第一に、何を目指して条約を形成するのかという目的である。第二に、条約で保障するべき権利として何が想定されていたのかという権利の実体規定である。そして第三に、その権利の実現のためにどのような手段を取ろうとしていたのかという制度設計である。以上の 3 点に着目して、これら 3 つの条約構想の具体的な内容を

明らかにすることで、戦後欧州秩序構想における欧州人権条約の歴史的意義を浮き彫りにしていく[9]。

3 人格主義に基づく欧州連邦体制での人権保障（1948年5-11月）

ハーグ会議ではその最終決議で欧州議会の創設が目指されるとともに、人権憲章（Charte des Droits de l'Homme）の起草と欧州における最高法院（Cour Suprême）の設置が必要であると確認された[10]。この決議こそが、欧州人権条約の採択に至る最初のステップであった。そして、この会議で人権を審議した文化委員会のためにアレクサンドル・マルク[11]が作成・提出した「権利の宣言」草案（Projet de Déclaration des Droits：マルク草案）と「マルク報告書（*Rapport sur la Protection des Droits et l'Institution d'une Cour Supreme: Marc Rapport*）」こそが具体的に提示された最初の欧州人権保障構想であった[12]。

マルク草案は自らの思想を反映させたものであったが、その構想はのちの欧州人権条約の人権保障構想とは全く異なる性格のものであった。その特徴は以下の3点にまとめられる。第一に、その目的は人格主義（personalism）に基づく権利の実現による、それまでの民主主義の克服と全体主義の予防であった。第二に、実体規定については人格主義を反映して自由権だけでなく社会権も規定し、さらに権利の主体として個人だけでなく団体を重視していた。第三に、権利の実現手段としては欧州連邦の形成を前提としており、その一部を構成する欧州最高法院による人権保障を想定していた。

人格主義による議会民主主義の克服と全体主義の予防

マルクの人権保障構想の目的は、カトリック思想に影響を受けた人格主義に基づく権利概念の定式化とその実現のための欧州連邦の形成の2点にまとめられる[13]。

マルクは連邦主義構想の目的として、戦間期の民主主義に内在していた以下の2つの矛盾の克服を目指していた。第一に、法の支配と多数の支配の矛盾であり、多数決原則に基づく「一般意志」が最高法規となると、専制体制

を生み出す恐れがあるという問題である。第二に、普遍性から生じる人権と国家に従属しうる市民権の矛盾である。そして、この2つの矛盾を克服し民主主義を救い、自由で統一された欧州を推進することを望むのならば、権利の強化から始めなくていけないと主張した（*Marc Rapport*, pp. 3-4）。つまり、マルクが主張したのは権利を中核とした民主主義概念自体の刷新であった（Council of Europe 1999, p. 372）。

そして、その権利概念の基盤にあったのが人格主義思想であった。人格主義思想の意味する内容は多様だが、大まかな傾向としては、精神主義、人文主義、そしてしばしば欧州アイデンティティと結びつき、自由主義や共産主義などの思想を物質主義として批判する立場をとるものである。

また個人主義とは異なり、19世紀以降の政治的、経済的な原子化（atomism）の克服を目指していた。そして「人」が、個人主義が放棄した共同体とのつながりを提供すれば、それまでなおざりにされてきた価値の重要な源泉と、共産主義に対する政治的防波堤を得られると考えていたのである。このような人格主義は、1940年代の欧州においては主要な人権概念の特徴であり特異な思想だったわけではなかった[14]（Moyn 2011, pp. 86-88）。

多様な権利主体と多様な権利規定

このようなマルクの思想を反映した権利概念は、具体的にどのように定式化されたのだろうか。マルク草案における実体規定を理解するために、権利主体と権利内容という2つの観点からその構想を確認していく。

まず権利主体については、個人主義を批判する人格主義の特徴が見られる。すなわち権利主体は、「個人（individu）」ではなく「人（personne）」と規定されていたのである。この言葉で含意されていたのは自由の保障だけでなく、経済的、社会的、及び文化的権利の主体としての人であった（*Marc Rapport*, pp. 7-8）。

さらに、人の人格の発展の条件として経済、社会、文化的権利の実現が重視されていたことから、マルク草案にもそれが反映され社会権が規定されている[15]。また教育に関する権利規定では、団体や欧州連合の担当機関が教育

を監督するとしているが、その教育の目的は身体的、知的、および道徳的な人格の発展とされている[16]（31条）。

このほかにも例えば、移動の自由（10条）、国籍を持つ権利（11条）、庇護を求める権利（12条）、マイノリティの権利（32条）が規定されているだけでなく、政治的、経済的、社会的に反対する権利（個人や団体が抑圧や専制に抵抗する権利も含む）も規定されている（25条）。このような多様な権利規定は、欧州人権条約の形成過程においてマルク草案だけにしか見られない。

そして、この「人」の権利を実現するために必要だと考えられたのが団体（collectivité）の権利であった[17]。マルクは、個人の権利だけでなく団体の権利も人の人格の実現のために必要であり、それによって社会・経済秩序における発展や、社会・文化秩序における問題解決を可能にすると考えていた（*Marc Rapport*, p. 8）。

文化委員会での説明においてマルクは、自ら起草した草案が人権宣言（déclaration des droits de l'homme）ではなく単に権利の宣言（déclaration de droits）とされている点を強調して、個人だけではなく団体の権利も保障するべきだと主張している。

さらに、この「団体」という言葉が一般的な言葉であることを認めた上で、それを明確にしない理由として、欧州の基盤が自律（autonomie）の原則にあるからだと主張したのである（Council of Europe 1999, p. 373）。この主張の背景には、人の人格の実現は共同体における関係によってのみ可能だという思想がある。そのために共同体は自律的でなくてはいけない。また、このような共同体の自律性を保障することは分権化を意味し、全体主義の予防としても重視されていたのである（Kinsky 1979, pp. 151-154）。

そのためマルクは、自律性の原則を放棄すると全体主義が導入されると述べ、国内から国家主義が充満し中央集権的な官僚制が民主的な価値観を崩壊させていくと主張していたのである（Council of Europe 1999, p. 373）。

このような理解に基づく権利主体としての「人」や団体の規定が、他の欧州人権保障構想との比較で最も大きな違いといえるだろう。

欧州連邦体制での人権保障

　このようにマルク草案は人権概念自体が欧州人権条約のものと異なる前提に立っていたが、その権利保障の手段も全く異なっていた[18]。

　まずマルクは、戦前から各国憲法で自由や権利は規定されていたにもかかわらず、しばしば侵害されてきたことを確認し、拘束力のない欧州人権宣言の起草だけでなくその適用の必要性を主張していた[19]（Marc Rapport, p. 5）。このような認識は欧州人権条約の形成に関わったほとんどの主体に共有されていた問題意識であったが、マルクが提案した実現手段はその後の構想とは異なり、人権保障制度の形成にとどまるものではなかった。

　制裁が課されることのない人権宣言の死文化を避けるために、マルクが提示した方策は以下の3つであった。すなわち第一に、宣言だけでなく条約を起草すること、第二に、最高法院のような超国家的な制度を形成し宣言と条約を監視すること、第三に、社会構造を変革すること、である[20]（Marc Rapport, p. 6）。

　マルクが2つ目の方策として提示した制度形成で言及される最高法院は、人権という問題領域にとどまるものではなく、欧州連邦の一部を構成するものであった。マルクは、欧州人権保障は欧州連邦の存在を前提としなければ描けないと報告書の冒頭で述べていたのである（Marc Rapport, p. 2）。

　そのため、ここで提案された欧州最高法院は3つの法廷によって構成されていた。すなわち、権利の憲章に規定された権利に関わる訴訟を扱う第一法廷、憲法秩序に関する訴訟（起草が予定されていた欧州憲法の解釈、国家と連邦の間の紛争、国家間の紛争）を扱う第二法廷、そしてすべての司法秩序に関する訴訟を扱い、連合最高破棄院（Cour de Cassation Suprême de l'Union）ともいわれる第三法廷であった（Marc Rapport, p. 15）。

　さらにマルクはこれらの法廷の独立性を維持し国家主義の浸透を防ぐ方法として、判事（conseiller）の選定方法を説明している。その提案によると最高法院の判事は複雑な手続きで選出されるが[21]、その構成メンバーには様々な経済・社会領域から選ばれた人が含まれていた。

なおマルク草案では、個人や団体が人権侵害を訴えることができる通報制度を規定していたが、この通報は最終的に欧州連合最高法院まで行うことが想定されている（24条）。しかし、これらの手続き規定の構想についてはマルク報告書においても概要が提示されているだけで、具体的な内容は明確ではない[22]（*Marc Rapport*, pp. 20-21）。

　マルク草案の内容は上で確認した実体規定が中心であり、さらに UFE 大会草案においても手続き規定の追加よりは実体規定の整理を進めていることから、マルク自身は制度設計よりは人権概念の定式化をまず重視していたといえるだろう。

　以上で見てきたようにマルクの構想は人格主義、連邦主義といった思想を反映したものであった。人権保障構想として見るならば、その目的は共同体における人の人格の実現によって自由主義や共産主義の限界を克服する試みといえるだろう。そのために権利の実体規定は自由権だけでなく社会権も重視しており、権利の主体は個人だけでなく団体も規定されていた。また、制度形成の目的は人権実現に限定されるものではなく、欧州連邦構想の一部を構成するものであった。そのため、各国の憲法に優越する人権憲章とともに連邦憲章の形成も予定されており[23]、欧州連邦最高法院は人権問題に特化した裁判所ではなく、また個人の訴えも最終的に持ち込まれることが想定されていたのである。

　このような構想は、他の連邦主義者からもユートピア的と批判されるものであった。しかし、マルク草案の内容のすべてが当時のヨーロッパにおいて突飛な構想というわけでもなかった。むしろ他の人権保障構想と比べると、特に権利の実体規定について、当時一般的であった人格主義や社会主義に基づく人権概念をより反映していたといえる。さらに欧州連邦構想についても、実際、のちに欧州憲法の起草が試みられたように、当時としては全く現実味のない提案でもなかった[24]。しかし、ハーグ会議後の条約形成過程を主導したのはマルクではなく、欧州運動司法委員会の法律家たちであり、新たな条約構想が提示されていくことになった[25]。以下ではそのような法律家の人権保障構想を確認していく。

4　国際司法による自由と民主主義の防衛（1948年10月–1949年9月）

　ハーグ会議において人権憲章の起草決議が採択されると、欧州運動は政府側の対応を待つことなく独自に人権条約構想の具体化を進めた。そして、この段階で草案起草を主導したのが欧州運動司法委員会の法律家であった。そのうち特に中心的な役割を果たした人物が、イギリスのデヴィッド・マクスウェル＝ファイフ[26]（David Maxwell-Fyfe）、フランスのピエール＝アンリ・テトジャン[27]（Pierre-Henri Teitgen）とシャルル・ショーモン[28]（Charles Chaumont）、ベルギーのフェルナン・ドゥウース[29]（Fernand Dehousse）とアンリ・ロラン[30]（Henri Rolin）であった（以下、法律家として言及する）。

　この法律家による構想こそが、欧州人権条約の人権保障構想の枠組みとなるものであった。この構想はまず欧州運動私案として欧州審議会に提出され、諮問議会で審議されたのちに正式な政府間交渉の原案となっている[31]。

　法律家の条約構想の概要は以下の3点にまとめられる。第一に、個人の自由権を保障することで民主主義を維持し、全体主義を予防することを目的としている。そのため第二に、権利の実体規定は個人の自由権に絞った規定となっている。第三に、この権利を保障するための手段として人権裁判所と個人通報制度を規定しており、国際司法による人権の実現を目指している。全体としては、マルクのようにそれまでの民主主義自体の見直しを意図するものではなく、既存の価値観を前提に、その実現手段だけの見直しを目指したものであった。

自由権の保障による民主主義の防衛

　法律家の人権保障構想における目的は、諮問議会におけるテトジャンとマクスウェル＝ファイフの説明の中で表明されている。まず、人権条約起草を提案したテトジャンは、戦後欧州における脅威として以下の3つを挙げていたのである。

　第一に、国家理性そのもので、いかなる国家も権力を濫用する傾向にある

ため、そのような権力から自らを守らなくてはならないとしている。第二に、ファシズムとヒトラー主義が依然としてヨーロッパに残っていると指摘し、反共産主義の名の下に民主的な原則を蝕んでいると警告している。第三に、経済的・社会的状況が自由を脅かしていると述べている。貧困や失業が自由に対する信念を弱め、自由主義と社会的正義は両立しないと主張する共産主義が入り込む余地が生じていると警鐘を鳴らしたのである。

テトジャンは、統制経済が行き過ぎたリベラリズムの不正に対する反応であると認めつつも、そのために作られる機構は容易に干渉的な行政、無益な介入、さらには抑圧的、独裁的な体制に堕落しうると主張している。そして、これらの問題は一国では解決不可能で、ヨーロッパという集団的な枠組みによってのみ可能であると主張したのである（TP, v.1, pp. 38-50）。

また、マクスウェル＝ファイフは条約形成の意図として、欧州審議会のメンバーシップの基準設定という点に言及している。マクスウェル＝ファイフは、西欧はすでに民主的なので人権条約は不要だという意見を想定し、この基準は排除ではなくメンバーシップの許可証になるだろうと説明している（TP, v.1, pp. 114-124）。つまり、人権基準を満たすことが西欧の一員になるための基準だと理解していたのである。

マルクの人権保障構想においてはメンバーシップ基準という排他的な目的から人権基準を設定するという意図は見られなかった。この点からも、マルクと法律家の人権保障構想が目的の段階で異なっていたことが確認できる。

自由権に限定された権利規定

このように、法律家の条約形成の目的は民主主義の防衛を目指した人権保障であった。そのため、欧州運動私案から諮問議会草案に至るまで、守るべき権利も基本的には自由権に絞られており条文数も少なかった[32]。社会権が規定されておらず権利内容も限定的だが、マルク草案を構成する33条のほとんどが実体規定であったのとは対照的であった。

もっとも、法律家による草案起草過程で権利内容について論争がなかったわけではない[33]。しかし欧州運動司法委員会は規定するべき権利について、

社会権も含んでいた世界人権宣言に盛り込まれた個人の権利としつつも、司法手続きによる保障に必要かつ現実的な権利とも書き加えていた[34]。つまり、裁判所の設置を念頭に置いた権利規定の選択が欧州運動私案の起草方針であった。テトジャンによると、この点をめぐっては社会主義者のドゥウースが社会権の規定を主張したことで意見が対立したが、その後ドゥウースが寛容な態度をとったことで草案を完成させることができたと回想している（Teitgen 1988, p. 480）。

　欧州審議会においては、まず諮問議会の審議のために法律行政問題委員会（Committee on Legal and Administrative Questions：法律委員会）が欧州運動私案を元に草案を作成したが、自由権を中心とした権利規定が大きく変更されることはなかった。法律委員会による「テトジャン報告書[35]」においても、保障するべき権利について、「「専門的」な自由や社会権が基本的な価値を有し将来的には定義され保障しなくてはいけない」ことを確認しつつも、「欧州連合における政治的民主主義の保障から始める必要があることはすべての人が理解するだろう」としている。その上で、「そのあとに経済的協調を行い、社会民主主義の普及を行う」としているのである（TP, v.1, p. 218）。この段階で社会権の規定をめぐる議論は以下に見る個別規定を除いてほとんどなく、自由権を中心にした実体規定は既定路線であった。

　諮問議会においても自由権に絞った権利規定は概ね受け入れられていたが[36]、それでも権利規定をめぐる社会主義者とキリスト教民主主義者からの批判を招くこととなった。

　特に問題になったのが、親が子供の教育を決める権利と財産権の2つで、その削除修正案が提出されたことで論争が始まったのである。これらの規定の削除修正の理由は、権利保障の基準定義が困難であるため、早急に人権条約を採択するべき現状では議論しない方がよいというものであった（TP, v.2, pp. 48-52）。

　財産権の削除に対しては、共産主義の原則と紙一重だという批判がなされた一方で（TP, v.2, pp. 104-106）、社会主義者にとっては社会権の規定せずに財産権の保障を認めるのはバランスを欠いており受け入れが難いという認識で

第 3 章　国際司法による人権保障というイノヴェーション

あり、社会権を規定するか財産権を削除するかという選択として理解されていた（TP, v.2, pp. 62, 84-86）。また教育の権利については、全体主義による教育統制に対する懸念からその維持が主張されたが（TP, v.2, p. 66）、これは宗教教育を決める親の権利をめぐる論争でもあった（Duranti 2017, pp. 309-312）。

これらの論争に決着をつけたのが法律家であり、マクスウェル＝ファイフやテトジャンの説得を受けて（TP, v.2, pp. 114-116, 124-128）、これら2つの権利について法律委員会に再審議を求めることで決着し、この段階では先送りにされた（TP, v.2, p. 132）。

しかし、審議先送りの提案はそれぞれの法律家にとっては、イデオロギー的な妥協ともいえるものであった。例えばマクスウェル＝ファイフは、イギリス労働党の鉄鋼産業国有化について全体主義に至るステップとして非難していたこともあり（Duranti 2017, pp. 220-221）、財産権の規定を重視していた。それにもかかわらず、「これらの権利をめぐる論争で法律委員会の成果を台無しにしないため」に財産権の規定の先送りを自ら提案したのである（TP, v.2, pp. 114-118）。

またテトジャンについては、特に教育の権利の先送りで妥協したと考えられる。というのも、キリスト教民主主義者であるテトジャンはこの権利を重視しており、そもそも欧州運動私案でこの権利規定を作成したのがテトジャンであった（Duranti 2017, pp. 309-312）。また、欧州運動私案の起草過程では、社会権も盛り込もうとしていたことから（Duranti 2017, p. 304）、権利規定を自由権に絞ったこと自体もテトジャンの妥協だったといえるだろう[37]。

このように、法律家の条約構想における自由権の優先性は明らかであった。その上、法律家間においては自由権とは何かについて全く議論もないままに、諮問議会草案は採択されている。自由権の内容が自明視されていたことは、テトジャンが定義の困難な財産権との対比で、欧州諸国は自由権については原則を共有していると述べたことにも現れている（TP, v.2, pp. 124-128）。さらにのちの議論で、人権裁判所に対する懸念が表明された際にもテトジャンは、条約草案で規定された権利は極めて基本的なものだけで議論もなく採択されたと述べており（TP, v.2, p. 178）、諮問議会草案に規定された権利の自明性を

強調している。

　このような自由権に絞った権利規定は最終的な欧州人権条約まで引き継がれるが、これは当時のヨーロッパにおいてはむしろ懐古的ですらあった。当時においては、保守勢力も何らかの形で社会民主主義の必要性を認識しており、大西洋憲章でも戦争目的に社会保障の実現を掲げていた（マゾワー 2015, pp. 235-244, 259-263）。そのため、社会権が規定されていないことについては、計画経済、国有化、社会保障の時代にあって、戦間期の価値観と変わらない時代遅れな内容とも批判されていた（Duranti 2017, pp. 206-207）。しかし法律家が目指したのは、マルクとは異なり、新しい価値の定式化ではなかった。そうではなく、既存の価値の維持するための新しい制度の形成だったのである。以下では、法律家が優先した欧州人権保障構想の制度設計を確認していく。

国際司法による人権保障

　法律家が欧州人権保障構想において制度設計を優先していたことは欧州運動私案の条文構成から明らかであった。すでに確認したように欧州運動私案の実体規定は自由権に絞られていたが、より目を引くのはその文言の極端な簡潔性で、例えば、「生命と身体の安全」、「恣意的な逮捕、抑留、追放からの自由」、「言論、意見の表現一般の自由」などと箇条書きのように列挙されているだけであった。つまり、盛り込む権利の規定の仕方については議論を詰めた形跡がほとんどないのである。

　しかしこれとは対照的に、制度規定については条約私案に具体的に書かれていただけでなく、さらに別に 5 部構成で計 63 条からなる詳細な欧州人権裁判所規則も作成され提出されたのである（*TP*, v.1, pp. 302-320）。このことが法律家の人権保障の重点が制度形成にあったことを象徴的に示している。

　この裁判所規則は諮問議会草案に直接的に組み込まれたわけではなかったが、諮問議会においても制度形成は一貫して中心的な目的となっていた。諮問議会の法律委員会によって作成された草案では、すべての人と法人の人権委員会に対する個人通報が規定されたほか（法律委員会草案 12 条）、国家との

和解が失敗した場合に人権委員会が人権裁判所に付託できると規定されている[38]（同19条）。また、国家間での和解が失敗した際には当事国双方の合意に基づき、常設国際司法裁判所[39]（Permanent Court of International Justice）に訴えることができるとも規定されているが（同20条）、この規定は欧州人権条約には含まれていない独自の規定である。

このような制度設計についても諮問議会で論争になったが、最重要であったこの問題に入った際にテトジャンは、「われわれは議論の核心にきた」と述べている（TP, v.2, p. 170）。

まず、人権裁判所の設置規定の削除修正案を提出したのはイギリスのアングード＝トーマス（Lynn Ungoed-Thomas）とロランであった（TP, v.2, p. 144）。ロランの削除修正の理由は、第一にICJを活用できるため新たな裁判所の設置は不要であり人権委員会だけで十分であること、第二に新たな裁判所の創設によりICJとの関係で司法体系が損なわれるために有害であること、第三に裁判所は政府にとって現実的に受け入れがたいであろうこと、であった（TP, v.2, pp. 144-156）。このうち、ロランが特に重視していたと考えられるのが司法体系の維持であった[40]。

この理由づけに対してテトジャンは、国連の司法制度とは補完的であっても競合するものではないと答え、さらにこれまでの経験では人権委員会による事実の公表だけでは何も変わらなかったと反論している。そして、ロランの構想では国家だけが裁判所に訴えることができるが、国家が行動を起こさなかった場合は人権侵害の被害者は救済されないと主張したのである（TP, v.2, pp. 170-180）。

またテトジャンは、人権委員会の勧告だけでも国家は従うだろうというロランの予測に対しては、「ここに出席している国はそうであろう」とした上で、「われわれと同じ価値観を共有していた偉大な国が、すべての権利を剥奪して独裁システムになった」と指摘している。そして、「それらの国はわれわれほど揺るぎなく強固なわけでなく試練の時期にあり、将来的に全体主義に陥らないとはいえない」と述べている。さらに、「今は参加していないが将来確実に参加する国がある」と指摘し、「彼らはわれわれよりも自らを守る

ことが困難だろう」としている（TP, v.2, p. 174）。この説明は、欧州審議会への加盟が予定されていた西ドイツにおけるナチズム再興の可能性を念頭に、その予防の重要性を強調したものといえるだろう。そして、このようなテトジャンの主張が諮問議会に受け入れられた結果、人権裁判所に関する規定はそのまま残されている（諮問議会草案第 5 節）。

　なおこの論争は、司法制度形成の是非自体ではなく、その監視機関の選択をめぐる議論といえる。ロラン自身が述べているように法律委員会内では、人権について司法的管理（contrôle juridictionnelle, legal control）が必要であることについては合意があったのである（TP, v.2, pp. 144-145）。この点は、政府間交渉で提起された司法機関への委任自体に反対する立場とは異なっていた。

　履行確保制度に関するもうひとつの争点であった個人通報の削除修正案は、アングード＝トーマスによって提出された。この提案の理由は、政治的目的による極左勢力の通報制度の濫用に対する懸念であった。そして、通報の受理を選別したとしても、多くの通報を不受理にした場合、プロパガンダに利用される可能性があると指摘したのである（TP, v.2, pp. 188-190）。これに反論したマクスウェル＝ファイフはまず、通報は国内救済が尽くされたあとにのみ可能であり、申し立ての根拠がない場合は人権委員会で不受理にできると説明している。そしてその上で、プロパガンダに利用される懸念に対しては、民主主義に対する攻撃は常にありうるが、それは民主主義的な手段を放棄する理由にはならないと応答している（TP, v.2, pp. 198-200）。このような議論を経た決議の結果、個人通報制度も諮問議会草案にそのまま残されている（15条）。

　以上で見てきたように、法律家の人権保障構想は、欧州において自明と考えられていた自由権に絞った上で、それを守るためのより実効的な手段として国際司法制度の形成を求めるものであった。この構想はマルクの人権保障構想とはまったく異なり、それまでの民主主義を見直すという批判的な視点も存在しない。また、マルクが人権保障を欧州連邦という大きな構想の一部として提示したのに対して、この段階で法律家は人権保障制度の形成だけを目指していた[41]。そして、ここで提示された構想が最終的な欧州人権条約の

基本的な枠組みとなっていったのである。

しかし政府間交渉においては、諮問議会草案として提示された法律家の条約構想に変更が加えられていくことになる。以下では、政府側の人権保障構想が何を意図したものだったのかを確認していく。

5 冷戦深刻化に伴う政治状況の考慮（1949年11月－1950年11月）

諮問議会草案を受けて始まった政府間の条約交渉は、主に3つの交渉アリーナを経る形で進行した。すなわち、政府代表の専門家委員会、高級官僚会議（Conference of Senior Officials）、そして閣僚理事会（Committee of Ministers）である。はじめに開催された専門家委員会では諮問議会草案をめぐる政府間の対立が顕在化したため、それを解消し、政府間で合意できる条約草案を作成するために開催されたのが高級官僚会議であった。そして1950年8月の閣僚理事会における交渉を経て事実上、最終的に調印される欧州人権条約が完成した。

政府間の対立は、諮問議会草案を全面的に支持する国と、主に制度設計について修正を求める国に二分された形であった。前者の立場はフランス、イタリア、アイルランドが中心となっており、諮問議会草案に特に修正を加える意思はなかった。これに対してイギリス、ギリシャ、オランダなどが諮問議会草案を不十分としてその修正を主張したのである。政府間の意思決定方式はコンセンサスであり、さらに欧州諸国は欧州統合の最初の試みである人権条約形成の失敗回避を最優先していた。そのため少数意見でも草案に反映される結果となり、最終的な欧州人権条約は対立意見の折衷案ともいえる内容となった。

このような事情から政府間交渉における主な修正は、諮問議会草案の内容に反対していた国の主張を反映したものであった。したがって、以下では特に強固に反対していたイギリスの主張を見ることで、政府間交渉で持ち込まれた欧州人権保障構想を明らかにする。

それ以前の2つの条約構想を比べると、その概要は以下の3点にまとめら

れるだろう。第一に、冷戦の深刻化に伴い自国内の共産主義予防が特に重要な目的となった。第二に、自由権にしぼられていた実体規定は国内の共産主義者や植民地問題を念頭に置いてさらに限定された内容となった。第三に、人権保障の手段については政府の政治的判断に基づく条約運用の余地を拡大しようとし、監視機関への権限委任の程度を縮小した。以下では、これらの構想が条約に盛り込まれた経緯を確認していく。

人権の保障による全体主義の予防

　欧州諸国が国際人権保障を全体主義の予防手段として、戦後秩序形成のひとつの柱と認識していたことは、そもそも欧州審議会規則において人権尊重がメンバーシップ基準（5条、8条）となっていたことにも示されている。また、欧州運動による欧州人権条約形成の働きかけに対して当初曖昧な態度をとっていたのは、国連における条約起草作業を優先させていたためであり、欧州人権条約の形成自体については必ずしも消極的ではなかった。そのため、条約形成の目的自体は法律家と概ね共有していたといえるだろう。

自由選挙による共産主義台頭の懸念

　政府側は法律家と大枠で人権保障の目的を共有していたため、実体規定を自由権中心とすることについては特に批判もなかった。しかしイギリスなどいくつかの国は、共産主義の脅威と植民地問題を念頭に政治参加の権利制限を目論んだ。すなわちそれが、イギリスが提出した自由選挙の権利（諮問議会草案3条[42]）の削除提案であった。

　この際、イギリスの挙げた削除理由は、第一に民主主義の基本的原則について明確な合意に達することは不可能であること、第二に普通選挙の「普通」の基準は各国によって異なり様々な正当化の理由がありうること、第三に普通選挙と秘密投票は、人民の意思表明が政府の行動や立法に反映されることを確保するために常に必ず必要なわけではないこと、であった（*TP*, v.3, p. 182）。この理由づけは、諮問議会において3条の意味することが自明視され、議論もされずに採択されたのとは対照的な疑問の提示であった。

イギリスの念頭にあったのは、まず植民地における政治的権利の保障を認めるかどうかという問題であった。また、イギリスではファシスト政党の非合法化を求める圧力も存在していた（Simpson 2001, pp. 765-767）さらに、冷戦の深刻化を背景として共産党の違法化の問題があった。当時、西ドイツとギリシャにおいては共産党が違法化され、その他の国においても攻撃の対象となっていたのである（マゾワー 2015, pp. 361-362）。

一方、フランス代表となっていたショーモンはこの削除案に反対し、民主主義だけが人権保護を確実にすると主張しており（TP, v.4, p. 140）、この権利の自明性を他の法律家と共有していた。しかし、この問題をめぐる政府間の対立は解決できず、さらに規定を支持する国が多数派を形成できなかったことから、交渉を先送りする形で削除されるに至ったのである（TP, v.4, p. 254）。

人権保障における政治的判断の確保

共産主義の台頭や植民地問題に対する懸念は、制度設計の修正にも反映された。そして個人通報制度も人権裁判所も共に選択条項化されたのである。

まず人権裁判所については、その設置に最も強硬に反対したのがイギリスであった。政府間交渉に入る段階で英国は、手の込んだ人権委員会や人権裁判所は不要であり、人権委員会による人権侵害の公表だけで履行確保のための制裁になると考えていた（Simpson 2001, pp. 689-690）。裁判所については当初から支持する国が少数派であったが（TP, v.3, p. 268）、イギリスの反対が特に強硬だったことは、「いかなる形態であれ裁判所の設置は受け入れられない」（傍点筆者）という姿勢に表れている（Marston 1993, p. 810）。

このようなイギリスに対して、人権裁判所の設置を最も強く主張したショーモンは、高級官僚会議において、裁判所と委員会の両方が必要であるとした上で、委員会では拘束力のある決定が下せないので、裁判所の設置は不可欠だと主張した（TP, v.4, pp. 114-116）。

この対立は膠着したため、妥協案として選択条項による規定が提案されたが（TP, v.4, p. 118）、これを受け入れたショーモンに対して（TP, v.4, p. 126）、イギリスはあくまでも反対の立場を維持した。この際、ショーモンは過去の経

験を参照することでイギリスを説得しようとしている。ショーモンは国際連盟の経験に言及し、実際に公表だけでは不十分であったことが証明されていると主張したのである。そして、大量のプロパガンダの前にひとつの資料の公表が何の役に立つのか、自国民の人権侵害を行う国家に関する報告書はその被害者を守ることができるのか、といった問題を提起したのである（TP, v.4, p. 144）。

このような過去の制度による失敗を参照する主張も、法律家が人権保障の手段の変更にこだわっていたことを示しているといえるだろう。最終的には、高級官僚会議におけるショーモンの説得もあり選択条項規定に対する支持が多数となり（TP, v.4, pp. 178-180）、その形で政府間交渉の決着がついた。

イギリスにとって、人権裁判所の規定は選択的であれ望ましくないものであった。というのも、イギリスが欧州人権条約の執行メカニズムとして考えていたのは、当時の政治的状況を考慮した上で、条約で規定される権利の政治的判断に基づく制限だったからである。そして時には人権侵害に対して行動をとらないという判断が必要になるだろうとも考えていたのである。このような意図は、裁判所による司法的な判断基準では実現できないものであった[43]（Simpson 2001, p. 719）。

イギリスなどのこの懸念は個人通報制度の選択条項化の要因にもなった。個人通報制度については政府間交渉の開始当初はそれほど問題になっておらず、高級官僚会議に至るまで概ね受け入れられていた（TP, v.4, pp. 132-136）。

しかし、イギリスは一貫して個人通報制度も受けいれられないと考えており（Simpson 2001, pp. 690, 694）、審議過程でも、根拠のない通報が届いたり、冷戦状況を背景に反民主主義的なプロパガンダのためだけに訴えられるという懸念を表明していた（TP, v.4, pp. 132-134）。これに対してショーモンは、根拠のない通報は事前の審査で排除できるとし、さらに共産主義者の訴えであっても正当な訴えは扱うべきだと主張したが、これはそれまでのマクスウェル＝ファイフやテトジャンの説明と同じものであった。

高級官僚会議の結論でも、多数派の支持を反映して個人通報制度は義務的な受け入れ規定として維持されていた。それにもかかわらず、1950年8月の

閣僚理事会で選択条項へと修正されたのである。この修正は、イギリスとギリシャの抵抗の結果であった。高級官僚会議後の草案を受け取ったイギリス内閣では、草案を持ち帰った外務省が厳しい批判にさらされた（Simpson 2001, pp. 723-730）。特に個人通報制度については植民地相が、植民地からの敵意あるプロパガンダや批判に晒されるとして敵対的な姿勢を見せた（Marston 1993, p. 812）。

閣僚理事会では、内閣で批判を受けたイギリス代表の反対だけでなく、ギリシャが個人通報制度の削除を求めた。ギリシャはその理由として、「現状では、悪い意図を持った私人からの通報によって、欧州審議会が守ろうとしている自由や民主主義システムに反対するために利用される」と主張した（*TP*, v.5, pp. 62-64）。そして、この主張は共産主義勢力との内戦直後のギリシャの状況を踏まえると、ある程度正当化できるものとも考えられていたのである（Simpson 2001, pp. 723-724）。

フランス、イタリア、アイルランドは個人通報制度の削除には強く反発したが、最終的には妥協案としての選択条項による規定で決着がついたのである（Simpson 2001, pp. 733-735）。

以上で見てきた、諮問議会草案に対する政府側による3つの修正、すなわち自由選挙の権利の削除、人権裁判所と個人通報制度の選択条項化が、政府側、特にイギリスの人権保障構想の反映として理解できるだろう。そしてこれらの修正のうち、特に自由選挙の権利削除と個人通報制度の選択条項化は、法律家の批判の対象となっている[44]。この批判は、法律家の人権保障構想の目的を踏まえれば当然といえるだろう。また、この批判は諮問議会全体に共有されており、諮問議会は自由選挙の権利規定と、個人通報制度の義務的受け入れ規定を再度提案している（*TP*, v.6, pp. 230-238）。しかし、政府側はこの提案を受けいれることなく、欧州人権条約の調印に至ったのである[45]。

最終的な欧州人権条約は、法律家の条約構想を支持する国と、政府側の政治的判断の余地を残したい国との間の妥協案であった。諮問議会草案に対する政府側による3つの主要修正の理由に共通していたのは、共産主義の伸長を招く恐れがあるというものであった。政府間交渉の段階に至って、欧州人

権条約は冷戦下における反共産主義政策の下、政治的判断が持ち込まれたのである。

6　欧州人権条約による人権保障構想とその後の「発展」

　政府間交渉を経た最終的な欧州人権条約は、これまで見てきたような制約を抱える内容であったため当時は失望を伴って評価された（Bates 2010, pp. 8-10）。しかし冒頭で確認したように、まず国内問題と考えられてきた人権侵害を法的拘束力のある条約として国際的に保障すること自体が新しい試みであった。

　そのため、法律家が実現を目指した個人通報制度と人権裁判所は選択条項となったが、これらの制度規定が盛り込まれたこと自体が革新的だったのである。この点は、政府間交渉におけるイギリスを中心とした執拗な抵抗を見ても、その実現が自明な結果ではなかったことが示されている。

　また、マルク草案の内容や欧州運動私案をめぐる議論からは、法律家による自由権に絞った権利規定という選択も必ずしも自明ではなかったことが読み取れる。戦間期の民主主義の限界を克服するという問題意識を共有していた当時のヨーロッパにおいて、自由権に絞った規定はむしろ懐古的であり必ずしも多数が支持していたわけではなかった。その上で、キリスト教民主主義や社会主義の理念を持つ法律家が自由権に絞った条約形成を主導したという事実は、欧州人権条約によって優先的に目指されていたのは新たな価値の定式化ではなく、従来の価値の新たな手段による実現であったことを示している。

　なお、1950年の欧州人権条約調印から現在の欧州人権保障制度になるまでには、さらなる時間が必要であった。欧州人権条約は1953年に発効し、1959年には欧州人権裁判所が活動を始めているが、その活動は1970年代半ばまではむしろ緩慢であった。欧州人権条約が全体主義に対する防衛手段から「欧州の権利章典（Europe's Bill of Rights）」になるのは、1970年代末以降の欧州人権裁判所による「発展」的な運用を経たあとのことである（Bates 2010）。

第3章　国際司法による人権保障というイノヴェーション

　そして現在に至るまでに、多くの追加議定書が採択されて権利が拡大するだけでなく、1998年の第十一追加議定書発効により欧州人権裁判所による一元的な人権保障制度が成立した。このような欧州人権保障制度の「発展」の経緯は、本章で分析してきた条約構想の提唱者たちも予測していなかった、その後の歴史である。

注
1）条約調印時の加盟国は、ベルギー、デンマーク、フランス、ギリシャ、アイスランド、アイルランド、イタリア、ルクセンブルク、オランダ、ノルウェー、スウェーデン、トルコ、イギリスの13か国である。初期の欧州審議会の概要については、Robertson 1961 を参照。
2）現在の制度は、1998年の第十一議定書の発効により欧州人権委員会の機能が欧州人権裁判所に統合されたことで実現した。
3）その他の背景としては、国際連盟によるユダヤ人などのマイノリティの権利保障の失敗が挙げられる。（Mazower 2004, p. 387）。特に、ナチスによるホロコーストは戦後の国際人権保障を促す重要な要因だったと考えられるが、欧州に限っていえば全体主義の予防という性格が強かったといわれる（Cohen 2012, pp. 63-64）。
4）競合する条約形成の意図について、欧州審議会での議論に絞って分析したものとしては、Nicol 2005 を参照。また、そのような競合を折衷案で解決し規定に曖昧さを残したことが、その後の制度的発展の可能性を生んだと評価されている（Bates 2010, pp. 104-107）。
5）ハーグ会議については、Guieu and Le Dréau 2009 を参照。
6）なお、この草案は法的拘束力のない宣言であったが、同様の構想に基づく条約起草を前提としているため、内容比較という観点から条約構想のひとつとして取り上げる。
7）当時の欧州運動については、Hick 1981 を参照。
8）現在の議員会議（Parliament Assembly）の前身機関に当たる。
9）本章で用いる主な資料は、欧州審議会の公刊史料である Council of Europe（1975-1985）, *Travaux Préparatoires" of the European Convention on Human Rights*（以下、*TP*）, v.1-8. と、欧州大学院 EU 歴史文書館（Historical Archives of the European Union）の資料である（*HAEU* と表記）。
10）ハーグ会議の最終決議は、Council of Europe 1999, pp. 407-422.
11）1904-2000年。オデッサ（現ウクライナ）生まれで、パリで育ったユダヤ系フランス人。レジスタンスに参加後、スイスに亡命。欧州運動の構成組織である欧州連邦主義者同盟（Union des Fédéralistes Européens: UFE）の初代事務局長。
12）マルク草案とマルク報告書は以下に所収。AM, 235, *HAEU*. またマルクは、ハーグ会議の半年後の11月に開催された、UFE 大会において権利憲章草案（Projet de Charte des Droits: UFE 大会草案）を提出している。AM221, *HAEU*. 基本構想は同様の内容だが、本

章では必要に応じてこの草案にも言及する。
13) 人格主義に基づくマルクの連邦主義思想は特に全面的連邦主義（integral federalism）と呼ばれる。人権保障の文脈における構想は以下で見ていくが、一般的には Ulmen 1992 を参照。
14) 宗教的な思想家にとって、戦争による最も顕著な思想的展開は個人の良心の再確認であったといわれる。特にジャック・マリタン（Jacques Maritain）によって提示された、自己中心的な「個人の民主主義」とは対照的な、寛大な「人間の民主主義」は宗教界から反響を得た。そして、このような個人の価値の重要性が道徳哲学や宗教を超えて法の領域にまで達した（マゾワー 2015, pp. 247-248）。
15) 例えば以下のような権利が規定されている。社会的職業を得る権利（20条）、適正な賃金を受ける権利・労働組合を結成する権利・相当な生活水準を得る権利（27条）、社会保障を受ける権利・余暇に対する権利（29条）。また、欧州連合と加盟国は、経済構造を維持し失業を根絶する義務を負っていた（28条）。
16) マルク草案における教育を受ける権利（31条）は、欧州人権条約の第一議定書における親の子供の教育選択の自由という明示的な規定ではなく、シャルル・ドヴィシェール（Charles de Visscher）の理論に基づき道徳教育の重要性を言明するものであった（Simpson 2001, p. 759.）
17) 団体の権利としては、連邦主義を前提として例えば、連合と国における公的事項に関して実質的に参加する権利（19条）、人権宣言に違反しない範囲において、規則を定める自由（22条）、団体内において、能力や各仕事に基づく職業的地位を定める権利（23条）などが規定されている。
　権利主体としての団体という点は、同年の UFE 大会草案においてより明示的に示されている。この草案においては団体の権利の節が独立して設けられているほか（第4節）、自由権と社会権を問わず多くの権利について、権利主体として個人と団体が併記されている。
18) なお、マルク草案には手続き規定は盛り込まれておらず、制度構想についてはマルク報告書と文化委員会における説明の中で提示されている。
19) マルク自身は法律家ではなかったが、マルク報告書やハーグ会議での説明ではドヴィシェールやハーシュ・ローターパクト（Hersch Lauterpacht）など法学者への言及が多く見られる。マルクの思想における法学的な側面については、Courtin 2007 を参照。
20) 3つ目の社会構造の変革についてマルクは、自らの人権保障構想は成文法に基づくものではないと述べ、欧州における人権保障は、社会における道義的、政治的、社会的、経済的な構造の変革によって支えられるべきだと説明している（Council of Europe 1999, p. 373）。そしてこの変革は、前節で説明した権利概念の転換によって目指されるものと想定されていた（*Marc Rapport*, p. 7）。
21) 法廷を構成する判事は、以下の3つの方法で3分の1ずつ選定されることを想定していた。第一に、欧州連合の代表機関によって提出されたリストから選挙で選ばれることになっており、このリストの作成は法学者が行うことが想定されている。第二に、加盟国の最高司法機関によって任命されることになっていた。第三に、欧州連合の代表機関によって作成されたリストから、最初の2つの方法で選ばれた判事によって選ばれると

いう方法が提案されている（*Marc Rapport*, p. 17）。
22）また UFE 大会草案も実体規定を中心にしており、手続き規定の起草はその後に予定されている（10 節 6 項）。
23）UFE 大会に権利憲章とともに提出された連邦憲章草案（Avant-projet de Constitution fédérale pour une Europe unie）の第 3 章では、権利の憲章は憲法（loi constitutionnelle）に優越すると明記されている。AM221, *HAEU*.
24）欧州憲法の起草については、Griffith 2000 を参照。
25）なお、ハーグ会議における欧州統合構想をめぐる対立から、その後マルクは執行部から離脱している（Vayssière 2009, pp. 87-88）。
26）1900-1967 年。法廷弁護士で保守党政治家。法務長官や、ニュルンベルク裁判の検事を務める。欧州人権条約起草に関わったあと、内務大臣、大法官も歴任。
27）1908-1997 年。法学者、政治家。ナンシー大学の法学部教授、レジスタンス活動を経てドゴール臨時政府、第四共和政で様々な大臣を歴任。のちに欧州人権裁判所裁判官も務める。
28）1913-2001 年。ナンシー大学法学部教授で外務省法律顧問も務める。1945 年のサンフランシスコ会議のフランス代表メンバー。パリ政治学院、ブリュッセル自由大学などでも教える。
29）1906-1976 年。法学者、社会党政治家。リエージュ大学法学部教授。ベルギー国連代表として人権委員会にも参加。欧州審議会規則の起草作業にも関与。
30）1891-1973 年。法学者、社会党政治家。ブリュッセル自由大学教授。法務大臣、元老院議長、内務大臣などを歴任。のちに欧州人権裁判所裁判官も務める。
31）以下で参照する、欧州運動私案は、*TP*, v.1, pp. 296-320, 諮問議会草案は、*TP*, v.3, pp. 236-246。
32）欧州運動私案の実体規定の条文数は合計で 2 条 13 項で、諮問議会草案は 2 条 12 項であった。
33）例えば欧州運動のブリュッセル大会においてもまず権利内容が問題になっている。"Commission de la Cour Europeenne des Droits de l'Homme", 25 février 1949, FD,125, *HAEU*.
34）"Judicial Commission", 27 February 1949, FD, 125, *HAEU*.
35）法律委員会草案とテトジャン報告書は、*TP*, v.1, pp. 216-235.
36）なお、諮問議会に提出された欧州運動私案に社会権が規定されていない点については、イギリスのナリー（Will Nally）が保守的だとして痛烈に批判している（*TP*, v.1: 145-150）。
37）なお、ロランについても同様のことがいえるかもしれない。社会主義者であったロランは欧州運動私案の起草過程で自由権しか規定しないことを「反動的」と批判していたため（Duranti 2017, p. 240）、諮問議会草案の実体規定もロランの妥協であったと考えられる。これについてロランは、1950 年の第 2 回諮問議会において、定義づけや国際的監視が困難な社会権は規定しなかったと言及していることから（*TP*, v.6, p. 124）、制度形成を優先した妥協だったといえるだろう。
38）なお、「テトジャン報告書」は、設置される裁判所について高等破棄院（Cour de Cassation Supérieure, Supreme Court of Appeal）ではないと明示的に断っているが（*TP*, v.1, pp. 224-229）、この認識は、前節で見たマルクの連邦構想における裁判所の位置づけと異なって

いることを意味する。
39）法律委員会草案では、「常設国際司法裁判所」となっているが 1948 年時点では存在しないので、継承機関である「国際司法裁判所（International Court of Justice: ICJ）」のことと思われる。
40）法律委員会草案 20 条で国家が ICJ に事案を持ち込めるという規定を盛り込んだのはロランであり、その理由も司法体系の維持のためであった。
41）ただし、ドゥウースやテトジャンはこの後、欧州憲法の起草に関わっており（Griffith 2000, pp. 71-94）、欧州統合の全体像は連邦主義者と共有していた。この点からも、この段階ではあくまでも司法制度による人権保障構想の実現を優先的な課題としていたと理解できる。
42）「締約国はさらに、本国領土において、(1) 政府と立法府の人民の代表性を確保するために、妥当な間隔をおいて、秘密投票による自由な普通選挙を行い、(2) 批判する権利と政治的反対派を組織する権利を妨げるいかなる行動も取らないことを約束する。」
43）この際に念頭にあったのは、共産党の抑圧であろうと推測される。当時のイギリスにおける国内共産主義の脅威に対する対応については、Deery 1999 を参照。
44）このような批判は 1950 年 9 月の第 2 回諮問議会において、マクスウェル＝ファイフ（TP, v.5, pp. 224-228）、テトジャン（TP, v.5, pp. 286-292）、ロラン（TP, v.6, pp. 124-128）が明示的に述べている。なお、人権裁判所の選択条項化は現実的な問題としてやむをえないという理解が大勢であった。
45）なお、この段階で残された課題となった実体規定、すなわち自由選挙の権利、財産権、親が子供の教育を決める権利については、その後も審議が続けられ、1952 年 3 月に第一追加議定書として調印に至っている。

参考文献

Bates, Ed（2010）*The Evolution of the European Convention on Human Rights: From its Inception to the Creation of a Permanent Court of Human Rights*, Oxford University Press.

Cohen, Daniel G.（2012）"The Holocaust and the "Human Rights Revolution": A Reassessment," In: Iriye et al.（eds）., *The Human Rights Revolution: An International History*, Oxford University Press, pp. 53-71.

Council of Europe（1975-1985）*Collected Edition of the "Travaux Préparatoires" of the European Convention on Human Rights*, vol.1-6, Martinus Nijhott.

Council of Europe（1999）*Congress of Europe: The Hague, 7-11 May 1948*, Council of Europe Publishing.

Courtin, Emilie（2007）*Droit et Politique dans l'Oeuvre d'Alexandre Marc: l'Inventeur du Fédéralisme Intégral*, Editions L'Harmattan.

Deery, Phillip（1999）"'The Secret Battalion': Communism in Britain during the Cold War", *Contemporary British History*, 13(4), pp. 1-28.

Duranti, Marco（2017）*The Conservative Human Rights Revolution: European Identity, Transnational Politics, and the Origins of the European Convention*, Oxford University Press.

Griffiths, Richard T.（2000）*Europe's First Constitution: the European Political Community, 1952-1954*, Federal Trust.
Guieu, Jean-Michel and Christophe Le Dréau（dir.）（2009）*Le《Congrès de l'Europe》à la Haye（1948-2008）*, P. I. E. Peter Lang.
Hick, Alan（1981）*The European Movement and the Campaign for a European Assembly 1947-1950*, Thesis submitted to the European University Institute.
Hoffmann, Stefan-Ludwig（ed.）（2011）*Human Rights in the Twentieth Century*, Cambridge University Press.
Iriye, Akira, Petra Goedde, and William I. Hitchcock（eds.）（2012）*The Human Rights Revolution: An International History*, Oxford University Press.
Kinsky, Ferdinand（1979）"Personalism and Federalism," *Publius*, 9（4）, pp. 131-156.
Madsen, Mikael Rask（2011）"'Legal Diplomacy' ― Law, Politics and the Genesis of Postwar European Human Rights," In: Stefan-Ludwig Hoffmann（ed.）, *Human Rights in the Twentieth Century*, Cambridge University Press, pp. 62-81.
Marston, Geoffrey（1993）"The United Kingdom's Part in the Preparation of the European Convention on Human Rights, 1950," *International and Comparative Law Quarterly*, 42（4）, pp 796-826.
Mazower, Mark（2004）"The Strange Triumph of Human Rights, 1933-1950," *Historical Journal*, 47（2）, pp. 379-398.
Moravcsik, Andrew（2000）"The Origins of Human Rights Regimes: Democratic Delegation in Postwar Europe," *International Organization*, 54（2）, pp. 217-252.
Moyn, Samuel（2011）"Personalism, Community, and the Origins of Human Rights," In: Hoffmann, Stefan-Ludwig（ed.）, *Human Rights in the Twentieth Century*, pp. 85-106.
Nicol, Danny（2005）"Original Intent and the European Convention on Human Rights", *Public Law*, Spring, pp. 152-172.
Robertson, A. H.（1961）*The Council of Europe: Its Structure, Functions, and Achievements*, Frederick A. Praeger.
Simpson, A. W. Brian（2001）*Human Rights and the End of Empire: Britain and the Genesis of the European Convention*, Oxford University Press.
Teitgen, Pierre-Henri（1988）*Faites Entrer le Témoin Suivant: 1940-1958: de la Resistance a la Ve Republique*, Ouest France.
Ulmen, G. L.（1992）"What is Integral Federalism?," *Telos*, 91, pp. 135-149.
Vayssière, Bertrand（2009）"Le Congres de La Haye et les Federalistes ou la Quete d'Improbables Etats Generaux de l'Europe", In: Guieu, et al.（dir.）, *Le《Congrès de l'Europe》à la Haye（1948-2008）*, P. I. E. Peter Lang, pp. 79-91.
マゾワー、マーク（2015）『暗黒の大陸――ヨーロッパの20世紀』中田瑞穂・網谷龍介訳、未來社。

第4章
フランスのヨーロッパ連邦主義運動とデモクラシーの再考

上原良子

　民主主義とヨーロッパ統合はいかなる関係にあるのか。本章では1940年代後半のフランスにおけるヨーロッパ連邦思想の分析を通じて、ローカルな地域からヨーロッパにおよぶ垂直的な民主主義の刷新を考察したい。1990年代以降のEUについては、比較政治学を中心にヨーロッパ民主主義をめぐる議論が数多く積み重ねられてきた。しかし、冷戦期の統合史においては、むしろヨーロッパとデモクラシーはむしろ個別の領域として論じられてきたように思われる。例えば国際政治学では、ヨーロッパ連邦構想といえば超国家機関を伴う国際機関のみに焦点をあてられることが多い。しかし多様なヨーロッパ統合運動の構想を紐解くと、国際関係にとどまらず、国内も含めた重層的な秩序がイメージされ、中間団体との接合も構想されていたことに気づかされる。なぜこれらの運動はヨーロッパの建設を目指す一方で、国内の中間団体も重視するようになったのであろうか。そこには民主主義と自由をめぐる葛藤が存在したからであった。

1　重層的なヨーロッパ空間の模索

　第二次世界大戦後のフランスはいかなる戦後秩序を模索したのか。単なる戦前の民主主義の復活で満足していたのか。またなぜヨーロッパ統一を構想するようになったのか。
　こうした問いを考察するために、本章では1940年代後半にフランスで展開したヨーロッパ連邦主義運動において中心的役割を果たした2団体の分析を試みる[1]。ひとつは社会主義者が多く参加したセルクル（Cercles socialistes,

fédéralistes et communautaires pour une République moderne：近代共和国のための社会主義・連邦主義・共同体サークル、以後セルクルと略記）であり、もうひとつは右派系のフェデラシオン（La Fédération）である。これら2つの運動は、ヨーロッパの構築よりも、従来のデモクラシーを問い直し、戦後の新たな秩序を刷新することを運動の主要な目標としていた。そこで描かれていたのは、ジャコバン的な中央集権的秩序ではない。中間団体が活性化する社会を理想とし、ヨーロッパ連邦の構築も含めた多層的な空間であった。そのため分析にあたっては国民国家の枠内の民主主義とヨーロッパ連邦という次元の異なる構想を統合的に考察することが必要となる。

　デモクラシーとヨーロッパを接合するにあたっては、幾つかの論争を念頭に置く必要がある。第一の論点は議会主義をめぐる論争である。ファシズムを打倒したフランスにおいて、民主主義の復活は戦後の合意事項であったが、第三共和制的な議会優位の体制を復活すべきかどうかについては議論が分かれた。フランスでは戦間期以来、共和主義に批判的な極右を中心に、度重なる政権交代による議会制の不安定さが批判されていた。そのため第二次世界大戦後は、臨時政府首班ド＝ゴールらが執行権優位の体制案を提案していた。しかし実際に成立した第四共和制は第三共和制と同様、議会優位の「代議士達の共和国」であった[2]。確かに議会の機能不全という指摘は、極右ないし伝統右翼という民主主義の枠外ないしグレーゾーンアクターによる議論とされてきたため、論点そのものが全否定される傾向がある。しかしアクターはどうあれ、その論点が意味するものについては改めて検討の余地があるのではないだろうか。ではその他のアクターは議会制の機能不全をめぐって、いかなる処方箋を考案していたのであろうか。

　第二はフランスにおける「リベラル」に対する受容の困難さについてである。今日、戦後の西欧政治はリベラル・デモクラシーと位置づけられることが多い。戦後から戦後にかけての第一の課題は圧政からの解放と自由の回復であった。一方でフランスでは思想としての自由主義や個人主義に対しては嫌悪感を示す傾向が強い。この落差は何を意味しているのであろうか。

　第三はヨーロッパデモクラシーをめぐる問題である。「民主主義の赤字」

と批判される EU であるが、その批判の矛先はとりわけ議会制民主主義的な手続きの欠如に向けられることが多い。その克服策として欧州議会の強化が図られているとはいえ、必ずしも国内レベルの立法手続きの域には達しておらず、また熱心とも言い難いのは何を意味しているのだろうか。これは第一の論点にも関わってくるが、そもそも民主主義を実現する装置として果たして議会のみが想定されていたのであろうか。ここで注目したいのは、欧州議会以外の諸機関である。ECOSOC／経済社会審議会は、もともと国連に設置された機関であるが、その源流は国内の職能代表による審議会制度に遡ることができる。また 1994 年のマーストリヒト条約に伴い設置されたヨーロッパ地方委員会（CoR/Comité européen des Régions, European Committee of the Regions）も、諮問的ではあるが、地方自治体の声を EU の政策立案に反映させるための機関として設置された。NGO 等の市民社会のアクターを政策立案に組み入れることは国際機関の近年傾向であるが、とりわけ EU は諮問的とはいえ議会以外の諸組織を重視する傾向が強い（網谷 2002; 2003）。そこには市民の声をすくい上げる議会以外の多様なルートが構想されているように考えられる。

　第四の論点は第一の論点にも関わるが、ヨーロッパ統合といえば民主主義的な存在であることは自明であるものの、その思想はデモクラシーの枠外の思想、特にファシズム的な要素と完全に断絶しているのであろうか。ヨーロッパの法における国家社会主義ないしファシズムの影響を解明したヨルゲスらの研究（Joerges and Ghaleigh 2003）や、反近代的なドイツのキリスト教保守派のヨーロッパ構想を明らかにした板橋の『黒いヨーロッパ』（板橋 2016）が示すように、実はヨーロッパ統合構想の一部には、ファシズムにも及ぶ「グレーゾーンのヨーロッパ」が存在することが指摘されている。議会制民主主義をめぐる議論同様、アクターがどうあれ、その議論の深意を慎重に検討する必要がある。

　ここで、ヨーロッパ連邦思想の研究史についてまとめておこう。初期のヨーロッパ統合史は、1948 年 5 月のハーグ会議において漸進主義的かつ政府間主義的な連合主義者が勝利し、連邦主義路線は影響力を喪失した、と描い

たが³⁾、これは多分にヨーロッパの制度構築を起点とした解釈であろう。しかし、近年では多様な視点から統合運動の諸アクターの役割が再考されている。分析の対象も戦間期の知識人史まで拡大され、国家より下位のアクターの思想やヨーロッパ・ネットワークの重要性が再評価されている。本章との関連でいえば、戦後のヨーロッパ連邦主義と、戦間期の人格主義（personalisme）や非順応主義（non-comformisme）、さらにヴィシー政権系の思想家との人的連続性等の研究は無視できない⁴⁾。特に戦後の連邦主義運動については、レムフェルドが人格主義と戦後のヨーロッパ連邦主義との連続性およびその思想の特質を明らかにしている（Roemheld 1990）。また地方分権の政治学者パキエはヨーロッパ連邦主義運動とフランスの地域主義運動との関係性、および国土開発政策への影響を分析している（Pasquier 2003）。UEFフランス支部においてフェデラシオンに次ぐ運動であるセルクルについては、モーリス・ブローによる社会主義の観点からの分析がある（Braud 1991）。これらの研究の特徴は、パキエを例外として問題設定の対象がヨーロッパ統合にあるため、超国家機関の制度構築や平和の実現をめぐる分析が大半である。しかしこれらの運動の出発点は国内レベルでの連邦主義や民主主義の構想にあるものの、これについては十分に分析が試みられていない点に限界がある。そこで本章では、初期の連邦主義思想の分析を通じて、フランスの民主主義をめぐる問いと、中間団体を通じたその克服策、そしてヨーロッパの持つ意味について解明したい。分析にあたっては、フィレンツェのEUIのUEF関連文書、アレクサンドル・マルク文書、ヨーロッパ自治体・地域圏評議会文書、さらにフランス国立図書館（ミッテラン）等所蔵の刊行物を用いた⁵⁾。

人格主義、もしくは「30年代の非順応主義者」

　本論に入る前に、戦後の連邦主義者の多くが参加した戦間期の人格主義についてまとめておこう。第一次世界大戦後のフランスでは、西欧文明やフランスの危機を憂う「ヨーロッパの危機」「文明の危機」論が流行した。こうした危機の克服を目指して、1920年代後半からモーラス主義やアクション・フランセーズの影響を受けた右翼団体「青年右翼（Jeune Droite）」、さらに30

年代には雑誌『新秩序』（Ordre Nouveau）、社会カトリックの『エスプリ』（Esprit）等が次々に刊行され、「1930年代の非順応主義者達」と呼ばれる星雲状に広がる青年運動の共同戦線が登場した。これらの思想の一部はプルードン等の流れをひく「人格主義的社会主義」も存在した。そこに集ったのは共産主義から、社会主義、プルードン主義、さらに極右におよぶが、共通しているのは、旧世代の古い思想に組せず、政治・経済・社会にわたる革命・刷新を求めている点であった。現在でもしばしば使われる「右でもなく左でもなく（ni droite ni gauche）」とは、これらの運動の合い言葉でもあった。つまり個人主義と集産主義の双方を否定し、家族や、アソシアシオン、宗教、組合、自治体、地方といった多様な中間団体にアンガージュすることに価値を見いだし、これらに帰属し関与することにより「個人の人格が開花する」、という発想であった[6]。

　これらの若者の多くは、複数の団体に所属し、相互に交流し、思想の革新を目指し、そのネットワークはヨーロッパ各国に及んだ。この中で『新秩序』で活躍したアレクサンドル・マルク、ロベール・アロン、ドニ・ド゠ルジュモンといった論客は、第二次世界大戦での亡命生活やレジスタンス活動を経て、戦後、連邦主義的欧州統合論者へと脱皮することになる。

戦争による急進化――国家主義への嫌悪と社会の連邦主義的刷新

　連邦国家スイス以外でも、ヨーロッパにおいて連邦主義的な政治運動は、戦間期から存在したが、第二次世界大戦を境として相違が見られた。まず戦間期から活動している運動は、連邦主義にとどまらず思想のフォーラムとでもいうべき幅の広さを特徴としている。スイスの「ヨーロッパ・ユニオン（Europa-Union）」とイギリスの「フェデラル・ユニオン（Federal Union）」の2つの運動は戦後の連邦主義運動の主軸となり影響を与えた。ヨーロッパ・ユニオンは1933年にスイスの連邦制をモデルとした。戦中は欧州各国からの亡命者を受入れ、のちにフランスの連邦主義運動のリーダーとなるロベール・アロンらも亡命中に活動に参加していた。またイギリスのフェデラル・ユニオンは1938年にオクスフォードにて創設され、社会主義と自由主義を

接合した運動であり、ヨーロッパ連邦運動に広く影響を与えた。メンバーの一部はのちの UEF の主要メンバーにもなる（Vayssière 2007, pp. 105-106）。

一方、第二次世界大戦中のレジスタンスに由来する運動は、より闘争的で、戦争および過去を敵視し、政治の刷新・革命を唱える傾向が強い。その代表的運動はイタリアの MFE（欧州連邦主義運動：Movimento Federalista Europeo）とフランスのフェデラシオンである。MFE は 1943 年にミラノで創設され、国際関係における超国家機関の設置を積極的に推進することとなる[7]。

一方、フランスの連邦主義運動が力を入れたのは、旧来の秩序の刷新であった。とはいえ解放後の政治の課題は戦争による国土の荒廃からの復活が最優先となり、世論の流れも復興にむけたナショナリズムが活性化する傾向が強く、ヨーロッパ論は解放後、一時低迷した。

2　セルクル――左からの連邦主義

レジスタンス――ドイツからの解放と自由の模索

セルクルの前身は、1940 年 12 月にドイツ占領下のパリで創設された MNR（Mouvement National Révolutionnaire：全国革命運動）に遡る。社会主義者（PSOP のピヴェール派や SFIO 等）のグループにフロンティスト（人民戦線支持派）が出会い、単にドイツからの解放を目指すだけでなく、革命的な思想を探求する活動を目指して、運動が出発した[8]。

MNR はフランス解放後の 1944 年 9 月には「フランスはどこへ行く？」と題した出版物『ドキュモン』第 1 号を発行した[9]。これを 3 号発刊した後、『カイエ』（Les Cahiers de la République moderne：近代共和国ノート、以下『カイエ』と略記）に改題し雑誌化、さらに 1945 年 11 月から月刊の政治雑誌『近代共和国』（La République moderne）へと改変し、戦後の新しい政治構想を模索する運動への脱皮を図った[10]。

セルクルは運動体としては小規模であるものの、雑誌『近代共和国』はヨーロッパおよび連邦思想の多様な論考を掲載し、UEF におけるヨーロッパ連

邦思想の構築に貢献した。取り上げる論点の中心は運動名でもある社会主義や、連邦主義、共同体論であるが、その路線や戦略はしばしば変化した。サブタイトルも『連邦主義的社会主義雑誌』から1947年後半にはCGTの分裂に伴いFO支持者の獲得を目指し「社会主義と連邦主義的サンディカリスム」と記されるようになった（Braud 1991, p. 33）。さらに1948年11月より『連邦共和国』に改名された。

　一方、『カイエ』は小冊子であるものの、セルクルの中枢メンバーが執筆し、活動家への理論の啓蒙と動員の機能を担ったため、セルクルの理論・運動方針・活動状況を把握するのに有益である。セルクルの初期の基本的な政治路線の概要は、1944年11月刊行の『ドキュモン』第3号の論考「近代共和国のために（MNR憲章）」において発表され、その後雑誌等において理論的な研究が重ねられ、1948年6月の第1回全国大会において基本路線が定められた[11]。

「自由であること」と中間団体

　この時期の政治運動の特徴として、異なる思想を否定し、境界を定めることにより、自らの立ち位置を定める傾向があった。とりわけ、ファシズムを経験し、同時代に共産主義と対峙していた時代だけに、「何ではないか」「克服すべきもの」として他者の規定により自己を明確化することは不可欠であった。その第一の対象は戦中ということもあり、ファシズムおよび共産主義といった全体主義であった。「MNR憲章」においても「後退・圧政〔……〕低迷」に加え「経済的自由主義や資本主義的デモクラシー、人種主義、全体主義、ファシズム、スターリン主義」等が否定し克服すべき対象とされている[12]。

　第二はジャコバン的なエタティスム（国家中心主義）が挙げられる。「連邦主義は、中央集権主義、エタティスム、そして左右の全体主義と全面的に決別する[13]」、「あらゆる領域において、エタティザシオン（国家化）とエタティスムは、人間の自由に脅威を及ぼす。この自由は基礎共同体の自立によってのみ確保されうる[14]」と指摘されているように、中央集権的なエタティ

スムではなく、自治体が自律的であることが求められている。

　第三はリベラリズムおよび資本主義である。セルクルの運動の目標は「フランスの伝統を尊重しながらも、リベラル資本主義を排除し、〔……〕より危険でより非人間的な官僚主義的集産主義を回避することにより、個人の権利と社会の要請を大胆に実現するドクトリン」の確立を目指すことにある[15]。第二と第三の論点は、デモクラシーのあり方をめぐる議論でもあり、第三共和制の評価をめぐるフランスそのものの自己の革新・再生をめぐる問いであった。

　ではセルクルの理想とするデモクラシーおよび戦後秩序とはいかなるものであったのであろうか。ナチスの圧政を経験したことから、セルクルはレジスタンスの地下活動時代より、まず「自由」の回復に特にこだわった。そのため「祖国の自由とは国家の自立のための戦いである。国家における個人の自由と社会的公正は新しい経済秩序の創設を求めている」と記している[16]。さらに「個人は共同体が自由である限りにおいて自由[17]」であり、この「共同体の自律こそ自由な民主主義の条件[18]」と指摘している。議会ではなく個人および共同体の自由を民主主義の条件としている点が興味深い。

　とはいえ、留意すべきはセルクルは、独裁から解放された「自由」な状態を望む一方、思想としての「自由主義／リベラリズム」を明確に区別し、否定している。セルクルによれば、フランスは1782年に「人権宣言」を発しているものの、「その到達点はリベラリズム、特に経済的リベラリズム、の偽善」にすぎず、こうした「ニセ民主主義の間違った自由」を目指すべきではない。しかも「リベラルな体制は個人の発言を称揚」するため「アナーキー」な状態や「リベラルのジャングル」を生み出し、「並外れた大衆支配」をもたらす恐れがあるとされた[19]。自由主義を嫌悪する傾向は、戦前の人格主義や非順応主義の特徴でもあるが、戦後においてもなおその認識は継承された。

　では自由主義によらず連邦主義を通じて自由を実現するためには、いかなる仕組みが必用とされたのであろうか。「連邦主義の核心的原理とは、政治社会構造において、人間に優越的位置を与えること」にあるが[20]、これを実現するのは中間団体である。とりわけ自由主義による無秩序や混乱を制御す

るためには、「国家と個人の間に確固とした中間共同体を確保すべきである。これら家族、生業、コミューン、組合等中間共同体は、人格を潰すのでなく、その完全な開花を可能とする。国家と対抗させるのではなく、確固とした基礎を構築する」ことが構想された[21]。

そしてこの中間団体は単に存在するだけでなく、前述のように自由の実現に密接に関わっていた。第1回大会の内政動議で指摘されているように「自由は、基礎共同体の自律によってのみ実現可能である」が、この基礎共同体に「各市民が直接参加しうる〔……〕ことが重要であった[22]。つまり個人の自由を可能にするためには共同体が自由であり、個人がこの自由な共同体に参加することが条件と考えられている点は人格主義とも共通している。中間団体重視ではあるが、それはヴィシーのような国家による強権的なコルポラティスムではなく、自律的かつ柔軟な社会秩序が想定されていたといえよう。

ではこうした中間団体の具体像とはいかなるものであろうか。セルクルは、「社会の基礎を構成する集団とは、人間が自然活動を行うか、もしくはその人格が完全に開花するよう構成されるような集団、つまり家族、コミューン、企業、組合、職能、精神的ないし文化的集団」等を想定している[23]。

またこれらの中間団体が政治に接合されることも不可欠である。セルクルは代議制は欺瞞的であるとして、「専門機関において諸利益の直接代表」を実現することを提案している。そのために「市民の真の、多数かつ多様な熱望や需要を表明するコミューン議会、経済議会、労働議会、消費者審議会等」の設置を提案している[24]。

セルクル等の連邦主義者が用いた言葉に「躍動的勢力（force vive）」という言葉がある。これは戦間期の人格主義者や「30年代の非順応主義」がしばしば用いた用語であるが、その含意は中間団体の活発な活動にとどまらず、従来型の地域代表による議会の「外」の勢力の活性を重視している言葉とされる[25]。セルクルが構想する戦後の新しいデモクラシーは、議会の諸制度ではなく、議会「外」の中間団体の自由と政治への接合を新たなデモクラシーとして構想している点に注目する必要があろう。

ヨーロッパ連邦主義

　セルクルのもうひとつの主張はヨーロッパ連邦の構築にあった[26]。とはいえ解放直後のヨーロッパでは、「ヨーロッパ」という言葉はヒトラーの侵略戦争とその後の新秩序構想を彷彿とさせるため、反発と嫌悪感を与える言葉であった。しかしセルクルはこのころからヨーロッパ構築の必要性を認識していた。1944年10月の『ドキュモン』2号の論考「今日の諸問題」は、ヨーロッパという言葉について「ドイツの忌まわしい手法により信頼失墜」しているものの、一時の情念により「リアルな概念を放棄すべきでない」として冷静にその有効性を考慮するよう訴えている[27]。

　またセルクルは連邦主義をかかげる一方で、国家の役割も評価していた。そしてヨーロッパもフランスの国益や国民保護の観点から有効と考えられた。MNR憲章によれば、ヨーロッパは「フランスがヨーロッパと世界において役割を果たす条件」として、ド=ゴール流の「偉大さ」の回復や大国願望を実現する手段と認識されていた[28]。

　しかし連邦主義秩序の構築から出発したセルクルであるが、後述のフェデラシオンと異なり、国内の分権化問題よりも国際的な統合機関の確立に集中するようになる。そのきっかけはマーシャル・プランを通じて経済統合の実現が具体化したことにあった。1947年の論考では、ヨーロッパ大陸において連邦的形態の組織化を提案しているが、これによれば連邦が形成されたとしても、各国の民族の特性や伝統、自立は存続させる一方で、「全ヨーロッパ人に関わる集団的利益の任務、ないし各国が単独では実行できない任務の達成が必要とされる範囲においてヨーロッパ連邦に対して主権を放棄する」と論じている。超国家機関への国家主権の一部移譲に加え、ヨーロッパ益の重要性と、のちのサブシディアリティ論にも通じる発想が垣間見られる点が興味深い[29]。

　またこの時期、ヨーロッパ外交の刷新についても論じている。まず「1918年の失敗を避けるべきである」として戦間期のフランス外交を批判し、失敗例と位置づけている。例えば「高圧的な平和は戦争の芽となる[30]」、「敗者ド

第4章　フランスのヨーロッパ連邦主義運動とデモクラシーの再考

イツを相互性無き役務提供の手段とすることはできない[31]」と指摘している。ヴェルサイユ条約においてドイツに一方的に戦争責任を押しつけ、収奪的な戦後処理を行ったことがナチスの台頭を促したとして、第一次世界大戦後とは異なる枠組みによる解決を提唱しているのである。その際、ドイツも含めて「相互性」ある対等な関係の構築により発想の転換が行われていたことは、欧州統合への大きな一歩であった[32]。

　その他、ヨーロッパ建設の条件としてイギリスの参加の他、安全保障の確立（近隣諸国の連帯）、国家の自由の保障、富と資源の公正な分配による生産者のアソシアシオン（経済統合）等が提唱された。その他、アフリカにおけるヨーロッパの権益（帝国ないし植民地）の維持についても考察されていた[33]。

　さらに1948年になると、ハーグヨーロッパ会議以降のヨーロッパ熱の高まりと、欧州議会設立交渉の展開と連動して、その構想は理論を離れ、国際機関をめぐる具体的政策へと移行した。1948月の第1回大会では「ヨーロッパ決議」が採択され、まず政府レベルの経済統合を支持すると同時に、政治連合の実現といった具体的プロセスも議論された。その機関は「連邦的形態」をとり、国家主権の一部を移譲すること。また政治機関を設置し、「連邦市民に帰属する自由を保障する人権憲章の尊重」のほか、紛争の仲裁、経済連合、社会的公正の促進を担うことが想定された。また短期的な目標として、参加予定の諸国がプロトコールを締結し、欧州憲法制定議会の実現を目指すことなどが提案された[34]。

　セルクルは「人権憲章」の実現を重視したが、これは国際関係レベルで市民および個人の自由を守る手段でもあった。自由を守るために、人権条約という法という手段を用いてデモクラシーを明文化・条件化し、これに違反するとヨーロッパという共同体から排除するという構想であった。これは最終的には欧州人権条約に結実するわけであるが、ひとつのデモクラシーのあり方として注目すべきであろう[35]。

　セルクルの存在は1948年以降、SFIOがヨーロッパ統合支持へと転回する際には、極めて重要な影響を与えた。しかしその後、党の運動方針が運動に

優越し、運動そのものは影響力を失うことになる。セルクルの構想は、より政策にシフトするに従い、統合運動のなかで独自色を喪失したからであった[36]（上原 2000）。

3　フェデラシオンの共同体的連邦主義——中間団体と「深部のフランス」

デモクラシーの刷新——右からの連邦主義

　フェデラシオンはフランスにおいて最も力を持った連邦主義運動でありがら、思想的にも人脈的にも異色の運動を展開した。フェデラシオンの活動の出発点は、1944年10月に発足した「フランス社会の組織化のための制度研究センター」にある（Roemheld 1990, pp. 147-148）。そのメンバーは多彩で、プルードン主義をはじめとして、30年代の社会カトリックや雑誌『新秩序』といった人格主義、非順応主義に集った人々（『新秩序』等においてダニエル-ロップのペンネームで活動したリシャールやアレクサンドル・マルク、ドニ・ド＝ルジュモン等）、さらにペタンの国民革命支持者ないしコルポラティストも少なくない（雑誌『連邦主義の20世紀』の発行に携わったアンドレ・ヴワザン等）。また運動に参加した人脈も多彩で、カトリックの起業家ジャック・バソは反共的なサンディカリスト（CGT-FOやCGTC）らと交流を持ち、第五共和制初期にド＝ゴールのもとでの経済政策を主導したジャック・リュエフらにも繋がっていた。欧州退役軍人連盟や退役軍人国民連合にも関与したジャン-モリス・マルタンのほか、ジャン・バレは「三部会／エタ・ジェネロー」運動等、自治体の自由をめぐる運動に関わった（Pasquier 2003, pp. 101-125）。フェデラシオンの特徴は、レジスタンスや左派が主流である他の連邦主義運動と比較すると、ヴィシーやコルポラティスト、そして第五共和制のゴーリストにつながる右派の影響が強い。とりわけヴワザン等ヴィシーに近い人々の存在は、他の運動・政党から極右としてしばしば嫌悪されることもあった（上原 1990）。

第 4 章　フランスのヨーロッパ連邦主義運動とデモクラシーの再考

　この制度研究センターは、まず 1945 年春より参加者に対し『内報』(*Circulaire intérieur de La Fédération*：フェデラシオン内報、以下『内報』と略記) の刊行を開始した。この『内報』は 1947 年に月刊誌『ラ・フェデラシオン』(*La Fédération*) となる。この雑誌は理論誌として、チャーチル、レイモン・アロンなど各界の著名人も寄稿したほか、ヨーロッパ連邦構想についてはアンドレ・ヴォザン、アレクサンドル・マルク、アンリ・ブルグマンス、ドニ・ド＝ルジュモン等の連邦主義者等、フェデラシオンに限定されず、フランス・ベルギーの欧州統合運動の中心的活動家が執筆するなど、フランスの統合運動の主要雑誌となった。フェデラシオンは連邦主義の頂上団体 UEF フランス支部の中核的運動であるため、『ラ・フェデラシオン』は、運動の枠を越えて連邦主義派のネットワークを形成する場として機能した。また 1948 年 10 月には付録の小冊子『連邦主義通信』(*Le Bulletin fédéraliste*) も刊行した。『内報』と付録の『連邦主義通信』の論考は、会員を対象としてヴォザン等運動内部のメンバーが執筆し、その時期の主流派の理論と活動情報が掲載されているため、フェデラシオンの思想と運動を把握するのに有益である。

　フェデラシオンは、連邦主義運動の中でも全面的連邦主義の影響が強い。特に 1947 年から 1948 年にかけて、その理論的中心人物であり、多くの著作を発表したマルクが強い影響力を持っていた[37]。しかしフェデラシオンの連邦主義は必ずしも絶対的連邦主義のみに収斂されるわけではない。ここでは成立期の論考を中心に、絶対的連邦主義以外の思想も含めて、フェデラシオンが掲げる連邦主義の骨格を明らかにしてみよう。

　まず、フェデラシオンの思想を理解するためには、思想の境界を把握する必用がある。セルクルと同じく、フェデラシオンが否定したのは独裁や集産主義に加え、エタティスム（国家中心主義）やテクノクラシー（官僚支配）、ディリジスム（国家主導主義）といった中央集権的なシステムであった。また自由主義や個人主義を否定し、「自由」にこだわる点もセルクルと同様である。

　とはいえ、フェデラシオンはデモクラシーの枠内にあるとはいえ、議会制に対する懐疑的な見方がとりわけ強かった。人格主義出身で連邦主義を信奉

した歴史家ロベール・アロンは、経済においては構造改革が進められているのに対し、政治の変革が議論されていないことを嘆いた。そしてフランス人の間には3つの論争があると指摘し、そのうちのひとつとして、あえて戦間期の伝統右翼団体アクション・フランセーズのデモクラシー批判を引き合いに出している。議会制レジームは果たして「くに（pays）」の真の声を反映し、これを中央集権化された民主主義国のエタティスムのプロセスに組み入れているのであろうか[38]。アロンによれば議会制民主主義の制度では、ローカルな「深部のフランス」の意志が反映されていないのではないか、と問うた。確かに戦間期のフランスでは、伝統保守を中心に共和主義に批判的で、議会制民主主義の不備と機能不全を嘆く声が強かった。こうした批判がヴィシーのコルポラティスムを生み出し、また人格主義や非順応主義にも共有されてきた。しかし前述のように第四共和制憲法制定にあたっては、ド＝ゴールらの主張は通らず、第三共和制と同様の議会優位の体制が復活した。とはいえ議会主義が抱える問題が根本的に解決したわけではなかった。解放後、ヴィシー系の人物は政治生命を絶たれたものの、職能代表の制度化を主張する「エタ・ジェネロー（三部会）」運動は続き、フェデラシオンもこれを支援していた。第五共和制において、こうした議会優位の体制が否定され半大統領制が実現することになるが、その前史として、こうした議会制を批判し、これを補完するために地域や職能といったアクターの政治への接合を試みる思想が存在していたことは興味深い。

　また経済的な視点から都市と地方の格差を論じたのがジャン‐フランソワ・グラヴィエである。グラヴィエの著作『パリとフランス砂漠』は、のち第五共和制初期にベストセラーとなり、国土開発の必要性が認識されるようになるが、その活動の出発点はフェデラシオンにあった。すでに1945年にその著作の一部が『内報』に発表され、パリへの過剰な産業集積と農村との格差を批判し、産業の分権化を通じた「フランス全体の再生」を説いた[39]。

　フェデラシオンの思想は、確かにファシズムと共産主義を否定し、共和主義と議会制の枠内にとどまっている点で、多元主義的デモクラシーの枠内にある。しかしそれは単なる過去への回帰ではない。ジャコバン的な中央集権

国家やテクノクラシー支配、ディリジスムではなく、また議会制民主主義の限界も意識し、地方や職能団体といった国家より下位のアクターの活性化と政治への接合を通じてデモクラシーと政治の刷新を試みていたといえる。

社会と地域からの問い直し

1945年の『内報』第1号では、巻頭論文として焦点をあてたのが「人間と社会」であった。これによれば「個人主義と社会主義、民主主義と独裁という敵対関係により、人間と社会との関係が問題となっている〔……〕組織化された社会を通じて、近代社会に重くのしかかっている敵対関係は消失するであろう。主権を有するが独裁的ではない国家は、複数の個別組織（家族・職能・文化・ローカル等）を調和させ、方向づけ、仲裁するのだ」と論じている[40]。

そして1946年に制定された第四共和制憲法をめぐる議論では、中間団体（職能団体や地方自治体等）の「自由」を保持し、自律的であることに焦点を絞るようになった[41]。1949年6月の「ローカルの自由の防衛」と題された論文でも「ヨーロッパに特有の多様性、つまり、ナショナルに加え職能、家族、民族、レジオン、コミューンを基礎としなければ、大陸が生き残ることは困難で、全面的な独裁の危険性が伴う。ヨーロッパの使命とは、個人主義と集産主義の間の、共同体的秩序でのみ達成されうる均衡を見出す以上のことではないだろうか。つまり連邦主義的秩序のなかでわれわれが、何よりも『ローカルな集団』と呼ぶものの自由を前提とすることである」と主張している[42]。

こうした中間団体を重視する思想はフランスでは例外的でもある。革命期に社団の活動は禁止され、19世紀の自由主義のなかでは中間団体ないし共同体が否定的に位置づけられてきた。とはいえ、19世紀後半以降は、中間団体の意義が改めて承認され、徐々に法人格を付与されてきた。論文「利益代表」で指摘されているように1884年法により地方自治体法が制定され、また1901年法・1920年法・1936年法により組合が職能代表となり、職能代表制も漸進的に承認されてきた。しかしヴィシー政権のもとで、職能団体のトップは国家任命となり、これらの理念は一挙に後退した。そのため戦後の課

題は再度、職能や地方等の中間団体の自由と利益代表の原理を再度確立することであった[43]。

職能と連邦主義

フェデラシオンには非共産党系のサンディカリスト（組合活動家）も少なからず参加していた。革命的サンディカリスムの伝統を受け継ぎ、議会および政党活動を懐疑的に捉え、自律的な組合活動を重視してきたため、中間団体を重視するフェデラシオンとの相性は悪くなかった。しかし、サンディカリストにとって解放後のフランス労働総同盟 CGT の状況は危機的であった。というのも CGT は共産党の支配下となり、その構造も中央集権的な傾向が強まっていた。そのため、連邦主義者はこうした CGT の集権主義を嫌い、民主主義が欠如していることを危惧した[44]。

エタティスムを拒否するフェデラシオンは、戦後初期の基幹産業の国有化に反対していた。これは国家資本主義の出現でもあり、組合の経営への関与も困難となることから国有化に否定的であり、むしろ職能自身による経済的社会的管理を主張した[45]。そこで産業全般における連邦主義的再編を促すために、職能団体の尊重や地域産業の連邦化、つまりディリジスムではなく脱集権化し、地域レベルでの連携・調整を重視する経済社会秩序を提案した[46]。また労働者の代表を企業の経営に参加を可能とする企業委員会構想にも注目していた[47]。

ヨーロッパと連邦主義の出会い

フェデラシオンにおいて国際的な連邦主義が論じられるようになるのは、1946 年 6 月の『内報』において、「平和と連邦的原理」特集が組まれたころからである。平和への関心の背後には当然 4 年間の戦争体験が影響していた。個人と集団の自由の回復こそ運動の第一の目標であったが、これらは国家の自由と不可分の関係にあるため、国家の安全保障なしにこれらの自由を擁護することはできないとされた。加えてフランスおよびヨーロッパの地域の特性とヴェルサイユ体制の失敗から、第二次世界大戦後のヨーロッパにおいて

は連邦主義的解決が適切と考えられるようになった[48]。

　ではなぜ連邦ヨーロッパなのか。論文「国際的連邦主義について」によれば、中間団体やコミューンの視点からヨーロッパ連邦の重要性が論じられている。これによれば、すでにヨーロッパでは鉄道や道路、河川等において国際法が発展しており、ヨーロッパという枠組みは所与のものとなっている。加えて人種や国籍の特性を最大限活用できるだけでなく、ヨーロッパスタイルともいえるヨーロッパ独自の伝統や文化、独創性も存在する。とはいえ、こうした連邦に求められる構成要素は、超国家機関のみにとどまらない。チャーチルが1942年3月22日の演説において「可能な限りコミューンに生活する人々を統合」するために「欧州審議会」が必要であると論じていることを引用し、ヨーロッパ連邦の権力は、「民衆自らが連携」するためには政府や国家連邦のみではなく、「市民や、地方、職能団体もしくは二次的な連邦から発するべき」と訴えた。なぜなら「連邦国家の根は中間的連邦体、つまりコミューンや田舎、組合などにつながっている」からであった[49]。

　1948年ごろからフェデラシオンの運動は活発化し、雑誌『ラ・フェデラシオン』の付録として『連邦主義通信』を配付し、若者や地方への運動の拡大を図った。取り上げる論点も従来の国内の分権化に加え、国際面の比重が高まった。ブリュッセル条約やベルリン空輸といった冷戦の激化を重視し、政府の外交政策を肯定的にとらえた現実主義的路線であった。ヨーロッパ構想の概要についてまとめた「すべての救済のためのヨーロッパ」と題する論文では、それまでの理論志向とは異なり、ベルリン問題の展開、安全保障問題、イギリスの参加問題等、国際情勢が紹介されている。また「政府をせきたてろ」では、こうした国際政治の現状を認識した上で、世論の無関心を危惧し、ミリタン（活動家）が率先してヨーロッパへの意識啓発に努めることが推奨された[50]。

　加えて組合・職能団体のヨーロッパ構想への参加も強調されるようになった。職能団体は、経済社会の分権化を促す機能（生産性のための調整と指導）だけではなく、職能団体をヨーロッパの利益集団と位置づけ欧州審議会において代表として参加させることが構想されていた。組合にとっても、社

会的アクターとの接合を前提とする連邦的なヨーロッパは好ましい形態となっていた[51]。こうした職能団体のヨーロッパへの接合は、その後の経済社会評議会や社会的ヨーロッパを予感させる構図でもある。

その他この時期から登場した論点は人権問題の重視と法的ヨーロッパの形成である。『連邦主義通信』の 1948 年 12 月号で、ヨーロッパ運動において司法問題を検討しているエリオ委員会に対し、フェデラシオンは「人権および共同体ヨーロッパ法院」を提案した。フェデラシオンは、ヨーロッパ運動がすすめている人権憲章によりヨーロッパの人々の民主的自由の定義づけ、これを遵守するために制裁の権限を付与されたヨーロッパ高等法院の構想を強く支持した。加えて、この高等法院により法および自由を擁護するにあたって、個人に加えレジオン等の共同体も対象とすることを提案している[52]。

その後のフェデラシオンの活動の展開は多方面にわたった。1948 年ごろより地方での運動に力を注ぎ、特に地域アイデンティティの復興に尽力する地域主義運動にヨーロッパ連邦思想の宣伝や、国土開発政策の展開に尽力した[53]。またバレやヴザンはシャバン-デルマの支援を得て、バレは姉妹都市運動や 1951 年には CCE（欧州コミューン評議会：Conseil des communes d'Europe）に、ヴザンはエタジェネロー運動[54]や、1951 年 1 月 29-30 日にはジュネーヴでの CCE（欧州コミューン評議会：Conseil des communes d'Europe）の大会開催に貢献した[55]。彼らはその後地域民主主義の展開や、自治体間の国際連携に運動を拡大させることとなる。

4　社会からのデモクラシーの刷新とヨーロッパ

以上のようにフランスの連邦主義者が描いたヨーロッパ秩序は、単なるヨーロッパの国際機関のみにとどまらなかった。その関心の出発点にあるのは、独裁や圧政の否定と同時に、従来型のデモクラシーの弱点、とりわけ領域代表による代議制の克服・刷新にあった。

連邦主義者が重視していたのは、「自由」であるが、その自由とは思想としての経済的自由主義ではなく、ナチスやファシズム、ヴィシー体制といっ

た独裁や圧政からの解放／自由を意味していた。戦間期と異なるのは、独裁や圧政を防止し、ヨーロッパに平和を実現するためには、「個人」の自由に加えて、「集団」の自由を遵守し、中央集権を解体した上で連邦的秩序を構築することが不可欠とされた点である。そしてこうした自由を確かなものとするために、欧州人権条約という国際的な法制化を試みた点は興味深い。

　ヨーロッパ統合運動のなかでは、連邦主義の運動は周辺的な存在に過ぎなかった。しかしその思想は統合運動の内外で共鳴しあった。セルクルはこの自由を守るために、超国家機関の確立と同時に欧州人権条約というヨーロッパレベルでの法制化の実現を求めた。またフランスの社会主義者がヨーロッパ支持へ転じる際には、思想と人脈を準備した。

　一方フェデラシオンは、分権的な空間を描き、中間団体の活性化を重視した。それぞれ異なるとはいえ、どちらも議会制民主主義や政党の限界の克服を目指した点が特徴である。欧州人権条約という国際法による規制や、ヨーロッパ統合のなかに職能団体や地方自治体等の中間団体の位置づけを試みた点は画期的であった。今後コルポラティストとの連続性、レジョナリズムと国土開発、さらにヨーロッパと自治体との関係性について、今後さらなる研究が必要であろう。

　連邦主義者の模索したヨーロッパ秩序は戦間期の人格主義を起点とし、国民国家にとどまらずヨーロッパ統合へ接合され、ヨーロッパからローカルな社会にわたる重層的なデモクラシー空間を模索した。いわば戦後新秩序の創造的な再構築の試みであったのではないだろうか

注
1) フランスの連邦主義の主な潮流には①右派系、②社会主義系、③分権主義・レジョナリスト系が存在し、左派が強い他国と異なる。また欧州連邦主義の諸団体の頂上団体として UEF（L'Union européenne des Fédéralistes、ヨーロッパ連邦主義同盟）が結成された。UEF には①全面的連邦主義（政治だけでなく経済・社会・文化を含む秩序の刷新を目指す）、②ハミルトン的・立憲的連邦主義（憲法を基礎としたヨーロッパ統合の制度構築を重視）、③世界連邦主義、④社会カトリック、⑤社会主義の5つの思想潮流が存在した（Roemheld 1990, pp. 147-152）。この中でフェデラシオンは、フランス支部においても、また UEF においても強い発言力を持った。フランスのヨーロッパ連邦主義についての

最も包括的な研究として Vayssière 2007。同書はフランスの連邦主義者のヨーロッパ構想を実証的に分析している。
2) 第四共和政を組織政党によるデモクラシーの試みという視点から分析した労作として中山 2002。
3) 日本における統合史の概説書および史料集として遠藤 2008a, 2008b。
4) 人格主義と戦後のヨーロッパ構想については Dard and Deschamps 2005, Dard 2002, Kinsky and Knipping 1996、ヴィシー期のコルポラティストとヨーロッパとの連続性については Cohen 2016。フェデラシオンの中心的人物のひとりであるアレクサンドル・マルクについては Hellman 2002 を参照のこと。また各国の連邦主義者およびグループの論文集として Duchenne and Dumoulin 2012。
5) UEF については UEF - Union européenne des fédéralistes, MFE/F - Mouvement fédéraliste européen français, CCRE - Conseil des Communes et des Régions d'Europe, CCRE/DOC - Documentation annexée au fonds CCRE（いずれも EUI 所蔵）、アレクサンドル・マルクについては AM - Alexandre Marc, AMG/DOC - Documentation annexée au fonds AMG（EUI）の文書その他 BNF, BDIC 等の資料を用いた。
6) *Ordre Nouveau*. Archive-AM-346、および註 4 を参照のこと。
7) ヴェントテーネ宣言については八十田 2016。
8) 〈D'où nous venons et où nous allons, Rapport moral〉, *Bulletin d'information*（Cercles socialistes et fédéralistes）, n°2 et 3, 1948。（以下 Rapport moral と略記）。人民戦線を支持したフロンティストのうち、ペタン派となったガストン・ベルジュリと断絶したグループが参加した。Braud, 1991, *op. cit.*, p. 30.
9) M.N.R., *Ou va la France?*, Documents n°1, Imprimerie Centrale du Croissant, 1944.
10) *Les Cahiers de la République moderne, Document*, n°4（janvier 1945）。
11) 〈Charte du M.N.R.〉, *Document*, n°3（novembre 1944）（以下 Charte du M.N.R. と略記）。
12) *Ibid*.
13) 〈Principes fédéralistes〉, *Bulletin d'information*, n°4（1947）。
14) 〈Ce que nous sommes, Motion de politique intérieur〉, *Bulletin d'information*, n°2-3,（1948）（以下 Motion de politique intérieur と略記）。
15) 〈Rapport moral〉, *op.cit.*.
16) 〈Rapport moral〉, *op.cit.*.
17) 〈Motion de politique intérieur〉, *op.cit.*.
18) 〈Rapport moral〉, *op.cit.*.
19) Document, n°3, *op.cit.*.
20) *Ibid.*.
21) 〈Charte du M.N.R.〉, *op.cit.*.
22) 〈Motion de politique intérieur〉, *op.cit.*.
23) 〈Principes fédéralistes〉, *op.cit.*.
24) 〈Ce que nous sommes, Ceque nous voulons〉 *Bulletin d'informations*, n°2（1947）。
25) 特に『新秩序』の論客が用い、戦後はセルクル以外にマルク等の全面的連邦主義でも重視された。

26）セルクルの思想は社会主義を基盤としている。ブローによれば、国際主義は行き詰まっているため、これを打開するために、世界組織への中間段階としてヨーロッパにおける連邦主義を支持した、という（Braud 1991, pp. 33-36）。

27）〈Problème des temps présents〉, M.N.R., *Documents*, n°2（oct 1944）.

28）〈Charte du M.N.R.〉, *op.cit.*.

29）〈Ce que nous sommes, Ce que nous voulons〉*Bulletin d'informations*, n°1（1947）. サブシディアリティ論については遠藤 2003。

30）〈Charte du M.N.R.〉, *op.cit.*.

31）〈Problème d'aujourd'hui〉, *op.cit.*.

32）*Ibid.*.〈Charte du M.N.R.〉, *op.cit.*.

33）植民地を維持するヨーロッパ、という構図は、しばしば繰り返されることになるが、「自由」の概念にもヨーロッパとアフリカのダブル・スタンダードが存在していた点は、第四共和制の社会主義者および連邦主義の共通の限界でもあろう。〈Problème d'aujourd'hui〉, *op.cit.*. MNR.,〈Pour une République moderne, Charte MNR〉, *op.cit.*.

34）〈Résolution sur l'Europe〉, *Bulletin d'information*, n°2-3（1948）.

35）網谷 2018。欧州人権条約については第3章・大内論文を参照。

36）西欧諸国における欧州統合論は、社会主義者／社会民主主義者とキリスト教民主主義者の2つの勢力に支持された。しかしフランスではキリスト教民主主義勢力が低迷するなかで、社会主義者が重要なヨーロッパ論者の基盤となった。そのためセルクルの雑誌を通じた言論活動が、特にSFIOのヨーロッパ連邦支持層を育んだ意義は少なくない

37）Jean Bareth〈L'action fédéraliste européenne〉*La Fédération*（novelmble 1946）, p. 24. Alexandre Marc, *A hauteur d'homme, La Révolution fédéraliste*, Je sers, 1948. Jean-Maurice Martin, *Bilan de dix ans d'efforts, 1944-1954*（La Fédération, Supplément au numéro 120）（novembre 1954）。

38）L'article de Robert Aron, *Circulaire intérieur de La Fédération*,（juillet 1945）（以下 *Circulaire* と略記）。

39）L'article de Jean-Fraçois Gravier, *Circulaire, op.cit.*,（juillet 1945）. Gravier, Jean-Fraçois *Paris et le désert français*, Le Portulan, 1947（6ᵉ édition, Flammarion, 1958）。

40）〈L'homme et la société〉, *Circulaire, op.cit.*, n°1（mai/1945）.

41）Martin, *Bilan de dix ans d'efforts, op.cit.*.

42）Joseph Martray,〈Défense des libertés locales〉, *Le Bulletin fédéraliste*, n°9（juin 1949）, p. 6. Martin, *Bilan de dix ans d'efforts, op.cit.*.

43）*Circulaire, op.cit.*, n°1（mai/1945）.

44）Marcel Felgines,〈Voix ouvrièrs, Symdicalisme et fédéralisme〉, *Circulaire, op.cit.*,（juin 1946）.

45）〈Nationalisation, Etatisation et Socialisation〉, *Circulaire, op.cit.*,（mars-avril 1945）.

46）〈Perspectives économiques et sociales〉, *Le Bulletin Fédéraliste*, n°1（oct 1948）, Supplément au n°45 de la revue Fédération.

47）〈La vie sociale: Les comités d'entreprises〉, *Circulaire, op.cit.*,（mars-avril 1945）.

48）〈La Paix et les Principes fédératif〉, *Circulaire, op.cit.*,（juin 1946）.

49）Vital-Mireille,〈sur le fédéralime internationale〉, *La Fédération*, septembre 1946, pp. 3-5.

50）『連邦主義通信』第1号の巻頭論文はスパークによる「政府をせき立てろ」と題する

国際情勢への意識啓発であった。Jean Bareth,〈Bousculez les Gouvernements!〉; Pierre Nicolas,〈L'Europe pour le salut de tous〉, *Le Bulletin Fédéraliste*, nº1（oct 1948）.
51）〈Nouvelle crise du syndicalisme〉, *Le Bulletin Fédéraliste*, nº1（oct 1948）.〈Premières leçons〉, Le Bulletin fédéraliste, nº2（nov 1948）.
52）Max Richard,〈la cour suprême devant le comité Herriot〉, *Le Bulletin Fédéraliste*, no3（dec 1948）.
53）ブルターニュのレジョナリスム運動、CELIB（ブルターニュ諸利益研究リエゾン委員会 Comité d'études et de liaison des intérêts bretons）を立ち上げることになるジョゼフ・マルトレは、『パリとフランス砂漠』に触発されフェデラシオンに参加した（Pasquier 2003, pp. 110-115）。
54）Archive-CCRE-197〈Motion de Synthèse〉：〈Etats-Généraux des communes et de départements de France（Versailles, 24-25 juin 1950）〉.
55）Archive-CCRE-1〈Le Conseil des Communes d'Europe〉.

参考文献

Braud, Maurice（1991）"Socialisme et fédéralisme: l' expérience de la République Moderne（1944-1948），" *Revue de la Bibliothèque Nationale*, nº41, pp. 30-43.
Cohen, Antonain（2016）*De Vichy à la Communaute europeenne*, Paris: PUF.
Dard, Olivier（2002）*Le rendez-vous manqué des relèves des années 30*, PUF.
Dard, Olivier, et Etienne Deschamps（dir.）（2005）*Les relèves en Europe d'un après-guerre à l'autre*, Bruxelles: P. L. E.-Peter Lang.
Duchenne, Genevieve, and Michel Dumoulin（2012）*Générations de fédéralistes européens depuis le XIXe siècle*, Bruxelles: P. I. E. Peter Lang.
Hellman, John（2002）*The Communitarian Third Way: Alexandre Marc's Ordre Nouveau, 1930-2000*, Montreal: McGill Queens UP.
Kaiser, Wolfram and Starie, Peter（eds.）（2005）*Transnational European Union, Toward a common political space*, London and N. Y., Routledge.
Kinsky, Ferdinand and Knipping, Franz（eds.）（1996），*Le Fédéralisme personnaliste aux sources de l'Europe de demain*, Baden-Baden: Nomons Verlagsgesellschaft.
Joerges, Christian, and Navraj Singh Ghaleigh（ed.）（2003）*Darker Legacies of Law in Europe*, London: Hart Publishing.
Pasquier, Romain（2003）La Régionalisation française revistiée: fédéralisme, mouvement régional et élites modernisatrices, *Revue Française de Science Politique*, 53（1）pp. 101-125.
Roemheld, Lutz（1990）*Integral Federalism, Model for Europe-a way towards a personal group society, Historical development, Philosophy, State, Economy, Society*, Frankfurt am Main: Peter Lang.
Vayssière, Bertrand（2007）*Vers une Europe fédérale? Les espoirs et les actions fédéralistes au sortir de la Seconde Guerre mondiale*, Bruxelles: P. I. E.-Peter Lang.
網谷龍介（2002）「ヨーロッパにおけるガヴァナンスの生成と民主政の困難——「調整」問題の視角から」『神戸法学雑誌』51（4）、1-39頁。
網谷龍介（2003）「EUにおける「市民社会」とガヴァナンス——「ヨーロッパ公共空間の

共有」は可能か？」『神戸法学雑誌』53(1)、33-67 頁。
網谷龍介（2018）「戦後ヨーロッパにはリベラル・デモクラシーが成立し、発展したのか？——現実に存在したデモクラシーの正当性原理とその変容をめぐる序論的考察」『国際関係学研究（津田塾大学）』45、1-16 頁。
板橋拓己（2016）『黒いヨーロッパ、ドイツにおけるキリスト教保守派の「西洋」主義、1925-1965 年』吉田書店。
上原良子（2000）「フランス社会党の欧州統合構想と欧州審議会」『西洋史学』198、23-43 頁。
遠藤乾（2003）「ポスト主権の政治思想——ヨーロッパ連合における補完性原理の可能性」『思想』945（「帝国・戦争・平和」特集）号、207-28 頁。
遠藤乾編（2008a）『ヨーロッパ統合史』名古屋大学出版会。
遠藤乾編（2008b）『【原典】ヨーロッパ統合史史料集』名古屋大学出版会。
中山洋平（2002）『戦後フランス政治の実験　第四共和制と「組織政党」1944-52 年』東京大学出版会。
八十田博人（2016）「反ファシスト政治犯収容所におけるエルネスト・ロッシの知的抵抗——「ヴェントテーネ宣言」執筆過程の理解のために」『共立国際研究』33、131-145 頁。

第 5 章
イタリアの行動党人脈
戦後イタリアのリベラル社会主義の可能性

八十田博人

1 イタリア共和制の生き証人としての行動党人脈

　行動党（Partito d'Azione）は、「正義と自由」（Giustizia e Libertà）などの反ファシスト抵抗運動の流れを引き、それに関わった人々が戦後イタリアの共和制を築いたレジスタンスの英雄として語られるような、一種神話的な存在である。第二次世界大戦中の 1942 年に結党し、戦後の共和制が始まる前年の 1947 年には解党した行動党は、その政党としての活動期間の短さにもかかわらず、戦後、各党・各派に散った人材にはイタリアの政治・外交・文化に少なからず影響力を持った者が少なくないことから、共和制の歴史的証人であると同時に、欧州統合の過程で戦後イタリアの発展を支えた存在としても語り継がれている。

近年まで見られた行動党人脈

　とはいえ、すでに戦後 70 余年、いかにイタリアで有名でも、ここでいきなり日本ではなじみの薄いイタリアの人名を幾つもあげても、読者を戸惑わせるだけだろう。しかし、すでに故人となったものの、まだ記憶に新しい 1990 年代、あるいは 2000 年代まで長命で活躍していた次の 3 人の人物を上げれば、このうちのひとりくらいは記憶している人は多いだろうし、行動党出身者の名声の理解の助けになるだろう。
　まず、邦訳[1])も数点ある政治思想史研究の権威ノルベルト・ボッビオ（Norberto Bobbio）。長くトリノ大学教授を務め、戦後はその功績により終身上院議員となった彼は、晩年はベルルスコーニの台頭にも警鐘を鳴らしていた。

青年期には反ファシスト活動で「正義と自由」の友人たちとともに逮捕され、いったんは大学での教職を守るために他の教授たちと同様にファシスト政権に恭順を誓う[2]ものの、1942年には創立間もない行動党のヴェネト州支部の立ち上げに参加している。以降は再び反ファシスト活動で逮捕されながら、解放後はトリノで反ファシスト運動家で歴史家のフランコ・ヴェントゥーリ[3]（Franco Venturi）が編集していた同地の行動党系雑誌に協力するなどして終戦を迎えている。

　次に、日本ではなじみが薄いが、晩年は左派のご意見番としてイタリアのメディアによく登場していた、最大労組 CGIL（イタリア労働総同盟）のかつての指導者ヴィットリオ・フォア（Vittorio Foà）がいる[4]。彼も「正義と自由」の活動で逮捕、収監されたが、解放後に行動党に加わり、本章で後に述べるウーゴ・ラ＝マルファ、アルティエーロ・スピネッリらと行動をともにしている。行動党から当選した数少ない制憲議会議員のひとりでもあった彼は、文字通り「イタリア共和制の父」のひとりである。戦後は左派系労組の労働運動を指揮し、中道右派政権の経済計画に対抗した「労働プラン」の主唱者であり、下院議員や上院議員にもなった。行動党解党後、社会党、プロレタリア統一党、プロレタリア民主党、共産党、左翼民主党、左翼民主主義者、民主党と渡り歩いてきた彼の政党遍歴はイタリア左翼史そのものである。

　そして、日本でもその名はよく知られているものの、行動党に関わっていたことはあまり知られていない人物として、1993年にイタリア銀行総裁から非議員のまま、首相に就任し、財政危機を収拾し、1996年に発足した「オリーヴの木」中道・左派政権では国庫・予算相としてユーロ導入を成功させ、1999年には大統領になったカルロ・アゼリオ・チャンピ（Carlo Azeglio Ciampi）がいる。大戦時はまだ若かったチャンピの行動党への関与は、出身地リヴォルノの地方支部立ち上げなどだが、ピサ高等師範学校での師で行動党に参加したリベラル社会主義の哲学者グイド・カロジェーロ（Guido Calogero）に随ってドイツ軍の監視下を脱出し、その行程で友人の何人かを失ったことを回想している[5]。チャンピは、行動党解党後は、いかなる政党にも加入していないが、彼がイタリア銀行の平行員だった時期に加入していた労組は左派系

第 5 章　イタリアの行動党人脈

のCGILであり、世俗左派政党である共和党の指導者で歴史家でもあったジョヴァンニ・スパドリーニが編集していた評論誌『ヌオヴァ・アントロジーア』（*Nuova Antologia*）によく寄稿している。

このように、彼ら3人の戦後の活動も行動党の経験に結びつけられ、それによりその経歴がより高く評価されるという面があり、チャンピが左右両陣営から支持され1回目の投票で大統領に選ばれたことにも、それは多少とも影響していよう[6]。

さらに、今日では、戦後のイタリア共和制の原点を見つめなおすだけでなく、グローバリゼーションのもとで政策展開に苦しむ中道左派が、イデオロギー的にも国際的視野にも開かれた行動党人脈に左派再生のヒントを得ようとする傾向もある。例えば、少年期から共産党活動に加わり、ピオニールの一員としてトリアッティ書記長の前で作文を読んだこともあるマッシモ・ダレーマ（Massimo D'Alema）は、旧共産党出身者で首相（任期：1998‒1999年）となった唯一の人物であるが、上述したボッビオ、フォア、チャンピの3人を今日の左派が依拠する存在として挙げている。このうち、フォアだけは、上述のように、社会党から新左翼系政党に移り、旧共産党およびその後継政党である左翼民主党（PDS）や旧キリスト教民主党左派系との合同である現在の民主党（PD）に加わっているものの、この3人のキャリアは基本的に非共産党系の時期が長いことが興味深い。

行動党の歴史的評価

上述の3人のうち最も若く（1920年生まれ）、20代前半に行動党に入党したチャンピも2016年に95歳で亡くなった今、行動党の生き証人はほとんどいなくなり、完全に歴史の中の存在となった。行動党とそれに関わった人々の戦後史は、イタリアのレジスタンス研究、戦後史研究でも特に多くの研究者に好まれるテーマであり、すでにデ=ルーナによる浩瀚な党史（De Luna 2006）も存在するが、21世紀になっても行動党への関心は続いている。新たに編まれた重要文書のアンソロジー（Lussu *et al.* 2014）も発刊されたほか、個別研究は各地域ごとの党活動（Cisotto 2011; 2014）に及び、また、これまであ

まり注目されてこなかった女性の政治参加（Merz 2013）など個別テーマでも研究は続いている。

そうしたイタリア人たちのこだわりから少し距離を置いて見ると、戦後史の中心となるキリスト教民主党（DC）、社会党（PSI）、共産党（PCI）の三大政党に比べ、行動党は極端に規模が小さく活動期間が短いのに、その影響力が過大評価されてはいないか、その人材の戦後の活躍をすでに名声が確立したレジスタンス期や戦後初期の活動に安易に連結していないかという疑念も感じてしまう。ただ、こうした疑いは逆に、仮に行動党の評価にいささかの誇張があるとしても、それによりイタリア人が自国の戦後史について何を語りたいかということにわれわれの注意を向けさせてくれるものである。戦後の経済成長に成功したが、他国と比較しても目立ったテロや汚職など社会不安も伴ったイタリア「第一共和制」の中で、特異な影響力を持ちえた、しかし多数派とならなかった政治思潮とはどんなものであったか、という問いである。その中には、上述のように、むしろ冷戦後の1990年代以降に再評価されうるものが少なくなかったという事実がある。

とはいえ、行動党に関わった人々の思想的な幅は広く、この章では、行動党のリベラル社会主義（socialismo liberale）的な思想を出発点として、戦後の行動党解党後に戦後政治の重要人物ともなった共和党のウーゴ・ラ=マルファ（Ugo La Malfa）と、社会党のリッカルド・ロンバルディ（Riccardo Lombardi）の2人の、欧州統合を見すえた「計画」の政治に、行動党に始まるリベラル社会主義的な発想を見出せるか、という問題[7]を考察する。

2 行動党の思想的来歴

まず、議論の前提として、行動党の思想的な来歴について、その概略を記しておきたい。

ゴベッティとロッセッリ

行動党の思想的な淵源としては、「リベラル革命」（revoluzione liberale）のピ

エロ・ゴベッティ（Piero Gobetti）と「リベラル社会主義」（socialismo liberale）のカルロ・ロッセッリ（Carlo Rosselli）という2人の著名な思想家がいる。どちらも「リベラル（リベラーレ）」（liberale）つまり「自由（主義）的」という形容詞がついているが、バニョーリによれば、これらは政治思想上の「自由主義」（liberalismo）に由来するのではなく、自由（libertà）そのものに依るのだという（Bagnoli 2016, p. 81）。「自由」という語に持たせた両者のニュアンスも異なり、ロシア革命の影響を受けたゴベッティの「リベラル革命」は限りなく共産主義に近づくものであり、一方、ロッセッリにはむしろ「自由」と「共産主義」の両立はありえないからこその「リベラル社会主義」という認識があった。

ゴベッティの「リベラル革命」は、1922年にトリノで発刊された雑誌名でもあるが、そのマニフェストでゴベッティが示した路線は、ロシア革命を踏まえ、リソルジメント以降、統一後のイタリアの政治発展を反省し、労働者、人民を率いる新しい政治階級の成立を目指したものであった。

一方、もともと統一社会党（PSU）の出身で、歴史家、ジャーナリストであったロッセッリの思想は、彼の著書『リベラル社会主義』に詳述されているが、その目標は社会主義の実現であっても、そこにたどり着く手段は自由（主義）的（リベラル）でなければならないというものである[8]。この不思議な混淆には、フェビアン協会以来のイギリス労働党の影響のほか、マッツィーニ、ピザカーネなどリソルジメント期の思想家の共和主義や連邦主義、そしてアナキスト的伝統の影響が見られる。後に行動党に参加する人物にも、この両方の色合いの思想があったというべきだろう。

「正義と自由」

反ファシスト運動組織として名高い「正義と自由」には、いわば左派における自由主義を模索する様々の主張が入りうるものとなった。それには、単にイデオロギー的な志向のみでなく、実際の政治活動としての経験も影響していたと考えられる。つまり、行動党参加者たちの多くが、保守的な自由主義者にはもちろん、共産党にも、社会党にも同調できなかったのは、自由主

義者がファシズムを阻止できず、社会党がマッテオッティ事件に見られるようにファシスト政権の敵手と見なされ、弾圧された苦い経験があったからでもあろう。

ロッセッリは、エミリオ・ルッス（Emilio Lussu）やアルベルト・タルキアーニ[9]（Alberto Tarchiani）とともに1929年、亡命先のパリで反ファシスト運動組織「正義と自由」を創立した。このうち、ルッスは第一次世界大戦の従軍経験で知られた英雄であり、復員軍人を中心とする改革派政党「サルデーニャ行動党」（Partito sardo d'Azione）を組織し、1921年に下院議員になっていたが、反ファシスト政治犯としてロッセッリとともに収容されたリーパリ島から脱走して、フランスに亡命していた。ロッセッリはしかし、亡命先で弟のネッロとともにファシスト官憲に暗殺される。

行動党の創設と「7項目」

行動党は1942年6月、共和主義者のフェデリコ・コマンディーニ（Federico Comandini）のローマの自宅で秘密裏に発足した。この場に立ち会った人々の中に、ラ＝マルファやカロジェーロがいるが、創立時の書記長はレオ・ヴァリアーニ（Leo Valiani）である。党名は、リソルジメント期にマッツィーニが創立した同名の政党（1853 - 1867年）から取ったものであり、いわばファシズム後の「2度目のリソルジメント」を意識したものである。

党内には発足時から、「正義と自由」に参加した活動家に限らず、非共産系左派、リベラルの様々な潮流の人々が混じっており、ラ＝マルファや法学者のピエロ・カラマンドレイ（Piero Calamandrei）のようにやや右寄りの自由民主主義者、ルイジ・サルヴァトレッリ（Luigi Salvatorelli）、アドルフォ・オモデオ（Adolfo Omodeo）のような急進主義者、カロジェーロ、ボッビオのようなリベラル社会主義者などが混じっていた。参加者はファシストやナチとの内戦が北部で続く中で各地に支部を作っていく。

結党に先立って、ミラノでラ＝マルファらがまとめた党の綱領的なものとして「7綱目」（sette punti）がある。それは、機関紙『解放イタリア』（*Italia Libera*）の1943年1月1日付に掲載されたもので、①議会制共和国の樹立、

②地方分権、③大企業の国有化、④農業改革、⑤自由な労組、⑥政教分離、⑦民主主義国による欧州連邦、の7綱目からなる政策提案であり、とりわけ⑦が、この時代の他の政党には見られない、画期的なものである（De Luna 2006, p. 40）。

この7綱目の補足説明を読むと、意外なことに、組合の役割を「生産過程における協働と責任」としていて、共産党や社会党のような伝統的左派政党よりも階級闘争的な色彩は少ない。ただし、これは、デ゠ルーナにしたがえば、必ずしも労働者軽視でなく、経営に民主的に参加し、決定に関わるほうが本質的な労働問題の解決につながるという認識があると考えられる。しかし、こうした観点は、1922年に労働者が誓った革命的な決意が現れておらず、労働者の位置づけが弱いと、リベラル社会主義者のカロジェーロやまだ収容所内にいた党員たちから批判を受けた。そこで同年4月に『解放イタリア』に掲載された補足論文では、決して安易に政府や議会の保守派の補完勢力になることを意図するものではないということが明記された（De Luna 2006, pp. 41-42）。

一方で、上述の補足論文で明らかになるのが、クローチェに代表される自由主義勢力との決別である。この補足論文は、行動党がファシズム、君主制、経済的独占を忌避すると同時に、「言論や投票の自由は、餓死する自由とともにあるわけではない」と、「自由」といっても、社会問題に冷たいような保守主義や自由主義には与さないとしていた。これは自由主義一般を忌避するものではないが、自由主義にそうした弱者軽視の傾向を見るものであり、反ファシスト勢力の重鎮として自由主義者をまとめていた哲学者のベネデット・クローチェを激怒させたため、党員を説明に向かわせている（De Luna 2006, pp. 42-43）。説明を受けたクローチェからは、『解放イタリア』掲載用にコメントの原稿を受け取ったものの、これを預かった党員が警察に逮捕されたため、ついに掲載されずに終わった。このような経緯もあり、自由主義勢力との連携が絶たれた行動党は、自由主義よりもラディカルな位置取りをせざるをえなくなった。

こうした行動党の政策目標の背景にどのような世界観があったかについて、

かつてゴベッティの協力者であり、「正義と自由」と行動党を経て、戦後は在野の人権活動家となったリッカルド・バウエル（Riccardo Bauer）は、論文「行動党と社会主義」で以下のように述べている。行動党は何よりもまず、革命的政党である。ファシズムも革命的な性格を持っていたが、行動党のそれは欧州各国と共通の歴史に根ざすものである。それは 19 世紀的な政治的自由（libertà politica）に根ざすが、これと社会的救済（redenzione sociale）が両立しなければいけない。ここでいう「救済」（redenzione）という言葉には、解放、権利の回復というニュアンスがあり、まさに反ファシスト闘争が革命の文脈で語られているだけでなく、行動党はリソルジメントの歴史的経験に根ざした政党であって、マルクス主義政党ではない、ときっぱり述べている（Bandi 1943/2014）。

ファシストとの内戦

ムッソリーニが 1943 年 7 月に失脚すると、亡命先や政治犯収容所から、「正義と自由」の活動家などが行動党に多く流入してくる。その中には上述のエミリオ・ルッスのほか、ヴェントテーネ島から解放されたエルネスト・ロッシ（Ernesto Rossi）もいた。ロッシは欧州連邦主義者のスピネッリ（Altiero Spinelli）と同じ収容所にいた、「ヴェントテーネ宣言」起草の協力者である。

しかし、この時期のイタリアはレジスタンス勢力とファシスト残存勢力との内戦期であり、行動党の初期の活動としては、ファシスト・ナチ支配地域での蜂起や解放のためのレジスタンス武装闘争が重要だった。たとえば、当時「正義と自由」の活動家だったフェルルッチョ・パッリ（Ferruccio Parri）は、共産党のルイジ・ロンゴ（Luigi Longo）とともに、1944 年 11 月に結成されたラッファエーレ・カドルナ（Raffaele Cadorna）将軍が率いるレジスタンス勢力の解放義勇軍（Corpo Volontari della Libertà）の副司令官となり、ナチスに捕えられ、後に解放された。1945 年 4 月 25 日のドイツ軍からのイタリア解放、つまり今日「解放記念日」として祝われる日までレジスタンスの武装闘争は続くが、この日の午後、レジスタンス勢力を代表してムッソリーニと会見した活動家のなかに、行動党員となっていたリッカルド・ロンバルディがいた。

彼は翌日にミラノ県知事（行政の中心であるミラノ市長は社会党が取り、県知事は県全体の警察等を管轄）になる。

国民解放委員会政権への参加

同年6月には反ファシスト6政党による国民解放委員会（CLN）主体の内閣が成立し、行動党のパッリが首相となった。首相のパッリが内相、イタリア領アフリカ相を兼任したほかに、行動党からラ＝マルファが運輸相、ルッスが戦後支援相として入閣する。この内閣はパッリを首班とすることで、それまでのボノーミ（労働民主党）を首班とする内閣でも続いていたキリスト教民主党（DC、デ＝ガスペリ外相）、社会党（ネンニ制憲議会担当相）、共産党（トリアッティ法相）の三大政党間のバランスを図ったものである。

しかし、パッリは同年11月には自由主義者（当時はまだ自由党としてまとまっていない）とDCによる批判を受けて退陣に追い込まれる。この動きはパッリにとっては不満で、自由主義者とDCによる「クーデタ」だと批判した。それでも、行動党は連立政権から離脱はせず、12月に成立したDCのデ＝ガスペリ首班の政権には、ルッスが無任所相、ロンバルディが運輸相、ラ＝マルファが復興相（後に通商相）として入閣するが、その連立内での影響力は低下していった。

行動党の文化的活力

行動党は戦後初期の出版文化においても目立った存在である。作家エリオ・ヴィットリーニ（Elio Vittorini）の『イル・ポリテクニコ』（*Il Politecnico*）、ベヴィラックア神父（padre Bevilacqua）の『フマニタス』（*Humanitas*）、アドルフォ・オモデオの『アクロポリ』（*Acropoli*）、ルイジ・サルヴァトレッリ、グイド・デ＝ルッジェーロ（Guido De Ruggiero）、ピエトロ・パンクラーツィ（Pietro Pancrazi）の『ヌオヴァ・エウローパ（新ヨーロッパ）』（*Nuova Europa*）、マリオ・パッジ（Mario Paggi）、ガエターノ・バルダッチ（Gaetano Baldacci）の『ロ・スタート・モデルノ（近代国家）』（*Lo Stato moderno*）などは、いずれも行動党周辺のものであった（Novacco 2000, p. 66）。

これらは、その後の『イル・ポンテ（橋）』(*Il Ponte*)、『イル・モンド（世界）』(*Il Mondo*) といった世俗左翼文化領域の雑誌に影響している。

制憲議会での活動

1946年の制憲議会選挙（総議席数556議席）は、イタリアで初めて女性参政権が認められた選挙であったが、DC（得票率35.2％、207議席）、社会党（得票率20.7％、115議席）、共産党（得票率18.9％、104議席）が三大政党としての地歩を固めるなかで、行動党は大衆政党としての基盤を欠き、多党乱立のあおりもあって、得票率1.4％、7議席にとどまった。それでも、制憲議会で、行動党の議員たちは南部問題などについて活発に議論している。

この議会で左右両勢力が特に明確に対立した争点は、憲法に経済政策計画化条項を入れるか否かであったが、行動党は共産党や社会党と同様、計画化に賛成している。しかし、行動党が論点が重なりがちな伝統的な左派政党のなかで埋没しなかったのはなぜだろうか。

デ＝ルーナによれば、行動党がこれら伝統的な左派政党と大きく異なる点は、中産階級の位置づけである。知識人も多い行動党のなかでは、中産階級がプロレタリアート化することは、むしろファシズムの危険性を高めると考えていた。確かに中産階級には、ファシズムを止められなかった責任はある。しかし、専門技能を持った人たちは市民社会の分裂や過度の一体化を防ぐうえで積極的な役割を果たせる人たちである。行動党は中産階級がむしろ「前衛」としての役割を果たしうることが、労働者の権利保護と矛盾しないという可能性を常に議論していた（De Luna 2006, p. 219-229）。とはいえ、この点は、もっと労働者の役割を重視する立場から党内批判も多く、常に論争的なテーマでもあった。

党内の路線的対立も深まった1947年8月の行動党の解党後、ラ・マルファやパッリは共和党、ルッスやロンバルディは社会党に移った。

3　行動党に加わった人々の知的基盤と路戦対立

　行動党は様々な政治主張が流入しており、行動党史を書いたデ゠ルーナも統合的なアイディアがまとまらなかったことを、その特徴としている。また、同時代においても、有為の人物が揃っているのに大衆的な基盤を欠く「兵卒なしの将軍たち」の政党という評があった。そもそも、行動党に加入する前の彼らの知的基盤も様々である。ここで、この章で注目する2人のファシズム政権下での思想形成を見よう。

ラ゠マルファの知的基盤

　たとえば、戦後、共和党の指導者として重要閣僚を歴任するラ゠マルファは、シチリアのブルジョワ家庭出身であるが、国際的な学風だったヴェネツィア大学に学んでいる。特に影響を受けたのが、法学者のシルヴィオ・トレンティン (Silvio Trentin) と経済史学者のジーノ・ルッツァット (Gino Luzzatto) であった (Cook 1999, pp. 19-28)。ルッツアットは自身を歴史家のガエターノ・サルヴェーミニ (Gaetano Salvemini) とも親しい社会主義者と考えていたが、当時の左派の多くが「ブルジョワ政治」と見ていたイギリスの議会政治を民主主義の理想とし、連邦主義者でもあった。

　彼の影響もあって、ラ゠マルファは、民主的な政府による国家管理こそが独占の弊害を廃するもので、また権力の集中を避けるためには連邦主義が必要だと考えるようになる。これには、当時のアメリカのニューディール政策や、イギリス労働党、スウェーデン社会民主労働党などの影響も見られる。ラ゠マルファは兵役終了後、多くの反ファシスト知識人たちが隠れ蓑としたトレッカーニ百科事典の編集部に入り、その後、国際業務に強いイタリア商業銀行の調査役になった。銀行時代に彼が接した人々は、経済・財政・金融の専門知識を持った当時の一流の人物たちであり、表向きはムッソリーニに恭順を示しながら反ファシストを信条とする同銀行頭取のラッファエーレ・マッティオーリ[10] (Raffaele Mattioli) の自宅に集った人々には、後に自由党の指

導者となるジョヴァンニ・マラゴーディ（Giovanni Malagodi）、戦後にメディオバンカ総裁としてイタリア金融界のドンとなるエンリコ・クッチャ（Enrico Cuccia）、経済学者で戦後に共和国大統領となるルイージ・エイナウディ（Luigi Einaudi）、経済学者のピエロ・ズラッファ（Piero Sraffa）、詩人で終身上院議員になるエウジェーニオ・モンターレ（Eugenio Montale）ら戦後イタリアの指導者となる人々がいた（Pasquinucci 2001, pp. 174-175）。これは彼が戦後、小党である共和党の指導者でありながら経済閣僚で要職を占めることができる知的・人的基盤となっただろう。

　ローマに移ったラ＝マルファは、ジョヴァンニ・アメンドラ（Giovanni Amendola）が指揮する国民民主連合（Unione democratica nazionale）に参加し、反ファシズムに傾倒していく（Pasquinucci 2001, pp. 172-173）。行動党創立の中核になった人物には、ローマにいたステーファノ・シリエンティ（Stefano Siglienti）、ブルーノ・ヴィゼンティーニ（Bruno Visentini）、セルジョ・フェノアルテア[11]（Sergio Fenoaltea）のほか、リベラル社会主義者のカロジェーロ、アルド・カピターニ（Aldo Capitani）らのほか、ミラノの「正義と自由」支部や自由民主連合に参加していたアドルフォ・オモデオ、グイド・デ＝ルッジェーロ（Guido De Riggiero）、ルイジ・サルヴァトレッリがいるが、彼らと知り合っていたラ＝マルファ自身の交友関係も行動党の創設には大きく貢献している。後にラ＝マルファとともに共和党幹部となるオロンツォ・レアーレ（Oronzo Reale）はすでに共和主義者として活動していたし、ラ＝マルファがパドヴァやヴェネツィアで知り合った知識人たちのなかに、上述のルッツァットやボッビオのほか、エジディオ・メネゲッティ（Egidio Meneghetti）らがいた。特にミラノ支部の創設にラ＝マルファは決定的な影響を与え、上述のパッリのほか、マリオ・アンドレイス（Mario Andreis）、マリオ・ヴェンチグェッラ（Mario Venciguerra）らとともにミラノで書いたのが、上述の行動党の綱領的な「7綱目」である（Pasquinucci 2001, pp. 172-173）。

ロンバルディの知的基盤

　一方、後に社会党の指導者になるリッカルド・ロンバルディが最初に加入

した政党は、カトリック政党でキリスト教民主党（DC）の前身にあたる人民党（Partito popolare）である。しかし、カトリックの連帯主義に親しみながら、社会主義文献から学んだ階級闘争の必要性を認めたことが彼のカトリック勢力からの離反をもたらす。

　ファシスト期のパルチザン闘争では共産党員とも協力しながら、ついに入党することのなかったロンバルディは、ケインズやシュンペーターを読み、アメリカのニュー・ディールやソ連の5カ年計画に注目しつつも、ソ連の政治思潮のなかで注目したのはトロツキー主義だった。そうした彼には、正統的なマルクス主義よりも、「正義と自由」のいう、産業の「社会化」(socializzazione)という考え方のほうが馴染みやすかったのである（Mafai 2009, pp. 20-26）。当時の文脈でいう「社会化」とは、官僚的な社会主義でなく、民間の活力を生かしながら、労働者の自主管理を促すものである。このロンバルディの修正マルクス主義を、彼の伝記の著者マファイは、「マルクスよりデ＝マン寄り、これにゴベッティとトロツキーを足した」ものだという（Mafai 2009, pp. 26）。

戦後の路線対立

　行動党内部の路線対立が激しくなるのは、共通の敵であるファシスト政権が崩壊し、反ファシスト6政党による連立政権内の協議で数々の妥協にさらされてからであった。

　ラ＝マルファが戦後の行動党内の政策論争で強調したのは、世俗性、近代化、中間層への配慮だった。ラ＝マルファは、民主的な政府による計画化を望み、1944年当時、マルクス主義の影響が強かった社会党を評して、「ネンニの社会党よりもフランスのド＝ゴール主義のほうが階級的、マルクス主義的でないという点ではわれわれ行動党により近い」と述べるまでになっていた（La Malfa 1944/2014）。「民主化を実現したいと望む」労働者階級を党員とする行動党は、誰でも入れる「大衆政党にはなりえない」とさえ述べている。ラ＝マルファには、アメリカのニューディール政策、イギリスとスウェーデンの社会民主勢力の経験に裏づけられた西側の豊かな経験にこそ学ぶべきで、それで十分であるという思いがあった。

しかし、こうしたラ゠マルファと、南部問題などより左派的なテーマを重視する社会主義者たちとの溝は深まっていった。党内の路線対立が決定的になったのは、1946 年 2 月のローマでの党大会である。党内でルッスらの社会主義者が優位となるなかで、党内の「自由民主主義」派のラ゠マルファとパッリは離党した。しかし、社会主義者の間でも、非マルクス主義者のルッスやトリスターノ・コディニョーラ（Tristano Codignola）らと、マルクス主義者のフランチェスコ・デ゠マルティーノ（Francesco De Martino）らの間で路線の違いはあった。とはいっても、行動党内の社会主義者たちは、ファシストに敗北した社会党とは別の路線を模索していた。それに対し、ラ゠マルファは戦後の西側陣営に属する進歩派政党を模索する。

　一方、1947 年、前年に分裂した行動党の書記長になっていたロンバルディは労働総同盟に宛てた公開書簡で経済計画化を提案している。また行動党解党、社会党入党後の 1948 年末には労働総同盟が提案した「労働プラン」を熱心に支持した。

　イタリアの近代化のためにある種の計画化を支持するという点では、ラ゠マルファとロンバルディには共通点が見られる。もし違いがあるとすれば、それは重点の置き方で、社会改革を見据えながらも国家財政・マクロ経済のほうからアプローチするのがラ゠マルファであり、労働のほうからアプローチするのがロンバルディといえるかもしれない。

可能性としての欧州連邦主義

　この時点ではラ゠マルファやロンバルディと強く結びついてはいないが、やはり行動党人脈に関わる流れとして、欧州連邦主義思想が現れた歴史的文書として著名な「ヴェントテーネ宣言」（Manifesto di Ventotene）がある。反ファシスト政治犯収容所のあったヴェントテーネ島でアルティエーロ・スピネッリを中心に、「正義と自由」の活動家だったエルネスト・ロッシ、エウジェーニオ・コロルニが協力して作成されたこの文書は、密かに本土に持ち込まれ、レジスタンス活動家の間で回覧された。解放後、彼らが結成した活動組織「欧州連邦主義者運動」（Movimento federalista europeo, MFE）は同様の欧州

各国の組織と連携し、全欧的組織の「欧州連邦主義同盟」（L'Union des fédéralistes européens, UEF）となり、戦後の欧州統合を率いる存在となる。

　ヴェントテーネ宣言が訴える、戦後の欧州の再建は戦争を導いた国民国家体制の復活やそれを支えた従来のイデオロギーに基づく政党ではありえず、「新しい人々」である市民が自発的な意思で国境を越えて協力する欧州連邦の建設でしかありえないという強いメッセージは、この時代に大きな説得力を持った。

　ヴェントテーネ宣言はこの時代の欧州統合思想を特によく表現した文書として、今日でもその国際的名声は高い。英語で書かれた戦後の通史ですらこれに言及し[12]、イタリアにおいては、スピネッリその人とも親交のあったジョルジョ・ナポリターノ（Giorgio Napolitano）大統領（任期：2006－2014）が就任直後の国内遊説先にヴェントテーネ島を選び、EU各国首脳を招いて2007年3月にローマで行われたローマ条約締結50周年記念式典のスピーチにおいても、イタリアの欧州主義を代表する人物としてデ＝ガスペリと並びスピネッリの名前を上げるほど、その評価は定まっている。

　しかし、スピネッリらの活動を同時代のイタリア国内政治の文脈に置いてみると、その影響力はかなり微妙で、一時籍を置いたとしても、彼とロッシの行動党での活動もそれほど目を見張るものではない。ただし、彼らの活動と行動党を結びつける根拠としては、行動党の綱領7綱目のひとつに欧州連邦主義の考えが盛り込まれており、彼らの影響は証明されうる。ただ、それだけをもって行動党が欧州連邦主義に前向きだったとはいえないのではないかと問うことは十分に可能である。

　実際、行動党が結成される少し前、1941年7月にヴェントテーネ宣言は起草されたが、ヴェントテーネ島でスピネッリとともに行動したロッシは「正義と自由」の活動家であったにもかかわらず、収容所内の「正義と自由」の他の活動家からは賛同は得られず、むしろ批判され、党派ごとに分かれた食堂を別にしている[13]。もとより、「正義と自由」の活動家すべてが行動党に直結するわけではないが、いわば行動党の起源となる政治勢力の中でも欧州連邦主義的な要素が必ずしも重視されていたわけではないとはいえるだろう。

また、収容所から解放後にファシストやナチとの内戦が続く北部イタリアからスイスに一時逃れたスピネッリやロッシが同地に亡命していた社会党の活動家たちに自分たちの欧州統合思想を売り込んだときも、同地の社会党の中心人物だったシローネやサラガトからは、1934 年以降の共産党との統一行動を重視し、まずは戦後の復興を第一に考えるべきだとし、欧州統合はやや迂遠な思想として退けられている（Graglia 1996, pp. 109-117）。むしろ、こうした経験が、社会党に比べ未知数であっても、彼らがヴェントテーネに収容中にレジスタンス政党として結成されていた行動党に欧州連邦主義の提唱を期待する経緯となっているのである。
　しかも、スピネッリやロッシは行動党で枢要な地位にはつけなかった。これには、2 人が若くして政治犯としてとらえられ、収容生活が長く、ルッスのようなファシズム期以前の政治経験もラ＝マルファのような実務経験や人脈もなかったことも大きく影響しているだろう。1946 年の制憲議会選挙の行動党の名簿にもスピネッリの名前はローマ選挙区に現れるが、当選は覚束ないほどの下位である。行動党解党後、ロッシは急進党（Partito radicale）の結党で中心的な存在となり、スピネッリは社会党のネンニ外相の顧問となった後、EC 委員となり、ベルリングェル書記長の時代に共産党の比例代表名簿内の独立左派[14]としてイタリア下院、欧州議会で議席を占めるようになっていく。

4　ロンバルディ——リベラルな労働者主導の「計画」

　スピネッリやロッシ以外の行動党出身者の戦後の政治活動にも欧州統合への貢献を見出すことは難しくないとしても、それを行動党の知的伝統として語りうるだろうか。個人の知的・政治的成長や変化を考えれば、むしろ行動党の文脈で語ることは難しいはずであるが、それが可能と考えられ、なぜそのように語りうるかということを考えることは、戦後イタリア政治のひとつの知的水脈を見極めることになるであろう。以下では、ロンバルディとラ＝マルファの戦後の活動とそれを支えた思想に注目したい。

第5章　イタリアの行動党人脈

戦後の社会党の党内論争

　1947年に社会党に入党したロンバルディは、上述のフォアなどとともに、当時は党内の多数派だった「中央派」（centristi）に属し、1948年の党大会で同派のアルベルト・ジャコメッティ（Alberto Giacometti）が書記長に選出された後に、機関紙『アヴァンティ』（Avanti!）の編集長となるが、次第に党内ではその論争的な姿勢が知られるようになり、左派のロドルフォ・モランディ（Rodolfo Morandi）から、マルクス主義を「階級に鈍感」で「ロッセッリのリベラル社会主義を復活させた」「『正義と自由』のイデオロギー的知見で取り換え」ようとする「知識人的スノビズム」と批判されたこともある（Mafai 2009, pp. 59-60）。

　この2人の論争は、同年に行われた共和制下初の総選挙でDCが社共両党の人民戦線に圧勝した結果を踏まえた社会党の国際的な位置をめぐるもので、共産党との共闘を社会党の自律に優先させるモランディと、社会党は国際的にも独自の位置を取りうるとするロンバルディの対立によるものだった。しかし、翌年の党大会ではモランディ派がロンバルディ派に勝ち、新たにモランディ派が担いだピエトロ・ネンニ（Pietro Nenni）が書記長となり、以後しばらくロンバルディは党の要職から外れることとなった。

「革命的改革」のための「指令ボタンの部屋」

　ロンバルディは、1949年に始まった、共産党員も参加する左派の国際平和運動「平和のパルチザン」のイタリアにおける主要メンバーでもあった。しかし、ロンバルディは、1956年のハンガリー事件直後に雑誌『イル・モンド』（Il Mondo）のインタビューで、DCとの中道・左派政権を構想するなかで、マルクス主義者のいうように国家を外部からの革命的暴力で崩壊させるのでなく、独占的大企業を管理し、あるいはそれに抵抗する効果的な拠点を国家の内側に作ることが社会党の採るべき「革命的改革」であるとし、これはすでにDCと連立を組んでいた社会民主党（PSDI）のいう福祉国家路線とも違うとしている（Mafai 2009, pp. 62-63）。それは、むしろ中道左派政権の成立に

よりイタリア経済の近代化が図れると期待するものだった。

　社会党が参画するのは、フィアットやモンテカティーニのような私企業でなく、イタリア官民経済全体を仕切っている国家や公企業の指揮系統であるとした「指令ボタンの部屋」（stanze dei bottoni）説も、ロンバルディによる現実的な政策提示だった（Mafai 2009, p. 72）。これは当然、国家による経済計画を前提としている。これには、それまでの経済理論の知識だけでなく、戦後ドイツの経済成長と共同決定制度という現実があった。遅れたイタリアでは、フィアットなど私企業の芽を摘むことなく、しかし労働者の参加による国家管理が必要だという認識である。

欧州経済共同体をめぐる社会党の路線転換

　したがって、このようなロンバルディの議論を見れば、社会党と共産党が初めて袂を分かった欧州経済共同体（EEC）設立条約（ローマ条約）への賛否が、欧州統合へのヴィジョンを重視したものか、共産党との離反の手段として利用されたものかの解釈は難しいものの、少なくとも単に政党間関係だけにより戦略的に投票行動を決めたものとは思えないのである。ただし、これと前後してロンバルディは「平和のパルチザン」からは脱退している。

　かつてはソ連寄りでスターリン平和賞も受賞（後に返上）したネンニがハンガリー事件を契機に社会党の国際政策を転換し、DCとの対話を模索し始める時点で、フォアとともにロンバルディは社会党の執行部に入る。下院のローマ条約批准特別委員会では、共産党が欧州経済共同体と欧州原子力共同体（EAEC, Euratom）両方への参加に反対したのに対し、フォアとロンバルディは社会党を代表し、前者に棄権（議決への影響では結果的に消極的支持となる）、後者に賛成の動議を提出する。

　ロンバルディが党中央委員会で説明した社会党の行動原理は以下のようなものであった（Cruciani 2007, pp. 199-207）。社会党は、市場に調整を任せる自由貿易主義的（liberista）経済を志向する単なる関税同盟には反対するが、各国共同の経済成長計画に基づき、商品・労働力・資本の自由な流通を安定化させる経済共同体には賛成する。これに対し、かつての行動党の盟友で社会

党内の左派に属したルッスは、中立を志向する社会党が、植民地をいまだ持ち続けている欧州諸国が作る共同体を支持することはふさわしくないとして反対した。しかし、最大左派労組の労働総同盟（CGIL）は、むしろ労組の国際協力も進むとして反対しなかった。

　社会党の下院本会議での議論を率いたのも、ロンバルディである。そこではEECはかつて挫折した欧州防衛共同体（EDC）のように東西欧州を分断するものだとする共産党の批判は封じながら、自由党のマラゴーディのいうEECは公的介入の除去につながるという論にも反対している。

　このように、中道・左派政権に向けて、社会党の国際経済政策の転換にロンバルディは大きく貢献した。ただ、長期的にみれば、中道左派政権の成立を容易にしたことで、DC中心の利権構造に社会党が組み込まれていくことにもつながっていく。

　後に社会党の得票率を戦後最大にまで伸長させ、戦後初の社会党出身の首相となるベッティーノ・クラクシ（Bettino Craxi）は、党内左右両派が拮抗するなかで、ロンバルディの支持を受けて1976年に党書記長に当選することができた。そのクラクシが1992年に発覚したイタリア共和制最大の汚職事件「タンジェントポリ」の捜査対象となり、逮捕許諾請求を議会で否決した後に、亡命先のチュニジアで客死したことや、社会党が事実上消滅したことは、1984年に死去したロンバルディの責任ではない。

5　ラ゠マルファ——自由民主主義の基礎としての「計画」

　ラ゠マルファの政治的キャリアの出発点は行動党であり、リソルジメント以来の長い歴史を持つ伝統的な共和主義を出発点としておらず、共和党に加入した後、自らの影響力で、もともとは左派色のかなり強かった共和党を自由民主主義的な世俗政党に変えた。これは彼が行動党で実現できなかったことを実現したのだと評する者もいる。一方、より批判的な見方としては、ラ゠マルファは行動党時代も、共和党時代も自分の政治主張を実現するために政党を利用したプラグマティストだったとする評価もある。いずれにしても、

そうした評価は、彼が共和党のリーダーとして参加したDCとの連立政権において、国際貿易相や予算相など経済分野の重要閣僚として政策立案にあたったことによるのかもしれない。もちろん、連立政権内では、様々な妥協も強いられてはいる。

　しかし、DCを率い、戦後のイタリア政治の基礎を作ったデ＝ガスペリとの関係は極めて良好だった。両者は国民解放委員会で知り合ったが、同委員会で当時最年長のデ＝ガスペリと最年少に近いラ＝マルファは、その世代差にかかわらず、相互に評価していた。その後、首相となったデ＝ガスペリは、予算相に自由党のエイナウディ、外相に共和党のスフォルツァを選んでいたが、彼らはファシズム以前の自由主義時代から活躍していた高齢の人物たちであり、ラ＝マルファを貿易相にしたのは、貿易自由化など新時代の経済政策で、より若い彼に期待するところがあったと考えられる。また、君主制支持者や大土地所有者の多い南部を、南部開発公庫を発足させ、国会介入政策で近代化させることも、北部出身者でカトリック勢力のなかではリベラルに近いデ＝ガスペリと、シチリア出身で南部の事情にも詳しいラ＝マルファの一致できる点であった（Di Capua 2003, pp. 29-30）。

イタリアの世俗左派ミリュー

　行動党出身者がよく寄稿した雑誌として、パンヌンツィオの雑誌『イル・モンド（世界）』（*Il Mondo*, 1949-1966）がある。この雑誌には、党派を超えて、ラ＝マルファ、スピネッリ、ロッシなどの行動党出身者が多く寄稿していた。この時代の世俗左派知識人社会を活写したエッセーとして知られるエウジェーニオ・スカルファリ（Eugenio Scalfari、左派系有力紙『レプッブリカ』創立者）の『夕方にはヴェネト通りに』には、当時のラ＝マルファについても多く述べられていて、当時スカルファリも、ラ＝マルファもアメリカのニューディール政策を見て、レッセフェールは時代遅れで、計画化こそが先端的な政策だと見ていたと書かれている（Scalfari 2009）。一方で、この雑誌に集う人々のなかには、共和党と同じく穏健左派でDCと連立していたサーラガトの社会民主党に期待する向きもあった。しかし、ラ＝マルファは、サーラガトのス

カンディナヴィア的な福祉国家を目指す路線には賛成できなかった（Di Capua 2003, pp. 30-31）。

戦後の世俗左派の研究で知られるパスクイヌッチは、ボッビオの回想を引きながら、ラ=マルファのような反ファシストの自由民主主義者たちの多くがイギリス贔屓であったことに注意を促している。そもそもイタリアのレジスタンスの知的原点といっていいロッセッリも、行動党にいたリベラル社会主義のカロージェロも、戦後は社会民主党に加入（後に離党）し、雑誌『イル・ポンテ（橋）』(Il Ponte) をフィレンツェで創刊した法学者のカラマンドレイも、みなイギリスの労働党の経験を高く評価していた。

「第三勢力」

ただし、DC のデ=ガスペリ政権のもとで経済閣僚をしていたラ=マルファは、1953 年に中道右派の連立政権から離れると、1962 年に DC との提携関係に戻るまでは、非 DC の世俗政党間の協力を重視した「第三勢力」(terza forza) の成長を目指すことになる。そこで想起されるのが、ニューディール政策やイギリス労働党の経験であり、南部など後進地域の開発や貧富の格差解消には国家による大規模な再分配の仕組みが不可欠であると考える。その仕組みを支えるのは、カトリック系、共産党系に限らない、多元的な社会集団間の民主的な競争と協調だとする（Pasquinucci 2001, pp. 177-179）。

このようなラ=マルファの考え方を実践する舞台としては、イタリア第三の労組で社会民主党や共和党に近いイタリア労働連合（UIL）のほかに、1950 年にベルリンで結成された「文化の自由のための会議」があった。これはアメリカ文化の影響を肯定的にとらえるヨーロッパ人たちの組織で、発起人にはカール・ヤスパース、バートランド・ラッセル、ベネデット・クローチェ、サルヴァトーレ・マダリアーガ、ジャック・マリタンらが名を連ねていた。1955 年にミラノで開かれた大会には、ヒュー・ゲイツケル、リチャード・クロスマン、デイヴィッド・ヒーリー（後の蔵相）、ロイ・ジェンキンス（後の EC 委員長）らのイギリス労働党および左派の新世代と、アーサー・シュレジンジャーやジョン・ケネス・ガルブレイスなどのアメリカのリベラル

知識人が参加していた。

　こうした新しい左派たちとの接触が、ラ゠マルファなどイタリア左派の非イデオロギー化を進めたことは間違いなく、よりプラグマティックな政策が志向されるようになる。これは、時期的にも、上述のロンバルディらによる社会党の路線転換と重なるものであった（Pasquinucci 2001, pp. 180-181）。ドイツの社民党のバート・ゴーデスベルク綱領が制定されるのは、この後である。

世俗左派の政策としての「計画」

　ラ゠マルファにとってみれば、ニューディールとイギリス型福祉国家こそが、最大限の自由と社会の連帯を両立する左派本来の勢力なのであり、シチリア出身の彼にとって常に課題であった南部問題もニューディール的な国家介入によって解決されるという見通しになる。そして、この時期に活動が始まる欧州経済共同体（EEC）も、南部問題の解決をそれに期待する形でとらえられるようになる。

　上述のロンバルディも、ラ゠マルファも電力国有化を支持していた。計画化重視はこの時代、DC のヴァノーニの「ヴァノーニ・プラン」にも表れていた主流の思想であり、電力自由化は来るべき 60 年代の中道・左派政権成立の基礎である。しかし、むしろ時代遅れの国有化実施後に起きるのが、「コスタ対エネル（Enel）事件」として知られる、イタリア国内法と EC 法の齟齬である。

　とはいえ、ローマ条約批准審議の中ではまだそのような EEC の持つ規制緩和による国内システムへの影響の側面はラ゠マルファや左派からは重視されていなかった、ラ゠マルファの議論はロンバルディとも違う形で、やはりブルジョワ共同体と批判する共産党と規制緩和に期待する自由党を批判していた。経済共同体は自由貿易を進めるが、必要な規制も行いうるものであるからこそ、支持できるという論旨である（Cruciani 2007, pp. 199-207）。

戦後イタリア経済の基本路線の確定

　ラ゠マルファは、DC の「左への開放」、つまり社会党の政権参加による中

道左派政権の成立を推す主要人物であったので、1962年に成立したDC左派のファンファーニ内閣では、予算・経済計画相として入閣した。この時期に彼がまとめたのが、開放経済下でイタリアの成長を図る戦後イタリア経済の基本路線を確定した文書といえる経済状況一般報告の「付属文書」である。ここでは、イタリアの経済成長が市場メカニズムに基づき、欧州経済共同体加入による国際的な開放経済のもとで進むことを期待し、輸出増進と後進地域への政府支出増加が必要だとされた（Mechi 2001, pp. 111-113）。

ただし、このイタリアにおいては市場経済任せではすべての問題が解決しないという考えに基づく、公企業を通じた政府介入の重視は中道左派政権の中核的な政策であった。ただ、同じ連立政権でも、社会党が労働者の決定への参加を重視していたのに対し、ラ＝マルファは、より自由な経済発展を民間と協力して進めていくという穏健なものであった。その意味で、これ以降のラ＝マルファの位置取りは極めて中道的で、親米的な国際主義となり、むしろ初期の革新性は失われ、イタリア混合経済を支える主流派となる。

また、同じく中道左派政権に期待したロンバルディとも路線はやや異なる。ロンバルディの「計画化」は労組など多くのアクターを決定に参加させることで、逆に政治的な予算分配の可能性を高めてしまう危険性がある。それに対し、ラ＝マルファの「計画」はより長期的な視点に立ち、議場での分配よりも将来に備えた構造改革を伴うものであった。

アメリカおよびスピネッリとの交流

ラ＝マルファが党首となってからの共和党は、非常に親米的になったといわれる。戦後初期はアメリカに亡命していたこともあるサーラガトの社会民主党がアメリカのCIAの支持も受けて、DCの補完勢力となることが期待されていた。しかし、経済政策ではむしろラ＝マルファのほうが自由主義的ともいえ、また知的にもアメリカとの関係を構築していくのである。

上述のシュレジンジャーなどのアメリカの知識人や、ジェンキンスなどのイギリス労働党の政治家などとともに、欧米関係を考えるシンポジウム等でラ＝マルファが交流を深めていたのが、スピネッリである。スピネッリは、

この後、ラ゠マルファ以上に、社会党のネンニや共産党のベルリングェルと交流を深めていくことになるが、当時はアメリカとの関係を深め、やがてフォード財団の援助でローマに国際問題研究所（IAI）を作る過程にあった。スピネッリは共産党出身だが、彼の統合理念にはアメリカの立憲主義の影響が大きく、対米人脈ではむしろラ゠マルファと重なるものが多い。

　後にスピネッリが EC 委員になったのは外相時代に顧問として助言したネンニの推しであるし、欧州議会議員となれたのは、ベルリングェルのおかげである。もちろん、ラ゠マルファの率いる共和党よりも、社会党や共産党のほうが影響力は大きく、特に中道・左派政権に入った社会党は連立与党で第 2 位の位置を占め、政策実行力も大きい。

　しかし、それは、社会党が欧州の社民勢力と共同歩調を取り、共産党が DC との「歴史的妥協」を説いたデタント時代の国際情勢を見たうえでの判断と思われる。ローマにおける左派政権成立の場合の市長候補もありえたスピネッリが共産党のリスト内で下院議員から欧州議会議員の道を選んだのは、欧州議会を制憲議会化するという目的のためであった。

　その改革姿勢に何かしら行動党的なものを見ることは不可能ではないが、スピネッリにはラ゠マルファ以上にプラグマティックな姿勢も感じられる。とはいえ、連邦主義的な統合理念という点では、おそらくネンニやベルリングェルよりも、ラ゠マルファのほうがスピネッリと共通する部分は多いし、相互の影響が感じられる。その共通の要素は、アメリカの連邦主義と立憲主義である。

6　戦後イタリアにとっての「計画」

　民主的な政府が行う、国家による計画化こそが独占を廃し、中間層や労働者に配慮しつつ、イタリア社会の近代化を進めるという戦後の行動党出身たちの認識は、今日のグローバル化された国際政治経済の中では理解しがたいかもしれない。しかし、一方にナチスの国家統制、一方にスターリニズムを目の当たりにしていた戦中・戦後のヨーロッパにおいては、戦後の社会改

第 5 章　イタリアの行動党人脈

革が、それまでのレッセフェールでも国家統制でもない新しい形のものでなければならないと考えられたことは十分想像可能である。

　ただ、ラ＝マルファのような「計画」の視点が、いずれ時代遅れになっていくのも、やむをえないことであった。その見通しが大きく外れた例にカラーテレビの導入に強く反対したことがある。欧州ではフランスとドイツが標準規格を争い、アメリカ（1953 年）にやや遅れてカラーテレビの放送を開始（1966 年）したが、当時は放送事業は公企業であったので、その政策は連立政権が決めた。ラ＝マルファは最も強硬にカラーテレビ導入に反対し、連立離脱も辞さない勢いであった。ラ＝マルファによれば、イタリアはまだカラーテレビを生産する力も消費する余裕もないので放送は時期尚早ということになり、現在から考えると意外であるが、国内生産者に時間を与えるべきとの配慮から、ラ＝マルファに賛成するものも多く、イタリアでのカラーテレビ放送開始は実に 1977 年まで待たねばならなかった。しかし、放送後には外国メーカーのテレビが国内市場を席巻し、イタリア産カラーテレビはまったく売れなくなってしまった。このように、市場の勢いや技術革新のスピードにラ＝マルファの思考は追いつかなくなっていったのである。

　政治的には、ロンバルディやラ＝マルファは、結局のところ、DC の補完勢力として利用され、最後はファンファーニ政権期から始まる、その利権政治に加担したという評価もできなくはない。DC の政治家でラ＝マルファが期待したのは、南部出身で党内左派のアルド・モーロ（Aldo Moro）であった。ラ＝マルファは共産党の変化は容易でないと見ていたが、モーロの時代に「歴史的妥協」路線で共産党に変化をもたらしていたベルリングェルにも期待はあった。しかし、それはモーロが極左組織「赤い旅団」により誘拐、殺害されることで打ち砕かれる。モーロ事件の後、首相就任もありえたラ＝マルファ自身が急死し、戦後初の世俗政党からの首相就任は同じ党のスパドリーニになるが、左派の大きな政策転換は、ロンバルディが支持した社会党のクラクシが行うことになる。

　クラクシを追い込んだ「タンジェントポリ」汚職事件の後、DC も社会党も、かつてこれらと連立を組んでいた世俗小党も、四分五裂、再編成された。

EEC 条約批准の際にラ゠マルファと議会で論戦をした自由党のガエターノ・マルティーノ外相の息子アントニオは、ミルトン・フリードマンに学んだ後、自由党からフォルツァ・イタリアに入り、ベルルスコーニ内閣の外相、国防相となり、ラ゠マルファの息子のジョルジョも、共和党を細々と維持しながらも、選挙ではフォルツァ・イタリアのリストに入り、やはりベルルスコーニ政権で欧州担当相になった。どちらも政治的には成功していない。

　今日、リソルジメントのやり直しとしての行動党のイタリア社会改革のモラルと、戦後に欧州連邦を期待した欧州連邦主義の思想的脈絡を見出すのは容易ではない。しかし、社会構造の改革が遅れた国家としてのイタリアの「近代化」と、民主的な国家のコントロールを踏まえた「計画化」は、現実の欧州統合が持っている規制緩和による経済的国境の撤廃という側面以外の欧州統合のヴィジョンを描くことは当時可能だったし、今後も可能かもしれないということを示唆していないだろうか。本章に登場した人物たちがほぼ退場した後の 1992 年統合において重視され、労組を巻き込んで社会対話を充実されることを目指した「社会的ヨーロッパ」は、本来こうした視点に立ったものではなかったのだろうか。

注
 1) ボッビオの著作の邦訳としてボッビオ 1993; 1998; 2000; 2003 がある。
 2) 彼が 1940 年に着任したパドヴァ大学法思想史教授職が反ユダヤ人種法で追放されたアドルフォ・ラヴァ（Adolfo Ravà）の後任としてであったことは、後に議論を呼んだ。
 3) 啓蒙期のイタリア及び欧州や革命前のロシアの思想史研究で知られる。美術史家の父リオネッロがファシストへの恭順を拒否し、家族で出国、「正義と自由」での反ファシスト活動で逮捕され、南伊アヴィリャーノの政治犯収容所に送られていた。解放後は、行動党に入党し、スピネッリらの欧州連邦主義者運動にも参加した。戦後、トリノ大学教授。日本では邦訳、ヴェントゥーリ 1979; 1981 でも知られる。
 4) フォアにはジャーナリスト、評論家としても多くの著作があるが、晩年に出た Foà 2010 は、政治犯として収監中の時期の記録であり、同時代の多くの活動家たちについての貴重な証言となっている。
 5) チャンピ自身による、この時代の回想として、Ciampi 2003。
 6) イタリアの大統領選挙（上下両院議員全員と地方代表が投票）で 1 回目の投票で当選したのは、チャンピの他にはコッシーガしかいない。
 7) この問題の論点の紹介は試みたことがある（八十田 2003）。

8) ゴベッティやロッセッリについてはボッビオ 1993。
9) 戦後、駐米大使となる。
10) マッティオーリは、共産党のトリアッティとも接点を持ち、ズラッファを通じて、グラムシが死後に残した「獄中ノート」の保存費用も援助した。
11) 戦後、駐カナダ大使となる。
12) 例えば、ヤーギン、スタニスロー 2001、178-181 頁、マゾワー 2015、365-367 頁。
13) ヴェントテーネ島の政治犯収容所の生活については Gargiulo 2013。
14) 先ごろ死去した法学者のステファノ・ロドタ（Stefano Rodotà）もこの資格で下院議員となっている。ロドタの父は行動党員で、ロドタ自身は急進党の党員だったことがある。

参考文献

Bagnoli, Paolo（2016）*Invito all'azionismo, Scritti storico-critici sul Partito d'Azione: fatti e uomini*, Biblion.
Bandi, Carlo（Riccardo Bauer）（1943/2014）"Partito d'Azione e Socialismo," In: Emilio Lussu *et al.*, *Tra Eresia e Santità, I Quaderni politici del Partito d'Azione, Il dibattito tra i leader*, vol I, Il Settimo Libro, 2014, pp. 105-119
Ciampi, Carlo Azeglio（2003）*Il sentiero della libertà. Un libro della memoria con Carlo Azeglio Ciampi*, Laterza.
Cisotto, Gianni A.（2011）*Nella giustizia la libertà. Il Partito d'Azione a Vicenza（1942-1947）*, Cierre, 2011.
Cisotto, Gianni A.（2014）*《Solo uomini di buona volontà》. Il Partito d'azione veneto（1942-1947）*, Viella.
Cook, Paul J.（1999）*Ugo La Malfa*, il Mulino.
Cruciani, Sante（2007）*L'Europa delle sinistre, La nascita del Mercato comune europeo attraverso i casi francese e italiano（1955-1957）*, Carocci.
De Luna, Giovanni（2006）*Storia del Partito d'Azione*, UTET.
Di Capua, Giovanni（2003）"Il coraggioso ottimismo di Ugo La Malfa," In: *Annali della Fondazione Ugo La Malfa*, vol. XVIII, pp. 27-42.
Foà, Vittorio（2010）*Lettere della Giovinezza. Una scelta dalle lettere dal carcere 1935-1943*, Einaudi.
Gargiulo, Filomena（2013）*Ventotene isola di confino, Confinati politici e isolani sotto le leggi speciali 1926-1943*, Ultima Spiaggia, Genova.
Graglia, Piero（1996）*Unità europea e federalismo: Da《Giustizia e Libertà》ad Altiero Spinelli*, il Mulino.
La Malfa, Ugo（1944/ 2014）"Il problema della democrazia e il Partito d'Azione," In: Emilio Lussu *et al.*, *Tra Eresia e Santità, I Quaderni politici del Partito d'Azione, Il dibattito tra i leader*, vol I, Il Settimo Libro, 2014, pp. 179-192
Lussu, Emilio, *et al.*（2014）*Tra Eresia e Santità, I Quaderni politici del Partito d'Azione, Il dibattito tra i leader*, vol I, Il Settimo Libro.
Mafai, Miriam（2009）*Lombardi, una bibliografia politica*, Ediesse.
Mechi, Lorenzo（2001）*L'Europa di Ugo La Malfa: La vita italiana alla modernizzazione（1942–1979）*, Franco Angeli.

Merz, Noemi Crain(2013)*L' illusione della parità. Donne e questione femminile in Giustizia e Libertà e nel Partito d'azione*, Franco Angeli.

Novacco, Domenico(2000)*L'officina della Costituzione italiana, 1943-1948*, Feltrinelli.

Pasquinucci, Daniele(2001)"L'Italia Occidentale. Ugo La Malfa e il laborismo negli anni Conquanta," In: Ariane Landuyt, Gian Biagio Furiozzi(a cura di), *Il modello laburista nell'Italia del Novecento*, Franco Angeli.

Scalfari, Eugenio(2009)*La sera andavamo in via Veneto, Storia di un gruppo dal《Mondo》alla 《Repubblica》*, Einaudi.

ヴェントゥーリ、フランコ（1979）『百科全書の起源』大津真作訳、法政大学出版局。

ヴェントゥーリ、フランコ（1981）『啓蒙のユートピアと改革——1969年トレヴェリアン講義』水田洋・加藤喜代志訳、みすず書房。

ボッビオ、ノルベルト（1993）『イタリア・イデオロギー』馬場康雄・押場靖志訳、未來社。

ボッビオ、ノルベルト（1998）『右と左——政治的区別の理由と意味』片桐薫・片桐恵子訳、御茶の水書房。

ボッビオ、ノルベルト（2000）『グラムシ思想の再検討』小原耕一ほか訳、御茶の水書房。

ボッビオ、ノルベルト（2003）『光はトリノより——イタリア現代精神史』中村勝己訳、青土社。

マゾワー、マーク（2015）『国際協調の先駆者たち——理想と現実の200年』依田卓己訳、NTT出版。

ヤーギン、ダニエル、ジョゼフ・スタニスロー（2001）『市場と国家』（下）山岡洋一訳、日経ビジネス文庫。

八十田博人（2003）「ヴァントーネからマーストリヒトへ——イタリア世俗勢力の欧州ビジョン」『創文』451、17-21頁。

第6章
党派的多元性と専門性
戦後オランダ政治体制の青写真

作内由子

1　30年代の反省

　第二次世界大戦後のオランダで「リベラル・デモクラシー」体制ができたのはなぜか。そもそもリベラル・デモクラシー体制を意図して作り上げたのか。むしろ戦前以来の秩序観の延長上に戦後の体制はあるのではないか。このような問題を戦後体制の構築で中心的な役割を果たしたカトリック勢力の秩序観を中心に検討するのが本章の課題である。

　秩序構想をめぐっては、戦後に突如として議論がはじまったわけではない。すでに1930年代からドイツ占領の時代を経て解放後しばらくの間、オランダでは多くの人々が既存の政治体制に代わる新しい秩序構想を練っていた。

　オランダは、19世紀半ばに議会制を確立させ、第一次世界大戦後に男女普通選挙を導入した。ドイツの侵略を除けば体制は危機に直面することもなく継続しており、「リベラル・デモクラシー」のいわば優等生であったと現代人には映るかもしれない。

　しかしながら、当時の人々から見ればオランダの議会制民主主義体制は大きな欠陥を持っていた。1930年代の大恐慌に有効な手立てを打つことができず周辺諸国と比しても著しい不況が継続した。またドイツの侵攻にはなすすべもなく敗北してしまった。何らかのより有効な政治体制を作り上げねばならない、という議論が盛り上がったのも無理はない。

国民統合への渇望

　戦前の体制は何が問題だったのだろうか。その根源として当時指摘されて

いたのは、何よりも政党政治の機能不全である。大きな課題に直面しながら、議会ではいくつもの党派に分裂して議論をするばかりで何も決めることができない。分裂して相互に対立するのではなく、国民統合が必要だ、というわけである。

　戦前、オランダの下院は多くの政党が割拠していた。例えば戦前最後の1937年総選挙では定数100に対して10政党が議席を獲得していた。その構成は、カトリック政党、社会民主主義政党、2つのカルヴァン派政党、左右の自由主義政党、オランダ・ナチ党、共産党、さらにキリスト教系の少数政党が2つである。

　なかでも、カトリック、社会民主主義、カルヴァン派はイデオロギー別に組織化された強固な部分社会（戦後に「柱 zuilen」という名称で人口に膾炙した）を支持層として持ち、それぞれのイデオロギーに基づいて政治的主張を展開した。かかる政党政治のありようを見て、人々は頑迷な政治家たちによってオランダ政治は行き詰まってしまったと考えた。

　このような戦前の状況への反省から、戦後に表明されたのはイデオロギーから解放された政党、国民を統合する政党を作り上げるべきであるという主張であった。

　しかしこの問題意識にもかかわらず、戦後オランダでは戦前とほぼ同じ政党システムが再建された。改革推進派ととらえられていた中心的な勢力は社会民主主義勢力である。彼らはこれまでの政党システムを打破して国民を統合するような政治組織を作ろうと運動を行った（オランダ人民運動：Nederlandse Volksbeweging, NVB）。これに対して旧来の政党政治への引き戻しに寄与したといわれるのは戦間期以降80年代に至るまで下院第一党を維持したカトリック勢力である。

　かかる対立軸は一見して改革派と守旧派の対立のようであるが、両者は議会の負担軽減のための制度改革を志向していたという点で共通していた。そこで両者によって戦後に作られたのが利益団体による議会外の政策形成システムであるネオ・コーポラティズムであった。見出しを改めて以下で検討しよう。

第6章　党派的多元性と専門性

専門的政策形成能力

　諸党派の対立に加えて、戦前の議会制の課題として挙げられていたのは、専門性の欠如である。深刻な経済危機を経験し、イデオロギー別の政党政治では、高度に専門化していた政策形成に対応できないと痛感されたのである。金本位制を維持すべきか否か、離脱するならいつなのか、恐慌から抜け出すためにいかなる産業政策を実施すべきか。このような問題は、カトリックやカルヴァン派の社会教説、マルクス主義などから直接的に導き出すことができない。それぞれの専門分野で政策形成能力を必要とするのである。そのために専門能力を生かす制度づくりが必要である。そして専門能力が生かされれば、党派対立の抑制という先に見た課題にも効果的に作用するであろう。

本章の課題

　このように政党によって支配される議会の権限を抑制して、専門家が介在するならばより円滑で効果的な政策形成が可能になる、と彼らは主張した。つまり、戦後のコンセンサスは議会制民主主義の維持・強化ではなく、議会の役割を抑制する方向に働いていたのである。かかる制度の形成について、社民勢力とカトリック勢力は意見の一致を見ていた。こうして戦後に形成されたのがネオ・コーポラティズムであった。

　もっとも両者の間にはネオ・コーポラティズムを具体的にどのように制度設計するかで対立があった。社民勢力は党派から中立的なテクノクラートが公共の利益に基づいて主導権を握るべきと主張し、これに対してカトリック勢力はそれぞれの党派（すなわち「柱」）を代表する専門家が主導する制度が望ましいとした。

　このように戦後改革の方向性をめぐる対立軸は、党派的な多元性[1]の是非にあったということができるだろう。解放後に国民統合の世論が高まるなかで、社民勢力が公共の利益を主張し、旧来の政党システムを打破しようと主張するのは自然なことに思える。これに対して、カトリック勢力はなぜいかなる根拠で党派的多元性を主張するに至ったのか。確かにカトリック勢力は

カトリックとしての利益を優先するために党派的多元性を主張したともいえる。しかし単に自らの利益を打ち出すだけでは支持を獲得するのに不十分である。それを正当化するための何らかの秩序構想が必要なのである。実のところ、オランダにおいては 19 世紀半ばから党派的な多元性を望ましいものとしてとらえる議論が作り上げられ、政治家たちの間に広く受け入れられていた。問題は、この党派的多元性と 30 年代の課題である党派対立の抑制とをいかに両立するかであり、そのパズルを解くことがカトリックの人々には求められたのである。そのひとつの解を提示したのが、戦後すぐにカトリック党の指導者となるカール・ロメであった。

本章では、カトリックを中心に 19 世紀半ば以降の党派性の正当化の議論の展開を追う。その際、世紀転換期ごろに表れた専門性を政治に反映すべきという主張がこの党派性の議論のなかにいかに組み込まれていくのかに焦点をあてる。以上の議論をもとに、章の後半ではロメが戦時中に構想し、戦後に出版した『新しい憲法条項』（*Nieuwe Grondwetsartikelen*）に表れる秩序像を検討しよう。最後に、章で検討した秩序像が単なるその場しのぎの正当化ではなく、現在に至るまで影響を与えていることを示して章を閉じる。

2　オランダにおける政党観

19 世紀半ば以来オランダの政治家の秩序観は公共の利益と議会における多元性とがいかにして両立しうるかという関心から構築された。この秩序観はある程度の共通認識になると同時に各勢力・政党それぞれによって都合よく独自に練り上げられていったのである。

本節では、まずヨーロッパのカトリックが近代国家の政治秩序の中に組み込まれていく際に直面した問題を検討する。次に 19 世紀後半のオランダで形成され、共有されるに至った秩序観とそれに対するカトリック勢力の応答を、最後に政策形成能力としての専門性を補助線として、この秩序観が世紀転換期から戦間期にいかなる展開を遂げたか考察する。

第 6 章　党派的多元性と専門性

政治的カトリシズムの直面する問題

　概して 19 世紀の政治的カトリシズムは、普遍性と党派性との相克が問題となった。近代国民国家の形成[2]と、自由主義の席捲に伴う世俗化政策とによって、カトリック教会は普遍的な存在ではなく全体のなかの部分であることを事実として受け入れざるをえなくなったのである。少なくとも信者のみを囲い込んで閉じた世界で満足するのではなく、その外を含めた世俗の世界に何らかの影響力を行使しようとするならば、さまざまな党派的結集の手段を講じなければならなかった。

　まず村上信一郎が指摘する通り、ヴァチカンは論敵すなわち自由主義に対抗するための理論武装を行った（村上 1989、pp. 32-33[3]）。19 世紀半ば、ピウス 9 世の在位中に新トマス主義が事実上の「公認イデオロギー」となり、一元的な世界観として提示された。

　自らの党派性を受け入れたあと、カトリックはまた別の問題に直面する。自由主義勢力が国民国家を前提とした議会制に基づく政治制度を——カトリックから見れば——既成事実化するなかで、各国のカトリック信徒の一部はこの制度に組み込まれなければ自らの要求が聞き入れられないということに次第に気づくようになった。そのためには政党を作り、自由主義勢力の作り上げた体制のなかで利益を表出せねばならない。このことは、自らが部分であるということを認めると同時に、自らの主張が（国民国家の枠内で）公共の利益に資するということを何らかのロジックで示す必要があったことを意味する。カトリックの政治家は建前上ヴァチカンの手先と思われてはならなかったし、実際も国内の政治状況を踏まえ、教会に対して是々非々の態度をとった。

　カトリックの世界観が精緻化され、上首尾に議会制に組み込まれたとしても、カトリックにはさらなる試練が待ち受けていた。それは、カトリック内部の多様性である。カトリック教徒は党派的一体性をもっているわけではなかった。つまりカトリックであるからといってカトリック党に投票するとは限らなかったのである。教会の権威に頼ろうにも、カトリック党はしばしば

教会と是々非々の関係にあり、またその場合に教会党と批判を受けるリスクがあったことは前段で見た通りである。そして信徒にはありとあらゆる経済階層の人々がおり、相互に利害が対立していた。普遍性を事実上放棄して党派となる方向へ舵を切っても、党派として一体的に行動するのは困難だったのである。

　以上の問題に対して、オランダ・カトリックがいかなる解決を見出したのか、まず19世紀後半のオランダにおける政党観の発展をまず概観し、そのうえでカトリック政治家の視点から検討していくことにしよう。

規範としての原則政党[4]

　議会制において、一般に政党を正当化するのは容易ではない。制度上の建前からいえば、議会は公共の利益に奉仕すべき機関であって、部分を代表する政党が中心的な役割を担うことはむしろ否定されるべきことである。また、個々の政党の立場で考えれば、相互に議論を行う場である議会に参加するということは、自らの属する集団が全体の「部分（part）」であるという立場を事実上受け入れ、他の「部分」も政治的主体として容認することを意味する。自らの立場を普遍的に正しいと主張する集団からすれば、議会への参加そのものが自己否定的となりうるのである。

　議会制と政党政治の発達は、以上の問題を棚上げしたまま進展した。サルトーリもいうように、一般的には「バーク以後は事実が〔思想を〕先導することにな」り（サルトーリ 2009、33頁）、長らく政党を議会制のなかに位置づける議論は十分に発達しなかったのである。

　これに対して、オランダでは19世紀半ば以来、「政党」がなぜ議会制に必要で、いかなる政党が「正しい政党」なのか、不断の議論が政治アクターたちによってなされてきた。その議論においてキーワードとなるのが「原則政党（beginselpartij）」である。

　この原則政党の概念はいかなる経緯で現れてきたのだろうか。「原則」という言葉は「政党」と結びつく前に、まず政治が原則に基づいて行われるべきという主張で用いられた。かかる主張が表れた背景は以下のとおりである。

1848年憲法改正以来、オランダの議会政治では自由主義者たちがヘゲモニーを握っていた。議会内に明確な党派対立はほとんど存在しなかったのである。自由主義者の多くが「部分」である政党に対して否定的であった。その一方で、政策ごとの対立や地縁血縁に基づく対立は茶飯であり、政権は必ずしも安定しなかった。このような状況でさまざまな対立に左右されず政権が一貫した政策を行うべき、という規範的な主張が政権は「原則（beginselen）」に基づいて政治を行うべき、という表現でなされたのである。こうして実態とは別に正しい政治とは、「原則」に基づく政治であるという観念が醸成されることになった。

　1860年代に入ると、議会のなかに保守主義を自称する勢力と、カルヴァン派勢力とが党派として参入してきた。多くの自由主義政治家は政党の存在を正しくないものとして考えていたが、これに対して自由主義の論客バイス（J. T. Buys, 1826‐1893）は現在の政治が実際のところ一貫した原則に基づいてなされておらず、私的利益が跋扈していることを憂慮し、政党対立がむしろこの状況を打開しうるという論陣を張った。それぞれの政党が原則を掲げ、相互に対立することによって地縁血縁といった私益ではなく原則に基づく政治が実現されると主張したのである（Buys 1865; 1869）。

　この考えに沿う形でカルヴァン派政党である反革命党（Anti-Revorutionaire Partij, ARP）を設立した（1879年）のがアブラハム・カイペル（A. Kuyper, 1837‐1920）である。彼は、政党として正しくあるためには原則を持っていなければならないという前提のもとに『我らが綱領』（*Ons Program*）を発表し（Kuyper 1907）、カルヴィニズムに基づく社会教説を構築して党の原則とした。この時期から次第に政党が政治において積極的な意味を持つものという考え方とともに政党は常に原則を持つべきものという規範が広がっていった。

　原則政党の「原則」は場合によって――しばしば都合よく――解釈されたため、明確に定義することはできないが、端的にいえば世界観とそれに基づく秩序観をさす。世界観政党や綱領政党といった概念とは、これらが政党類型であって政党としての正しさを直接は示さないという点で異なる。政党Aがある客観的な指標に基づいて原則政党であるか否かを判断することはでき

ない。原則政党という言葉は、政党Aが自分の党を原則政党であると主張して党としてオランダ政治の中でアクターとして認めてもらう根拠としたり、政党Bが政党Aを評価・批判する際に本来原則政党であれば行うべき行動や主張を提示したりする際に用いられる。このように「原則政党」という言葉は強い規範性を帯びていた。

　原則政党のもつ規範性は、利益政党と対置することで明確になる。バイスの議論にもあったとおり、原則政党は政治において私的利益の追求を避けるため、すなわち公益のために正当化された。政党は「部分」でありながら、原則政党であれば全体の利益に貢献するというロジックが生まれるのである。

カトリック勢力の原則政党化

　さてカイペルによる反革命党の設立をうけて、カトリック勢力の一部から政党形成の動きが現れた。まずはその時期に至るまでの48年憲法以来のカトリックの政治活動を検討しよう。カルヴァン派を主要な宗教とするオランダにおいてカトリックはマイノリティである。フランス統治の時代に信教の自由が明文化され、カトリック信仰を差別することは、建前上はできなくなった。しかし、その後長らくカトリックは社会的経済的に事実上の二級市民の地位におかれるのである。

　1848年憲法によって下院が直接選挙・2回投票制で選出されるようになると、カトリックが多数を占めるオランダ南部の北ブラバント州やリンブルフ州の選挙区からカトリック議員が誕生する。もっとも彼らはカトリック議員としてまとまっているわけではなく、信教の自由を保障し、なおかつ地方利益に便宜を図る自由主義勢力を支持していた。

　1860年代に入ると、オランダにおける保守主義勢力の登場、自由主義勢力による教育の世俗化政策、ヴァチカンによる自由主義批判などの要因が重なり、カトリック議員は次第に保守主義勢力を支持するようになる。カトリックの政治家たちは、カトリックが政党として政治的に統合するのに否定的であった。カトリック政治家にとってカトリックという属性よりも地方利益のほうが重要であったうえ、カトリック政党として目立つことは差別を誘引し

かねなかったためである。むしろ、既存の政治勢力との協力を通じて便宜を得るほうが得策と思われた。

ところが保守主義勢力は 70 年代以降退潮し、かわりに勢力を伸ばしたのがカルヴァン派勢力であった。カトリック勢力はカルヴァン派との協力を模索するようになるが、このときカルヴァン派の指導者であったカイペルは原則政党こそが正しい政党であると主張していたわけである。カルヴィニズムの世界観に基づく原則をカトリックが支持することは、カトリックからしても ARP からしても受け入れがたい。むしろカイペルの原則政党に関する主張を念頭に置くならば、カトリックは独自の政党を設立するほうがカルヴァン派との協力をしやすい。こう考えてカトリック党の形成を主張したのがヘルマン・スハープマン（H. Schaepman, 1844 - 1903）であった。彼は 1883 年に『試論』（*Proeve*）（Schaepman 1883）という綱領案とその解説でカトリック党の原則を示した。カイペルもこれを好意的に受け止めた。これがその後続くカトリック党と ARP との政治協力の端緒となるのである。

以上を踏まえて先に見た、ヨーロッパのカトリック勢力が直面する諸問題について検討しよう。まず普遍性と党派性の問題については、宗派マイノリティであったためにオランダ・カトリックが部分に過ぎないことは最初から自明で特に問題にはならなかった。公共の利益と党派性との関係については、60 年代のバイスとその後のカイペルがお膳立てした原則政党の概念をそのまま受け入れるだけで解決した。カトリックの秩序観を堅持するだけで公共の利益を促進する原則政党であると主張し得たわけである。その点でヴァチカンの新トマス主義もオランダ・カトリックは積極的に受容する理由があったといえる。

しかし、カトリックの政治的一体性を保つのには苦労があった。まずスハープマンの主導する政党形成そのものが賛同者を得られにくく、最終的にローマ＝カトリック国家党（Roomsch-Katholieke Staatspartij, RKSP）として結実したのが 1926 年であった。結党後も何が正しい原則で、原則をいかに解釈するかへの答えは多様でありえた。こうして党内対立や別のカトリック党の結成などに RKSP は苦しむことになった（Luykx 2000）。

原則政党と専門性をめぐる問題

　以上のように原則政党を望ましいものとする観念が広がりつつあったが、批判も存在した。大きく分けてそれは2つに分類されるだろう。ひとつは、政治制度の機能の点からの批判である。議会制をとるオランダにおいて、3つ以上の政党があると連立が常態化し、政治が不安定になる。それゆえ、イギリスのような二大政党がよい、という考えである。

　もうひとつは、政策形成の根拠に対する批判である。政策はドグマから演繹的に導くのではなく、経験的・実証的な調査・研究に基づいて形成されるべき、と考える人々は「原則政党」を否定した。

　ここでは本章の関心に照らして後者に焦点をあわせ、政治システムの理想像と政策形成がいかになされるべきかのイメージとの結びつきについて考えてみよう。より「正しい」政策を立案できる能力を専門性と呼び、それをもっているとみなされている人を専門家と呼ぶとするならば[5]、オランダで専門家とは具体的な問題に対して①ドグマから演繹的に対処できる人物、②経験的・実証的な調査・研究に基づいて政策形成のできる人物、がそれに該当した。①においては、専門家は社会の特定の領域における問題をよく知るだけではなく、解決の源泉となるドグマについても知悉していなければならなかった。

　両者は両立可能なこともあれば対立的でもありえた。対立的な場合は、政治システムそのものが争点となる。そもそも経験的な方法で一義的に「正しい」政策を専門家が立案できるのであれば、それ自体が公共の利益となるはずであって、議会で政党が原則を云々するのは無意味だということになる。

世紀転換期から1920年代

　専門性が政策形成上重要なものとして浮上してきたのは一般に世紀転換期である（伊藤 2012）。都市化・工業化に伴い、社会政策が要請されるようになったことによる。オランダにおいても都市のインフラ整備、社会政策などの点で、専門的な能力が活用されるようになった。政策形成における専門的知

見は全国レベルでも重視されるに至る。その担い手は急進的な自由主義者たちであった。オランダは19世紀後半を通じて自由主義勢力を中心とする政権が続き、国家の社会に対する介入を忌避してきたが、世紀末に至って急進自由主義者たちがその流れを変える動きを見せたのである。

その代表的な人物のひとりがウィレム・トループ（M. W. F. Treub, 1858－1931）である。彼は1889年にアムステルダム市議、1893年に同市の助役（財政）、1895年に公共事業の助役を歴任した。同市でのトループの業績は目覚ましく、最低賃金、労働時間規制といった労働法制の整備や、水道・電話事業の市有化などインフラ整備を実現した。その成果もあって1896年にアムステルダム大学の統計学および経済学の教授（hoogleraar）に任命されている。

1913年にはコルト・ファン・デル・リンデン政権の農商工相となった。翌年に第一次世界大戦が始まると、トループは積極的な介入政策を推し進めた。大戦でオランダは中立国であったが、貿易に多くを依存する経済で、物資の不足は著しかったのである。

このトループはいかなる政治システムを理想としたであろうか。19世紀の終わりごろから急速に進んでいた政党政治にトループは批判的であった。その立場は戦後に顕著になる。第一次世界大戦のさなか、オランダではいわゆる「和平（pacificatie）」と呼ばれる政党間合意によって、選挙制度が小選挙区2回投票制・財産に基づく制限選挙制から比例代表制・男子普通選挙に変更された。その結果、大衆政党の組織化が格段に進み、政治家たちは党の方針に従って行動するようになった。

これに対してトループは、政治とは能力とリーダーシップを持つ傑出した者（eminente personen）が推進していくものであって、党内や政党間の意見調整を行ったりあるいは世論におもねったりすべきではないと考えた。問題に対しては、自らの専門性に基づいて力強く取り組んでいくべきであり、原則を掲げるのはその妨げになるのであった。議会に対して執行権を強化すべきと考え、またアカウンタビリティのためというより経済に関して無知な大衆を教育するための情報機関の設置を主張した。

これらを実現するため、彼は経済同盟（Economische Bond）という政党を立

ち上げた。もっともトループは党首としては成功しなかった。経済同盟が初めて選挙に参加したのは 1918 年であったが、選挙運動中の著しい盛り上がりとは対照的に、獲得したのは 3 議席にすぎなかった（Vossen 2003, pp. 43-50）。

戦間期の政党システムは、最大政党のカトリック党とカルヴァン派 2 政党とが過半数を占めて政権を維持し続け、それに対して連立を意図してカトリック党に秋波を送る社民政党の社会民主主義労働者党（Sociaal-Democratische Arbeiderspartij, SDAP）が一貫して第二党として野党にあるという構成になっていた。自由主義政党は細分化していた。共産党はほとんど勢力を伸ばすことがなかった。

さて、専門知識を政策形成に活用する動きは、調査・諮問機関の設置に表れる（den Hoed 2007）。その嚆矢がピールソン自由主義政権期（1897‐1901 年）の中央統計局（Centraal Bureau voor de Statistiek）の設置（1899 年）である。ピールソンはアムステルダム大学で経済・統計学の教授を務めた（1877‐1885 年）あと、オランダ銀行の総裁に就任するなど、経済の専門家と考えられていた。彼の政権は、住宅法や義務教育法など多くの社会立法がなされたことで知られるが、中央統計局の設置は社会政策を作り上げるうえで前提となる調査を行うための基盤と考えられた。

第一次世界大戦に入ると、経済統制のためにさまざまな諮問機関が設置されるようになる。ここに参加してくるのは 19 世紀末から叢生してきたさまざまな利益団体であった。オランダにおいては 19 世紀に各種の利益団体が漸進的に形成されていた。19 世紀末より社民勢力が労働者を組織するようになると、カトリック・カルヴァン派の各勢力は対抗動員して労働者のみならずさまざまな団体が社民・カトリック・カルヴァン派、そしてそこからのこされた残余的な自由主義という 4 つのイデオロギー別に分裂／形成・発展していくようになる。この社会がイデオロギー別に組織化されている状態を柱状化（verzuiling）という。諮問機関の委員をしていたのは、しばしばこの「柱」の団体のメンバーであった。

第一次世界大戦中に設置された諮問機関は終戦後にいったんは解体されるものの、その後再び無数に設立された。もっとも、これらの諮問機関は活動

が停滞したり、委員同士の対立で合意形成が困難であったり、また閣僚・官僚が必ずしもその意見を重視しなかったりで政策形成上重要な意味を持つことは多くなかった（Hoogenboom 2004; Helderman 2004; den Hoed 2007）。

　第一次世界大戦の時期に現われた諸団体のなかで、特筆すべきは南部のカトリック経営者の団体（ローマ＝カトリック使用者総同盟：Algemeene RK Werkgeversvereeniging, ARKWV）である。元来、オランダ経済は輸出入に依存し、運輸・金融業が発達していたが、第一次世界大戦によって周辺の交戦国からの物資が途絶えると内需向けの産業が花開いた。それを主に担ったのが北ブラバント州を中心とするカトリック企業だったのである。戦後に貿易が復活すると、彼らは産業の保護を求め積極的に政治に関与するようになった。

　カトリック経営者たちはカトリックの教えに基づいて政治的主張を行ったわけではないが（de Hen 1980, p. 28）、彼らを諮問機関の中に組み込んでいく際には、カトリック社会教説が参照された。ライス・デ・ベーレンブルック政権の労相ピート・アールベルセ（P. J. M. Aalberse, 1871 - 1948）は、1920年に高等労働協議会（Hoge Raad van Arbeid）という政労使の諮問機関を設立したが、このアールベルセは長年カトリック労働組合で活動し、新トマス主義にも造詣の深い政治家であった。社会経済政策の形成・執行において、国家よりも小さな共同体でできることは分権化するのがカトリックの秩序観から望ましいこと、また労使間の協調が重要であることを理由として、協議会を設立した（Helderman 2004, p. 45）。

　カトリック諸団体が政治にかかわっていく際に原則の面からも実務の面からも援護したアクターとして1927年、北ブラバント州のティルブルフに設立されたローマ＝カトリック商業高等学校も挙げられよう。設立にかかわったコベンハーヘン（M. J. H. Cobbenhagen, 1893 - 1954）は経済学とカトリック道徳との区別の必要性を主張しつつも、両者がいずれも重要であることを強調していた。また、学問と実践との総合が重要であるとし、実務に近い研究・教育を掲げた。彼の理念は学校全体に共有される（Bornewasser 1978, pp. 37-45）。教員のなかには、のちに見るロメや戦後の首相デ・クワイ、戦後の秩序化を担うファン・デル・フェンなどがいた。彼らはコベンハーヘンの理念の通り、

カトリック原則の実践に邁進し、実務に関与したのである。彼らはカトリック労使とも密接な関係をもち、戦後に彼らの政治参加の手助けをした。

1930 年代

1930 年代のオランダは、周辺諸国と同様、世界恐慌の波にもまれた。経済を貿易に依存しているため、1936 年にフランスが平価を切り下げるまで、オランダは金本位制を維持し緊縮政策を行っていた。そのなかで未曽有の経済不況と失業率に見舞われたのである。

大恐慌を契機に存在感を増したのは社民勢力である。それまでマルクス主義の原則を掲げていた社民勢力はこの時期に穏健な立場に路線転換した。路線転換の理由は、原則への執着は労働者の離反を招き反議会主義政党に票を奪われかねないという危機感であった。労働者の実際の生活を支える現実的な政策を提示すべきだ、という声が社民勢力の内部から挙げられたのである（ex. Abma 1977, p. 43）。その契機が、社民勢力が自由主義政策の隘路から脱却するための代替案として 1935 年に提示した労働プランである。労働プランは年間 2 億ギルダーに及ぶケインズ主義的な失業政策と、政労使からなる産業協議会に命令規定を作成する権限を与える「秩序化（ordening）」構想とで構成されていた（水島 1999）。

それまで、あまりに原則が異なるということを理由に宗派勢力から政権参加を拒まれていたが、このようにマルクス主義のドグマが薄れたことで、同じく秩序化を主張する RKSP との連立の可能性が開かれた。「原則」への執着が和らいだことで、第二次世界大戦後にイデオロギーを超えた政党再編運動につながっていくことになる。

専門性の観点から見ると、社民系の経済学者は統計分析を用いて社会科学を自然科学化に近づけようと試みるようになった。近代経済学でのちにノーベル賞を獲得するティンベルヘンをはじめとして戦後に社会経済政策の統計的・経験的根拠を提供する人材は彼らのなかから現われたのである（Grunell en van Eerten 1978）。

これに対して、カトリックはむしろ原則をさらに強調する方向へ向かった。

カトリック党は 1936 年に一般政治綱領（*Algemeen Staatkundig Program*）（R. K. Staatspartij 1936）を発表した。RKSP 以外のカトリック小党や反議会主義政党へ投票するカトリック教徒が増えたことをうけて、原則を有権者にまで浸透させる必要があると考えたためである。カトリック有権者が原則を知り、なおかつ RKSP が原則に忠実な政治活動を行っていることがわかれば票の取りこぼしが減る、という思惑があった。

また社民勢力と同様にカトリックの側も、産業組織化、秩序化を主張したが、こちらはカトリック原則に則った主張であった。カトリックの原則によれば、産業別の組織など自治が可能な共同体には自治を委ねるべきであり、国家はそれを補完するにとどまるべきであるので（後述）、単に国が恐慌対策を講じるというのではなく、産別の組織や労使に合意を形成させるのは望ましいことだと考えられた。

こうして社民とカトリックとは社会経済政策の面では接近し、原則においては社民がそれを緩和させ、カトリックが強化していくという方向に向かった。RKSP の側は SDAP との連立も視野に入れていたが、原則を強調したがゆえにもともと原則で大きく異なる SDAP との連立を正当化するのが困難になるという結果になった。

このように専門性の観点からは社民とカトリックとでは考え方に開きが生じた。ティルブルフのカトリック経済学者たちはカトリック教説が経済政策に反映されるべきと考えており（Goddijn en Sloot 1978）、社民の研究者が採用し始めていた数理経済学のアプローチをしばしば軽視した。経済学の方法論について溝が生じていたのである。社民の研究者から見れば原則という党派性を前提とした専門知識ではなく、数字を用いた経験的で「正しい」知見に基づいて政策形成が行われるべきであった。社民勢力は国家の役割の強化を目指すが、その根拠がそれまでのようにマルクス主義から導かれるのではなく、専門性についての考え方に基づくものに次第に変化したのである。

3　戦後カトリックの政党観

原則政党を否定する動き──「突破」をめぐって

　第二次世界大戦中、1930年代の経済的・政治的混乱とその後の敗戦とへの反省がなされる。混乱の原因の最も重要なもののひとつは、原則別に政党が分断されていた点に求められた。大戦中、オランダ南部、北ブラバント州にあるシント＝ミヒールスヘステル市の収容所に党を問わず多くの政治家たちが収監されていたが、このとき彼らは戦後構想として原則を超えた政治統合を掲げたのである。

　1944年にオランダ南部が解放されると、彼らは活動を始めた。この既存の政党を超えようという運動を「突破（doorbraak）」といい、その中心となった組織がオランダ人民運動であった。この運動には特に社民勢力および左派自由主義勢力とカトリック勢力とが参加しており、両者を折衷する形で人格主義的社会主義を掲げた。もっとも、ここに参加していたカトリック勢力に対して社民勢力の人々は好意的ではなかった。カトリックのなかで「突破」を支持していた人々は、ドイツ占領下で一時期オランダ同盟（Nederlandsche Unie）に関与したりこれを支持したりしていたからである。オランダ同盟とは、占領下においてドイツ・オランダ当局と協力しつつ新しい社会を形成することを目的とした運動であった。40年の7月に設立され、ナチに対する是々非々の態度によって翌年末には禁止された。オランダ同盟は一方では戦前の分断した社会を超えて共同体を形成するという点で「突破」と関心が一致していたが、他方で見方によっては対独協力ともいえ、評価がわかれたのである。社民勢力からの難色を受けて、45年夏ごろから多くのカトリックは運動から距離をおき、新しいカトリック党形成に勤しんでいた人々の方へ接近した（Bank 1978, pp. 88-93）。

　さて45年の解放後に亡命政府のあったロンドンから帰国した女王は「突破」運動の中心人物のひとりであるスヘルメルホルンに組閣を命じた。スヘ

ルメルホルン政権では、戦前の議論を受け継いで産業の組織化を進めた。これを実質的に担ったのが通商産業航行大臣のヘンドリック・フォス（H. Vos, 1903-1972）である。彼のもとで公法産業組織法を起草したのは、ヤン・デ・ヨング（J. F. de Jongh）という「突破」にかかわっていた官僚であった。

デ・ヨングは1945年末に公法産業組織についての論文をアムステルダム大学に提出し、博士号を獲得している。このなかで、政労使三者からなる公法産業組織に社会経済政策に関する広い権限を与えているが、この機関において政府の強い介入を想定していた。デ・ヨングにとって労使は私益を追求しかねないアクターであり、公法産業組織に組み込むことによって公共の利益の精神を涵養すると同時に、公益から逸脱しないように政府の強い監督のもとにおく必要があるとされた。つまり、大きな権限が付与されている機関において公益性を担保するために、政府に監督権を与えるという考えである（de Hen 1980, pp. 260-261; 水島 2001、123頁）。ここに現れている公益を守るための制度設計は、カトリックのロメの構想と大きく異なっている（後述）。

さて「突破」の運動は戦後初の総選挙に先立つ1946年2月に労働党（Partij van de Arbeid, PvdA）を設立し、5月の選挙に参加したが、期待していた結果を出すことができず、カトリック人民党との連立を余儀なくされた。「突破」運動は政治的領域を超えることができず、労組をはじめとするナチ支配下で解散させられていた「柱」のその他の組織はほぼ戦前のとおり分裂したまま再建された。またPvdAに近い社民系労組もその他の労組との協調を重視して党に対して是々非々の態度をとった。そのため、PvdAは選挙で敗北すると秩序構想実現の足掛かりを失うことになったのである。フォスは通商産業航行大臣の地位を追われ、産業の組織化もカトリック党の意向に沿った労使を中心とするものに変わっていく。

戦後カトリックの秩序構想

ここまでで、オランダ政治での「原則政党」の規範的役割を検討したうえで、政策形成において専門家が持つ正統性について時系列で追った。すなわち「原則」と経験的な調査との間では専門家の正統性についてしばしば相克

があり、その相克に基づいて政治システムそのものにも対立が生じえたのである。

　以上を踏まえて、ここではカトリック政治家ロメの憲法構想を詳細に見ていこう。「原則」が政党と結びついているがゆえにオランダにおいては議会制が自明のものとされてきたが、「突破」運動をきっかけとして、いったん原則は政党から切り離される。まずその過程を確認し、そのあと本題のロメの議論に移ろう。

原則＝党の切り離し

　「突破」運動にシンパシーを持っていた一部のカトリックの人々は、戦争末期から戦後にかけて、カトリックが再びカトリックとして政党を作るべきか、という議論を行った。これに賛否はあるものの、少なくとも、カトリック原則から必然的にカトリック党を作らねばならないという帰結は導けないという点でほぼ一致を見たといえる。カトリック教徒である以上、カトリックの教えに忠実でなければならず、それが政治の世界であっても同様なのは間違いない。ただ、全ての政治的な決定がカトリック教義に関わるわけではないのに加えて、カトリックが党としてまとまる義務はない。カトリック党を作るにせよ、それはオランダのカトリック教徒の利益を守るためと考えられた。

　一例としてカトリック党の形成に批判的なスネイデルスの議論を検討しよう（Snijders 1945）。彼は、カトリシズムが世界観であり、それが政治においても従わなければならないものであることには同意する。しかし、それは他の世界観の人々と協力することを妨げないはずである。カトリックの商人は商業道徳に従うだろうが、世界観は異なっても同じ商業道徳を持つ商人とは協力するのである（Snijders 1945, p. 21）。

　スネイデルスは一般的な観点からも、具体的な状況の判断からもカトリック党の形成は望ましくないとする。一般的な観点とは国民統合の問題と信仰の問題とに分かれる。国民統合の面では、オランダは宗派の人口が地理的に分かれており、カトリック党の形成は南北分断をもたらすので国民統合の妨

げになると考える（Snijders 1945, p. 24）。信仰については、信仰の問題と政治の問題とが混同されて、政治的対立が信仰に持ち込まれたり、カトリック政治家の代表があたかもカトリック教徒を代表すると思われたり、マイナスが大きいとする（Snijders 1945, p. 28）。そののち、スネイデルスはさらにさまざまな状況について具体的に挙げ、それに対してカトリック党の形成が処方箋にならないことをひとつひとつ示していくのである。

カトリック教徒が政治の世界でもカトリックの教えに忠実でなければならないことは同意されているものの、それが政党という形をとる必要はない、という理解がこの時期広まったのである。では、政治にカトリックの世界観は反映されなければならないとして、いかなる制度が考えられるだろうか。

カール・ロメ『新しい憲法条項』①王国の基礎

ロメは戦後ローマ＝カトリック国家党から改組されたカトリック人民党において議員団長を長年（1946‐1961年）務めた人物である。オランダの政党では概して議員団長が最も影響力をもつが、ロメも15年にわたってカトリック党で辣腕を振るった。

このロメは解放直後には必ずしも政治家として名を馳せようと考えていたわけではなく、むしろ言論を通じて政治に影響力を行使しようとしていた。カトリック日刊紙である『デ・フォルクスクラント』（De Volkskrant）にて政治編集長となり、戦後秩序の再建へ向けて多くの記事を書いた。

ロメがまとまった形で戦後の秩序構想を示したのが、『新しい憲法条項』である（Romme 1945）。当時のオランダの憲法をもとに、修正案を示して解説をつけた150頁超のパンフレットである。

ロメは、具体的に提示したいのは2つの要点であるとする。ひとつは王国の一般的な基礎、もうひとつはオランダにおける「人民の影響（volksinvloed）」を担保する体制についてである。

王国の一般的な基礎とは何か。一般に全ての社会生活は個々の人間（afzonderlijke mensch）と統合された人間（menschen in eenheid）という2つの極の間に位置づけられるとする（Romme 1945, p. 6）。前者は「人間の根本的な諸権

利（grondrechten van den mensch）」という形で表現され、ロメによれば、ここ 150 年隆盛を極めたが、その反動としてナチは後者の極に振れて国家を崇拝の対象とし、人間をその奴隷としてしまった。

　基本権については、信仰の自由、教育権、人格と財産の保護を求める権利、公共サービスにつくうえで差別されない権利、出版の自由、請願権、結社・集会の自由、が並んでいる（〔ロメ提案。以下同じ〕8 条-14 条；Romme 1945, pp. 28-31）。ここではカトリックが長年重視した権利が強調されている。教育権は、学校の世俗化のなかで私立学校における宗教教育の余地を求めたもので、カトリックが政治的に団結するひとつの重要な原因であった。信仰の自由や公共サービスにつくうえで差別されない権利というのは、宗派マイノリティのカトリックがオランダ社会のなかでその存在を容認されるとともに、社会的に解放される手段として主張してきたものである。

　他方、ここでは常に 2 条から 6 条（Romme 1945, pp. 12-27）、つまり統合された人間を規定する条文の範囲内でのみこれら基本権は認められる、という点が繰り返される。この統合された人間については何が規定されているだろうか。

　冒頭の 2 条ではまず神が第一原因（eerste Oorzaak）であり、究極目的（laatste Doel）であり、王国がその創造主に完全に依存していることを確認する。神の存在を認めない人がいたとしても、人間の統合のためには自分と別の存在に対し申し開きをする（zich verantwoorden）必要があり、また国家についても単にうわべだけその機構を作動させていれば済むというのではなく精神的な領域での共同体性が必要であることは認めるであろうから、やはり王国が神の創造物としてその栄光を讃えるという論理的帰結に至るだろう、とロメはいう。

　本来、原則からルールを導くのであれば、留保つきとはいえこのように機能主義的な側面から神の存在を説明するのは自己否定につながりかねない。その危険を冒してまで神が有用であることを説くのは、社会民主労働者党との連合を意図しているためであろう。戦前には原則があまりにも異なる、という理由でカトリック党は「究極の必要」に迫られない限り同党との連立を

否定していたが、戦後ロメは社民との連立を既定路線と考えていた。信じるところを共有せずとも、合意は可能であるというシグナルを送ったといえるだろう。

次の3条では市民と市民によって作られた共同体が当局（Overheden[6]）の監督のもと、自律的に行動する義務と権利をもっている、とする。いわゆる補完性原理について示した条文であるといえよう。人間が自分自身でできることは当人が行う、それが無理でも国家より個人に近い、地域や職能といった共同体が担う、これは権利であると同時に義務である。これを遂行できているかどうか当局はチェックし、遂行できるようにするための制度を整備せねばならない。ロメによればこれは自然の原則であり、オランダ人の気質に体現されている。「補完性原理」といった言葉や、それを規定した回勅「レールム・ノヴァールム」や「クワドラジェシモ・アンノ」を引用せず、国民性に帰することでカトリック色を消そうとしている。この傾向はこのあとの条文にも表れる[7]。

共同体のうち第一義的で主要なものは家族である（4条）。当局は家族が誤った方向に向かわないように保護しなくてはならない。家族は孤立してはならず、他の共同体との結節点をもたなくてはならないとする。

労働は市民の義務であり権利である（5条）。義務であるから、労働を回避してはならないが、同時に当局は労働が可能になるように配慮せねばならない。ロメによればそれは単に雇用を増やすというだけではなく、給与が保障されていることも意味する。人々が国家の紐帯のなかで生きるのは、生きる目的を達成するためであり、生きる目的にはさまざまありうるがそれは生計が立てられることで可能になるのである。カトリックが社会政策を促進する際に、生きる目的と結びつけるのは一般的だが、ここでもロメは生きる目的を神の栄光を讃えるため、という本来のカトリックの立場に限定せず、さまざまあり得ると主張することで社民勢力に配慮している。

これに対して所有権の尊重の部分（6条）では、社民勢力をむしろ牽制している。ロメは公私を問わず、経済的権力が少数者に集積すれば、それは同時に政治的権力の少数者への集中を意味するとする。共同所有は所有者が減

ることになり、権力の集中を招くのである。ロメは、所有はキリスト教的な観点からいえば単に権利ではなく義務の側面を持ち、私的所有が広くいきわたることで国家の一体性に資すると考える。それゆえ、条文案のなかで所有権が正しく行使されるべきこと、さらにそれは当局が配慮すべきことがらであることが示されている。

カール・ロメ『新しい憲法条項』②「人民の影響」

　以上の国家を支える基礎を具体的に立法し執行する政治制度がそのあとの章に現れる。ここでロメが重視するのは、すでに示したとおり、「人民の影響」である。戦前以来オランダ・カトリックの政治家はあまり「民主主義（democratie）」という用語を使わず「人民の影響」を好んで用いた。

　ロメによれば、人民が影響を行使するには、全国レベルの議会（Staten-Generaal）は必ずしも適切ではない。人々が個人で、あるいはより個人に近い共同体で自律的に行動することが是とされるならば、職能委員会（stands-besturen）のほうが影響を行使しやすいからである。

　さらに職能委員会が議会よりも適切である理由として、職能の方が議会よりも知識と知見をもっているという点が挙げられる。そのため、議会では、実際には官僚に影響力が移ってしまうという（Romme 1945, p. 39）。それゆえに、議会よりも職能委員会のほうが重要である。

　さて、この議会は一院100名で構成され（第3章2条）、国民による直接選挙によるものではない。半数は州議会議員、半数は法律で認められた職能の委員によって選出される（3条）。このような構成にするのは議会は人民を表現するもの（afbeeldsel）でなくてはならないからである。そのために考慮すべきが精神的な一致（geestelijke gelijkheid）、地域による差異、職業による差異であるとロメはいう。精神的な一致の要請は、市民の一部あるいは特定の原則を排除しないことを意味とする。

　これら3つの要素について、それぞれ代表を選出する必要はなく、地域代表と職業代表で足りる。全ての議員は地域あるいは職業とともに原則の担い手であり、その原則に基づいて公共の利益を促進するのである。議会はオラ

ンダ人民全体を代表すると 1 条は規定するが、これはひとりひとりの議員が原則をもっていることによって担保されるのである。

　ロメはこの後、議会における職能代表の重要性について説いている（Romme 1945, pp. 47-51）。これまでの議員は、原則のみを代表していたために、国家の政策に自分の原則を反映させ、他党と争って自らの原則の影響する領域を拡大させることで公共の利益に仕えようとしていた。これに対して、職能代表の要素があれば、知識と技術をもって立法の際に日々の具体的な側面を政策形成に反映させることが可能である、とロメは説く。

　ここでロメの考える立法上の専門性について考えてみよう。ロメの示す議会構成は立法における職能の専門性の必要を強調しているといえるだろう。もっともこのことは、例えば官僚の持つ専門性を根本から否定していることを意味しない。ロメの構想で議会の役割は既存の憲法よりも限定的なのである。一般の法律については、政府が法案を作成した場合、議会が議員 20 名（定数 100 名）以上の提案に基づき、当該法案の審議を政府に提案しない限りそのまま法律が成立する。また、予算案については、議会は全体を受け入れるか否決するかしかない。部分的に修正することは不可である。

　戦間期にさまざまな諮問機関で、諸団体が代表を送ったが、これらの諮問機関はほとんど政策形成に影響することができなかった。ロメはこれらの団体を諮問機関ではなく議会に組み込むことによってまずは専門性が「人民の影響」を行使するための制度に乗ることを担保したわけである。

　先に見た「突破」のデ・ヨングの議論では、労使の協議組織は公共の利益を害しうるがゆえに、政府によって監督される必要があると強調されていた。これに対してロメは、公共の利益は職能を代表する議員がそれぞれの原則を持っていることによって足りると考えた。つまり彼の「人民の影響」は原則に基づいて政治的な判断をすれば公共の利益が実現されるというロジックによって支えられていたといえるだろう。

　前節の議論とあわせて考えると、専門性に政治的正統性が付与されれば概して民主主義を掘り崩す結果につながりかねないが、ロメ、あるいは当時のカトリックが持っていた原則に基づく政治を行うことによる公共の利益の実

現という視座はある側面では専門性と民主的なインプットの余地の拡大とを両立させていたのである。

　1930年代に社民勢力が原則を緩和させ、さらに「突破」によって原則に基づく政党システムの打破を打ち出したことは、原則の著しい乖離を理由として社民勢力との連立を避けてきたカトリック党が連立へ転換する重要な契機となった。その一方で、原則を掲げるか否かそのもので制度のあるべき姿に違いが生じる結果にもなった。1946年の選挙での敗北後、PvdAはドレースの指導の下、原則をあらたに前面に掲げるようになるのである。

4　その後

　以上の戦後政治秩序構想は、ロメにとってカトリックがどのような形で政治活動をすべきか、という問いと密接にかかわっていた（Bosmans 1991, p. 448）。原則・職業・地域を通じた「人民の影響」を担保できる憲法が制定されれば、原則を政治に反映させるルートは維持されるのでカトリックが独自の政党を作る必要はもはやないのである。

　以下ではエピローグとしてその後のネオ・コーポラティズムの展開を簡単に示そう。

　戦後のオランダでは統治機構に関して憲法の規定がほとんど改正されることがなかった。そのかわりに旧来の議会制を維持しつつも立法によってネオ・コーポラティズムが作り上げられた。旧社民勢力を中心とする戦後すぐの選挙を経ずに形成された内閣でテクノクラートを中心としたネオ・コーポラティズムが形成され、その後の選挙を経てその運用においてカトリックの主張が容れられて「柱」の諸組織が力を持つようになったのはすでに見たとおりである。そして政策形成過程の中で、ネオ・コーポラティズムの諸機関がもつ権威と影響力は実質的に議会を凌駕した（田口1988、58頁）。

　ここで注意すべきは、オランダにおいて党派的多元性を反映したコーポラティズムが形成されたということが、議会外にまで政党が侵食してきたことを意味しない、ということである。戦後のイタリアやベルギー、オーストリ

アで、党が国有企業に進出したり、党と柱の諸団体とが密接な関係にあったりしたのと比較して、オランダにおいては党と諸団体とは相互に自律的な関係にあった。原則を代表していれば、それが党である必要はないということができるだろう。

以上の経緯に鑑みて、選挙を経ずに選出されるコーポラティズムはその後「原則」の表出機関でなくなったときに、正統性を失うことになろう。1960年代後半以降、オランダでは脱柱状化が起きる。すなわち、これまでイデオロギー別に組織化されていた利益団体は、そのイデオロギー性を失いイデオロギーを超えて統合されていった。例えば、1976年には社民とカトリックの労働組合が合併した。諸団体は原則の担い手ではなくなったのである。

脱柱状化以前においてネオ・コーポラティズムを構成するアクターはロメのいうとおり、その業界の利益代表であり、同時に「原則」の担い手でもあった。しかし、このように諸組織がイデオロギー性を喪失して統合していけば、それはもはや単なる利益代表に過ぎなくなる。

実際、1980年代以降次第にネオ・コーポラティズムは業界の利益を追求する機関と理解され、批判を受けるようになった。1980年に出された政府政策協議会の報告書には、産業政策がこれまでのようなコーポラティズムで決められるのではなく、客観的かつプロフェッショナルに専門家が決定するべきだと書かれている（van Doorn 1981, pp. 135-136）。専門家は党派的ではなく「客観的」であるとここでは理解されている。

そしてその後、90年代の半ばに実際に改革が行われた。コーポラティズムを構成する審議会の数が大幅に削減され、それまでの諸団体は排除されることになったのである（水島 2005、158-159頁）。

長らく安定したリベラル・デモクラシー国であるオランダの政治を支えていたのは、リベラル・デモクラシーの理念そのものよりも原則に基づく党派的多元性であったといえよう。それは国民統合と議会負担の軽減と多元性の擁護という戦後に直面した困難な要請にひとつの解をもたらしたのである。

【謝辞】本研究はJSPS科研費JP17H02477の助成を受けたものです。

注
 1）ここで「党派的多元性」という言葉を用いるのは、2つ理由がある。ひとつは権力分立といった立憲主義的多元性や利益集団多元主義といった異なる多元性の概念と区別するため、もうひとつは本章で議会のみならずコーポラティズムにおける党派性も議論するためである。政党という議会選挙に参加する組織に限定しないために「党派的」という用語を使う。
 2）近代とカトリシズムをめぐる政治史・社会史については、ここ数年で多くの邦語文献が発表されている。芦部2016、中野ほか編2016、板橋2016。これらの研究に共通する関心のひとつは、カトリシズムが実践・政策の側面で現実社会に現れてくるかを具体的に示すことにあるだろう。
 3）「これまでカトリシズムには、様々な神学「思想」や「教説」はあったけれども、近代思想一般に対抗しうるだけの有機的かつ体系的なカトリック《世界観》が欠けていた（というよりは、「普遍」主義のたてまえから原理的にその必要をみとめるわけにいかなかったのである）。しかし、近代を「全否定」するのみならず、より積極的にこれと対抗するためには、近代の諸現象や諸概念をカトリックの立場から再解釈し意味づけることのできる一元的な《世界観》の確立が不可欠であった。つまり、「普遍」主義のたてまえを捨てて、ある部分や党派を代表するという意味での「イデオロギー」を確立せざるをえなくなったのである。そして、そうした一種の「公認イデオロギー」の役割を担うことになったのがネオ・トミズムだったのである」。
 4）本節については、作内2016a; 2016b に基づく。
 5）専門家を社会的認知の点から再構成した研究として岡山2012。
 6）Overheden（Overheid の複数形）とは、公的な諸機関一般をさす。ロメは政府 Regeering の代わりに Overheid を使った理由として、地方や職能といった下位の機関も執行を担うことからこの言葉を用いたという（Romme 1945, p. 15）。
 7）カトリック社会教説については、日本でも多くの紹介がある。たとえば小谷1992、村上1989、48-52頁、芦部2016、124-127頁、村松2006、51-103頁など。

参考文献

Abma, R.（1977）"Het Plan van de arbeid en de SDAP," *de Bijdragen en Mededelingen betreffende de Geschiedenis der Nederlanden*, 92(1), pp. 37-68.
Bank, J.（1978）*Opkomst en ondergang van de Nederlandse Volksbeweging（NVB）*, Kluwer.
Bornewasser, J. A.（1978）*Katholieke Hogeschool Tilburg. Deel I. 1927-1954*, Amboboeken.
Bornewasser, J. A.（1995）*Katholieke Volkspartij 1945-1980. Deel I. Herkomst en groei（tot 1963）*, Valkhof.
Bosmans, J.（1991）*Romme. Biografie 1896-1946*, Het Spectrum.
Buys, J. T.（1865）"De donkere dagen voor Kersmis," *De Gids*, 29 I, pp. 1-24.
Buys, J. T.（1869）"De Conservatieve partij," *De Gids*, 33 IV, pp. 72-107.
Doorn, J. A. A.（1981）"Corporatisme en technocratie. Een verwaarloosde polariteit in de Nederlandse politiek," In: *Beleid en Maatschappij*, jrg. 1981, nr. 5, pp. 134-149.

Goddijn, W. en J. Sloot (1978) "Katholieke Sociologie. Een opkomst en ondergang van een sociale leer," In: F. Bovenkerk et al. (red.), *Toen en thans. De sociale wetenschappen in de jaren dertig en nu*, AMBO, pp. 168-174.

Grunell, M. en J. W. van Eerten (1978) "Terug op Marx en verder. Een schets van de relatie marxisme en sociologie in Nederland in de jaren dertig," In: F. Bovenkerk et al. (red.), pp. 236-246.

Helderman, C. (2004) "De Hoge Raad van Arbeid, 1919-1940(-1950)," *Tijdschrift voor Sociale en Economische Geschiedenis*, 2004(2), pp. 45-70.

de Hen, P. E. (1980) *Actieve en re-actieve industriepolitiek in Nederland*, De Arbeiderspers.

den Hoed, P. (2007) "Een keur van raadgevers. Honderd jaar vaste adviescolleges," In: P. den Hoed et al. (red.), *Op steenworp afstand. Op de brug tussen wetenschap en politiek.*, Amsterdam University Press, pp. 13-235.

Hoogenboom, M. (2004) *Standenstrijd en zekerheid. Een geschiedenis van oude orde en sociale zorg in Nederland*, Boom.

Kuyper, A. (1907) *Ons Program* [*5de druk*], Hoveker & Wormser.

Luykx, P. (2000) *Andere Katholieken. Opstellen over Nederlandse katholieken in de twintigste eeuw.*, SUN.

Romme, C. P. M. (1945) *Nieuwe grondwetsartikelen. Een bijdrage tot herstel en vernieuwing*, Amsterdam.

Staatspartij, R. K. (1936) *Algemeen Staatkundig Program en daarbij behoorende toelichting*, Uitgave van het Algemeen Secretariaat der R.K.Staatspartij.

Schaepman, H. J. A. M. (1883) *Een Katholieke partij. Proeve van een program.*, van Rossum.

Snijders, J. (1945) *Partijvorming op principiële grondslag*, Helmond.

Vossen, K. (2003) *Vrij Vissen in het Vondelpark. Kleine politieke partijen in Nederland 1918-1940*, Wereldbibliotheek.

芦部彰（2016）『カトリシズムと戦後西ドイツの社会政策――1950年代におけるキリスト教民主同盟の住宅政策』山川出版社。

板橋拓己（2016）『黒いヨーロッパ――ドイツにおけるキリスト教保守派の「西洋（アーベントラント）」主義、1925～1965年』吉田書店。

伊藤武（2012）「専門性とデモクラシーの文脈化――発展と変容」内山融・伊藤武・岡山裕編『専門性の政治学――デモクラシーの相克と和解』ミネルヴァ書房、305-324頁。

岡山裕（2012）「専門性研究の再構成」内山融・伊藤武・岡山裕編『専門性の政治学――デモクラシーの相克と和解』ミネルヴァ書房、19-51頁。

小谷眞男（1992）「教皇回勅"Rerum novarum"とその成立過程――〈カトリック家族論〉研究の基礎作業」『社会科学研究』44(3)、151-185頁。

作内由子（2016a）「オランダにおける「政党」の成立――保守党の失敗とカルヴァン派政党の成功」水島治郎編『保守の比較政治学――欧州・日本の保守政党とポピュリズム』岩波書店、57-58頁。

作内由子（2016b）「オランダ・カトリックの政党観――スハープマン『試論』（1883年）を中心に」『獨協法学』100、200-222頁。

サルトーリ、G.(2009)『現代政党学』早稲田大学出版部。

田口晃（1988）「コーポラティズムと議会――オランダの場合」『年報政治学』38、51-66頁。

中野智世・前田更子・渡邊千秋・尾崎修治編（2016）『近代ヨーロッパとキリスト教——カトリシズムの社会史』勁草書房。
水島治郎（1999）「オランダにおけるプラニスムの形成と展開」『甲南法学』39（3、4）、221-272頁。
水島治郎（2001）『戦後オランダの政治構造——ネオ・コーポラティズムと所得政策』東京大学出版会。
水島治郎（2005）「中間団体と公共性——オランダにおける「中間団体政治」の展開」『公共研究（千葉大学）』2(2)、142-176頁。
村上信一郎（1989）『権威と服従——カトリック政党とファシズム』名古屋大学出版会。
村松惠二（2006）『カトリック政治思想とファシズム』創文社。

第 7 章
新しい社会の民主主義と政党
占領下と亡命政権のチェコスロヴァキア戦後構想

中田瑞穂

　本章の目的は、チェコスロヴァキアにおいて、第二次大戦後の政治体制について、抵抗運動指導者や政治家が戦時中にどのような構想を持っていたのかを示すことである。

　本書で扱われる国の中で、チェコスロヴァキアはやや特異な位置を占めている。第二次大戦後、同国では共産党とそれ以外の政党の連合政権による人民民主主義体制がつくられ、社会主義への独自の道を目指したが、1948年以降は事実上ソ連に類似した共産党の一党支配が行われる社会主義体制の国家となった。戦後民主主義の論集の中で、戦後「民主主義の側」、西側陣営に属さなかった国が対象とされるのは奇妙に思われるかもしれない。

　しかし、チェコスロヴァキアには、戦後民主主義を考察するのに鍵となる要素がある。それは、広い意味での経済民主主義の戦後構想が多様に展開されたことと、それが実際の戦後体制に部分的に引き継がれたことである。

1　新しい社会の戦後構想

経済民主主義思想とチェコスロヴァキア

　経済民主主義の思想は、第二次世界大戦中、戦後の新しい社会における新秩序の構想として、ヨーロッパ全体で広く影響力を持ったもののひとつであり、経済、社会体制に多くの影響を与えたが、戦後の政治体制との関係は明白ではない。チェコスロヴァキアでは、経済民主主義思想の影響を受けた多様な戦後構想が展開されており、多くは政治体制についての議論も含んでい

る。また、戦後のチェコスロヴァキアでは、1945年から1948年の間の人民民主主義体制として、これらの構想の一部が、既存制度や共産党の戦後構想と妥協しながら現実の政治体制となっている。チェコスロヴァキアを対象とすることで、広い意味での経済民主主義という思想が、どんな政治体制構想と結びつきうるのか、それはどのような「戦後民主主義」体制を生みうるのかを考察することは、ヨーロッパ全体の戦後民主主義理解にも貢献しうるであろう。

ナチス支配と新しい社会

チェコスロヴァキアを対象とすることは、もうひとつ重要な要素を意識することにつながる。それはナチス・ドイツのインパクトである。

当然のことながら1940年代前半はナチス・ドイツこそが「欧州新体制」の主役であった。1941年から1942年の時点でみるとヨーロッパ大陸は、スイス、スウェーデン、イベリア半島を除き、ほぼナチス・ドイツとその同盟国の支配下にあった。この広範な地域で、ドイツの直接支配地域と同盟国地域による差はあるものの、30年代までの政治、経済、社会体制を否定した新しい秩序の構築が目指されたのである。短期間ではあるものの、強権的に導入された社会、経済体制の変革は抜きがたい影響を及ぼした。

そのため、それ以前の秩序を復興することは、困難であった。また、多くの場合望まれてもいなかった。ナチス・ドイツによる支配、あるいは同盟国の権威主義体制化を招いたのは、1920年代、1930年代の体制の失敗であると認識されていたためである。

そのなかでも、チェコスロヴァキアは、チェコ部分がナチスの占領を受け、社会経済体制の変容を経験した。ナチスの後見のもと、カトリック的コーポラティズム国家を作ったスロヴァキアでも社会、経済体制の変更はあったが、その度合いは占領下のチェコ部分のほうが大きかった。不可逆的な変更を被ったという認識は、おそらく他国、他地域よりも強く、それが戦後のチェコスロヴァキアは「新しい社会」になるという強い信念につながっているのではないだろうか。本章では、このナチス支配の影響にも焦点を当てながら、

第 7 章　新しい社会の民主主義と政党

戦後構想を分析することにしたい。

二項対立の見直し

　上記の視点から戦後構想をみることは、従来のチェコスロヴァキア史における戦後構想の見方を見直すことにもつながる。

　チェコスロヴァキアを含めた中・東欧諸国の戦後体制については、民主主義対社会主義、西側対ソ連の枠組みで議論することが通常であろう。国内勢力の性質も、国際的立ち位置もその二項対立の中に配置されている。そこでは、民主主義を「守る」のか、「ソ連化」「共産化」するのかという図式が当てはめられがちである。

　チェコスロヴァキア史では、戦時下の活動については、亡命政治家についても、抵抗運動についても、共産党以外の勢力と共産党勢力に二分して分析してきた。社会主義時代の公式史観では、前者を戦前のチェコスロヴァキアの政治権力を再建しようとしているブルジョワ勢力、後者を社会的に平等な新しい社会の建設を目指す共産党としてきた（Gebhart 1985, pp. 59-60）。一方で、共産党の支配体制確立後に亡命を余儀なくされた政治家たちは、前者を民主主義勢力と呼んで後者の共産党と区別し、社会主義体制崩壊後の歴史学もこれを踏襲している。評価は異なるものの、対立しあうものとして描いている点では共通している。1990 年代以降、すでにかなりの実証研究が積み重ねられ、本章もそれに多くを負っているが、二項対立で解釈する枠組みは現在も継続しており、戦後構想や戦後の人民民主主義体制の解釈に影響を与えている。

　チェコスロヴァキアの再建にあたり、ソ連やソ連を後ろ盾にした共産党の構想や意向も強く反映した人民民主主義体制がつくられたこと、また冷戦確立とともにチェコスロヴァキアでも 1948 年 2 月以降共産党の一党支配が成立したことは確かである。しかし、二項対立の見方では、人民民主主義体制は「民主主義勢力」がモスクワの意向に屈した結果であり、戦後の国民戦線政権のような共産党と他の勢力の協力関係は、ソ連の圧力として説明される。またその結果、当初から共産党権力の拡大の種が埋め込まれており、1948 年

2月には、共産党に権力奪取されてしまうという解釈になる（Pehr 2011; Holzer 2017）。

　その結果、実際に「民主主義勢力」はどのような政治体制を目指していたのか、人民民主主義体制は「民主主義勢力」の希望とかけ離れたものだったのか、どの程度「民主的」といえるのか、という重要なポイントが不明確になっている。

　本章では、実際にそれぞれの政治勢力が目指していた戦後構想を検討しなおすことで、このような二項対立の枠組みから離れることを目指している。先行研究でも、各勢力の戦後体制についての構想を紹介はしているものの、二項対立の枠組みから導き出されるストーリーに当てはめて解釈される傾向が強かった。ここでは経済民主主義思想とその政治制度との関係に焦点を当てることによって、各戦後構想の近さと違いを描き出すことを試みる。それによって、政治主体同士の接近や対立についても、国際的力関係以外の点からもみることができるだろう。

　1945年から1948年の人民民主主義体制の成立には、近隣諸国における共産党の影響力の保持というソ連の安全保障上の関心が確かに大きな要因となっている。しかし、人民民主主義体制はチェコスロヴァキアでは共産党とソ連に押し付けられただけのものではなかった。それに加えて、新しい政治経済秩序、新しい民主主義を構築しようという強い動機を多くのアクターが持っていたことにも注目すべきである。これら諸勢力の間で一定の合意があったからこそ成立した体制であり、短い期間しか続かなかったとはいえ、ここには第二次大戦後の新しい社会における新しい民主主義のあり方の模索の一端も現れている。

分析の焦点としての民主主義観と政党

　以上の前提に立ち、本章では、戦時中のチェコスロヴァキアの亡命政府と占領下の抵抗運動に焦点を当て、具体的にどのような構想が描かれていたのかの分析を行う。

　1939年以降、チェコスロヴァキアのチェコ部分はドイツ占領下におかれ

ていた。戦後の政治体制の構想を示したのは、チェコ国内の共産党系、非共産党系の抵抗運動と、国外の亡命政治家らである。亡命勢力は、ロンドンの亡命政権のベネシュ元大統領や政党指導者ら、ベネシュと別の亡命運動を展開しようとしたホジャ元首相ら、モスクワに亡命していた共産党員らに分けられる（ロンドン亡命政権については、林 1992；矢田部 2004 に詳しい）。共産党系の抵抗運動とモスクワの亡命共産党勢力は密接につながりを維持しており、戦後構想も一体であった。

　戦後構想については、第一共和国との連続性、チェコとスロヴァキアの関係、中央ヨーロッパの国家連合構想、ドイツ人の処遇という国家の枠組みをめぐる大きな争点があり、従来の研究でもそこに重点が置かれていることが多いが、本章では、国内政治体制についての構想を中心に検討する。また、スロヴァキア内部の動向についてはチェコ部分とは別個の展開となっており、本章では扱うことができない。

　分析の際、焦点とするのは、民主主義観と政党である。民主主義という言葉自体は、対象とするすべての政治勢力が使っており、民主主義という言葉で何を意味しようとしているのかを十分吟味する必要がある。特にこの時期しばしば使われたのが前述の経済民主主義思想に基づく経済の民主化という概念である。経済の民主化は、経済への国家介入と計画化、社会保障の構築によって、人々の経済状況がより平等で安定したものにするという点まではほぼ共通しているが、計画や統制への参加、あるいは労働組合を通しての経営への参加など、勤労市民の経済的決定への参加を含んでいる場合もある。教育の平準化などを通した人間の成長、それに伴う社会の民主化も当時の論点のひとつであった。

　そのうえで、議会や政党など従来の議会制民主主義の諸制度については、どのような形を想定しているのだろうか。政党を通しての社会と政治のつながり方をどのように考えるのか、民主主義にとって政党は必要と考えるのか、また、適切な政党の数とは何か、などの点が議論されることになる。

　これら民主主義観と政党に焦点を当てながら、各政治勢力の背景、当時の政治的立場にも十分留意しつつ、分析し、見取り図を示していきたい。

構成としては、第 2 節のはじめにいわゆる保護領の占領下の政治経済体制の変容を確認し、そのうえで、国内抵抗運動の戦後体制構想を分析する。第 3 節では、国外亡命者たちの戦後構想を扱い、最後にこれらの構想の分析から明らかになる点をまとめる。

2　占領下の戦後政治体制構想

第二共和国、保護領下の政治体制

1938 年の 9 月にミュンヘン協定が調印されると、10 月にはドイツ軍がズデーテン地方を占領した。そのほか、ハンガリー、ポーランドもチェコスロヴァキアの領土の一部を支配下に置き、チェコスロヴァキアは国土の 3 分の 1 を失った。残されたチェコスロヴァキアの中で、スロヴァキア、ポトカルパッカー・ルスには自治政府が樹立され、11 月に第二共和国と呼ばれる時期が始まった。しかし、これも短期間しか続かず、1939 年 3 月 15 日にはドイツ軍が残りのチェコ地域を直接占領し、3 月 16 日にはボヘミア・モラヴィア保護領が宣言される。それに先立ち 3 月 14 日には、ナチス・ドイツの保護のもと、スロヴァキアでは共和国の独立が宣言された。

保護領では、総督府の支配下に、チェコ人の保護領政府が行政を行う形態がとられた。チェコ人の自治は一応維持されたものの、国民と政治の回路は新しい国民政治運動組織である「国民共同体」（Národní souručenství）に一元化され、政治の多元性は失われた。

ただし、多元性が失われたのは、ナチス・ドイツの占領の影響ばかりではない。第二共和国時にすでにチェコ諸政党のイニシアティヴで政党再編が行われていたのである。

戦間期の第一共和国では、農業、カトリック、労働者の諸政党がチェコ、スロヴァキア、ドイツ、ハンガリー、ポーランドの各国民集団ごとに存在し、選挙に参加する政党数は 20 を超えていた（中田 2012）。政党数が多いことは、議会における安定した多数派形成にとって不利な要素ではあったが、社会、

経済的利益を同じくする政党が、国民横断的に提携する政党システムは、多くの国民を抱える共和国の安定要因でもあった。

　ミュンヘン協定後の第二共和国のチェコ部分では、国民的危機を乗り切る権威主義体制の構築が進められ、国民統一、農業党、商工中産党、人民党、国民社会党の一部、その他の小規模のファシスト政党が、国民統一党に合同し、元農業党のベランが国民統一党党首として首相に就任した。共産党は国家にとって危険な政党として解散させられた。しかし、全政党の合同には至らず、社会民主党を中心に、国民社会党の一部と、数人の共産党員を加えた国民労働党が野党として形成された。このように第二共和国の時点ですでに社会、経済的利益、職能団体別の政党組織が放棄されていたことは重要である。

　1938年12月の授権法では、執行権が強化され、法律と同様の効力を持つ政令による統治が2年間承認された。議会はこれ以降招集されず、上下両院の合同常置委員会と経済関連の委員会のみが活動を続けた（Gebhard 2010, p. 218; Holzer 2017, p. 58）。1939年2月には非選出の協同体主義的な経済国家評議会が設立された。第二共和国は国民主義的、コーポラティズム的な権威主義体制に向かっていた。

　しかし、この新しい政治体制成立後間もなく、第二共和国は終焉し、保護領総督府の占領下の政治が始まった。保護領では、社会経済、文化的な利益や指向性の相違を前提とした多元的組織が廃止される強制的同質化が実施されたが、国民の動員はドイツ本国に比し形式的なものにとどまり、脱政治化したテクノクラティックな社会経済運営が進んだ。

　第二共和国のハーハ大統領は留任し、国民統一党のベラン首相と、国民労働党党首で元社民党党首のハンプルらとの話し合いに基づき、すべての政党を合同し、ハーハを党首とする「国民共同体」が結成された（Gebhard 2010, pp. 217-218）。1939年3月21日には、ハーハは共和国の上下院を正式に解散し、50名からなる国民共同体委員会を任命した。同委員会は3月23日に設立集会をもち、保護領政府の議会にあたる役割を果たすこととなった。

　ハーハや旧政党指導者が国民共同体を構築したのは、ドイツの直接統治か

ら国民を保護し、チェコ内のファシスト組織の権力の膨張を抑えるという目的があった。国民共同体にはすべてのチェコ人成年男子が所属を義務づけられた。女性は 1940 年から入党することになったが、入党は食料配給券給付の条件となったので入党を意識せずに入党するものも多かった（Národni souručenství, Institut Terezinské iniciativy）。ユダヤ系市民は所属できなかった。

　保護領下の社会の強制的同質化において、重要な要素となったのは、労働組合の統一である。第一共和国では、労働組合は部分社会ごと、政党系列ごとに組織されていた。第二共和国のもとでも労働組合の合同の議論は行われていたものの結論は出ていなかったところ、1939 年 6 月 30 日の内務省令によって、国民被用者労働中央組合（Národní odborová Ústředna zaměstnanecká: NOÚZ）が成立した（Rákosník 2012, p. 109; ČMKOS, Historie odborů）。その際には、公務員組合は別組織だったが、これも 1941 年に NOÚZ に合併し、総督府や保護領政府が労働組合を中央集権的に統制できるようになった。NOÚZ の組織形態は民主的なものではなかった。指導者は組合員による選出ではなく、保護領政府から任命され、総督府の合意も必要であった（Státník 2001, p. 694）。NOÚZ は生産現場の争議を抑制し、保護領の社会の安定を確保する手段として機能した。

　第二次大戦末期には、NOÚZ 内にドイツ敗戦後の改革に備える活動家組織が生まれ、彼らを中心に NOÚZ から新しい労働組合組織、革命労働組合運動（Revoluční odborové hnutí: ROH）が設立され、戦後の共産党の大衆基盤となっていく（ČMKOS, Historie odborů）。戦後政党は再建されたものの、政党ごとの労働組合が再建されることはなかったのである。

　保護領の労働者にとって重要な機関となったのは、1939 年に設置された中央労働局であった。労働局は労働義務の導入とセットで導入され、1939 年夏には 18 歳から 50 歳の市民に、1943 年からは男子は 16 歳から 65 歳、女子は 17 歳から 45 歳の市民に労働が課せられ、戦時経済に向けて動員された（Rákosník 2012, pp. 111-112）。中央労働局によって、失業問題が効果的に解消されたことは、ロンドンに亡命していた政治家にも高く評価された。労働者の権利や賃金の水準は抑制されたが、失業が解消し、中央社会保険基金など

社会保障が整備されたことで、ロンドン亡命政権への中立国トルコアンカラの連絡者からの国内情勢報告書の中でも、労働者は生活状況には相対的に満足していると記されている (Čechurova 2003, č. 30, p. 189)。

強制的同質化はドイツ社会に大きな影響を与え、戦後ドイツの包括政党成立の前提もつくった。ドイツではその期間はナチスが政権掌握 1933 年から 1945 年の敗戦まで 12 年間に及んだのに対し、チェコスロヴァキアでは 1939 年から 1945 年の 6 年間に過ぎず、ドイツと比較すれば短い。しかし、労働組合など政党を支えてきた社会組織の解体も含め、その影響はかなりのものであったといえるだろう。

国内の非共産党系抵抗運動と新秩序構想

① 国内抵抗運動　　以上のように保護領では翼賛組織以外の合法的な政治活動は禁止されたが、非合法の 3 系統の抵抗運動が組織された。占領前の政党政治を継承する政治中央機関（Politické ústředí: PÚ）、「われわれは忠実であり続ける」請願委員会（Petiční výbor věrni zůstaneme: PVVZ、以下、請願委員会 PVVZ と略記）、軍人、兵士を中心とする軍事抵抗グループの国民防衛軍（Obrana národa: ON）、の 3 組織である（Kuklík and Němeček 1999; 矢田部 2004, p. 26; Koura 2005, pp. 106-107）。

政治中央機関 PÚ は第一共和国の政党から構成され、その頂上組織は各政党の代表者からなる「非合法のピェトカ」のようなものを目指していた（Koura 2005, p. 106）。ピェトカとは、チェコ語で数字の 5 を意味し、第一共和国で機能していた主要 5 政党の合議機関である。政治中央機関 PÚ の綱領委員会で、ブルノの憲法研究者ズデネック・ペシュカ（Zdeněk Peška）を中心に策定された戦後秩序構想は、経済、社会領域の一定の改革を構想しつつ、政治システムについては、第一共和国の制度を維持するというものであった。しかし、政治中央機関 PÚ は非共産党系抵抗運動の中で中心勢力となれず、第一共和国の政党政治に批判的な他の 2 つの抵抗運動の影響力が強まることになる。

請願委員会 PVVZ は、第一共和国の社民党の中でも改革志向の強い知識人

が集う労働者アカデミー（Dělnické akademie）を核としていた。ヨゼフ・フィッシャー（Josef Fischer）などこれらのグループは、第一共和国期から『新しい自由』（Nová svoboda）など社民党左派の理論誌を中心に活動し、30年代中頃には経済・政治体制革新構想も発表していた（中田 2012、261-268 頁；Malínský 2017）。これらのメンバーに労働組合の活動家、国民社会党のメンバー、福音派教会のメンバーなど幅広いバックグラウンドの人々が集まった請願委員会 PVVZ では、当初から、ミュンヘン以前の体制の「再建」ではなく、経済的、社会的な「体制変革」が必要であると考えていた（Kocian 2002, p. 26; Koura 2005, p. 107）。

また、国民防衛軍 ON は、個々の政治家についても、政党政治そのものについても批判的であり、彼らの持つ武力を第一共和国の政党政治家が利用する可能性を警戒していた（Koura 2005, p. 107）。請願委員会 PVVZ や国民防衛軍 ON は、政治中央機関 PÚ と異なり、既存政党単位の参加ではなく、もとの政党所属にかかわらない、個々の活動家が自発的に集まった組織であった（Kocian 2002, p. 26）。

このような方向性や組織構造の違いを持ちつつ、1940 年春には 3 つの国内非共産党抵抗運動の調整機関として国内抵抗運動中央指導部（Ústřední vedení odboje domácího：以後中央指導部 ÚVOD と略記）がつくられた（Koura 2005, p. 107）。中央指導部 ÚVOD では、1941 年に『自由のために、新しいチェコスロヴァキア共和国へ』（Za svobodu do nové Československé republiky）（以下『自由のために』と略記、本章では 1945 年の第二版を参照）という戦後構想についての綱領をまとめている。この『自由のために』は次の項で詳しく取り上げる。

保護領の前半は抵抗運動にも活動の余地があり、保護領政府と、国内の抵抗運動、亡命政治家は、総督府の監視の下、限られた範囲で相互に連絡をとりあっていた。しかし、1941 年 10 月にラインハルト・ハイドリヒ（Reinhard Heydrich）が副総督に着任すると総督府の圧力は増し、その月のうちにヨゼフ・フィッシャーを含む中央指導部 ÚVOD の主要指導者のほとんどが逮捕され、その後多くが処刑された。抵抗運動は壊滅的打撃を受け、1942 年 1 月にはエリアーシュ首相も逮捕された。

抵抗運動系の戦後構想は一度ここで打ち切られてしまった。しかし、『自由のために』のプログラムは 1944 年にブルノで結成された「三」評議会（Rada tří）など非共産党系の国内抵抗運動のプログラムとして支持され続けた。

② **抵抗運動の新秩序構想と政党**　中央指導部 ÚVOD の戦後構想は、『自由のために』にまとめられている。執筆の中心となったのは、ヨゼフ・フィッシャーら請願委員会 PVVZ のメンバーである。130 頁を超える包括的な綱領で、1941 年の春には最終版が完成したとみられているが、メンバーが逮捕されたため、最終稿は残されておらず、いくつかのコピーが残され、戦後出版された（Čechurová 2003, p. 147）。綱領の一部はロンドン亡命政権にも伝えられた。

『自由のために』では、民主主義の仕組みがデマゴギーによって反民主主義的体制の設立に利用される経験から、多数派政権や選出代表のような民主主義の形態だけでは不十分であると主張する（Za svobodu 1945, pp. 52, 54）。『自由のために』によれば、これまでの民主主義の最大の弱点は、形式に満足し、十全な民主主義に欠かすことのできない要素である自由と平等を軽視していたことである。階級のない社会を実現し、経済生活を民主的な基礎の上に打ち立てねばならない。そのためには資本主義ではなく多数の利益と必要が決定権を持つ計画経済が不可欠であるという（Za svobodu 1945, p. 56）。

このように経済の民主化、計画化を必然とする一方で、『自由のために』では、個人主義の立場をとる。この個人主義は、政治、経済社会、文化生活において十全に民主主義が実現し、平等と社会的公正のもとで自由な市民が自らの人格を発展できてはじめて現実のものになるのであり、これが民主化された個人主義であるという。彼らによれば、リベラリズムは個人主義を標榜しつつ、民衆に寄り添ったものになることができなかった。また、公的生活の「政治化」こそが重要であり、脱政治化を許してはならないとも主張している（Za svobodu 1945, p. 57）。

経済体制については、統制経済を導入し、その統制機関として、議会、大統領、政府が選んだメンバーからなる経済国家評議会の設立を提案する（Za svobodu 1945, p. 85)。

　以上のように、『自由のために』は、民主的原則に基づく経済を実現するために統制経済の導入を主張しているが、経済的平等、公正による個人の人格の発展を重視し、民主化された個人主義を主張している点が特徴的である。集団主義の要素はみられず、国有化、社会化の主張も限定的である。フィッシャーはパラツキーの注釈者として知られ、マサリク周辺の知識人グループに属するなど、ニュー・リベラリズム、非マルクス主義的社会主義の伝統を引き継いでおり、それが綱領にも反映されている（Gebhart 1985, p. 86）。それゆえに、多様な背景を持つ抵抗運動に受け入れられることができたといえよう。

　政治体制に関しては、ミュンヘン以前の政治システムの復活を目指さず、国民革命委員会を形成し、それをのちに国民革命議会に拡張、国民革命政府が執行権を持ち、革命的処置を実施するとされた。新しい政治制度については二院制の議会を一院制にし、立法権のない経済国家評議会と文化国家評議会を作る、大統領の直接選挙制などさまざまな提言が含まれている（Za svobodu 1945, pp. 68-69）。

　政党については、まず「国民共同体」は、ドイツから強制されたものであり、これまでの政党が権力基盤を維持するのを隠していたとして、廃止、解散を提言する（Za svobodu 1945, p. 61）。そのうえで、「以前の政党は復活しない。今までの指導的政治活動家は権力から疎外される」（Za svobodu 1945, p. 61）と述べ、旧政党の復活も否定した。

　『自由のために』では、第一共和国の連合政治における政党指導者間の合意に関しては、平時の漸進的改革の成果は認めるものの、合意のための合意であり、ファシズムの内外からの攻撃に対応できなかったと評価する（Za svobodu 1945, pp. 71-72）。また、政党には党派政治や党官僚の専横、クライエンテリズムなどの欠陥があったことは認めつつ、これを批判して登場した一党制の独裁制には競合も相互監視もなく、このような欠陥は克服されるどころか横溢しているという。しかし、民主主義においては、国家の政治的意思決定者を市民が決定することが重要であり、政党はそれに綱領的基礎を与え

第7章　新しい社会の民主主義と政党

る重要な役割を果たしている。政党の問題点については、党内民主主義の徹底で対処すべきであるとされる。

その政党はどのように形成されるのであろうか。『自由のために』では、戦後、国民の発展段階に対応した自然な政治的分節に応じ、新たな政党が形成されるとしている。ただし、職能身分、地方ごとの政党は、市民を国民、国家の観点から遠ざけるので、革命政府はサポートすべきではない。いずれにせよ、民主的秩序の下では政党は自由であり、許可制で縛ってはならないと述べている。

フィッシャーらは 30 年代には既存政党の存在を前提に社会、経済新秩序を模索していた。『自由のために』でも、第一共和国の連合政治に一定の理解を示している。しかし、戦後には、新しい政党がつくられるべきであるという立場をとったのは、ミュンヘン協定以降の既存政党の解体をふまえ、これを機に職能的利益代表ではない新たな政党をつくるべきだと考えたのであろう。職能的利益については別個のルートを作るとも述べており、これは経済評議会のことを念頭に置いたものと思われる。

『自由のために』の綱領の位置づけについては、次節で亡命政治家たちの戦後構想と比較しつつ振り返ることにしたい。

③ 保護領統一労組幹部ハイスの見解と『自由のために』　そのまえにここで、この綱領の執筆者のひとりアルノ・ハイス（Arno Hais）について、スタートニークという研究者が掘り起こした興味深い事実に触れておきたい（Státník 2001）。ハイスは社民党系の労働組合活動家で、前述の NOÚZ で第一副書記、第一書記、副議長という高い地位を歴任し、新聞部門、プロパガンダ部門を指揮していた（Státník 2001, p. 695）。同時にハイスは PVVZ の組合グループで活発に活動し、『自由のために』の経済民主主義、社会政策、組合に関する部分の執筆に深くかかわっていた。

ハイスは保護領の組合幹部として『石とモルトの労働者』という雑誌に書いた記事の中で、国家による経済統制を称賛し、経営者は国民経済の全体計画に従い、その中で発展すべきであると述べている（Dělník Kamene a zemin 1.VIII.1940, Státník 2001, p. 703 より）。また、統一労働組合は、労働者を資本家

による歯車のような扱いから解放し、人間的尊厳をもって働けるようにするために重要であるとしている。

このようなハイスの見解は、『自由のために』の経済計画や労組についての構想にもつながる部分がある。労働組合については、統一労組の必要性のほか、労働組合の民主性の維持、労働組合が工場委員会による労働の自治を実現することを目標にかかげており（Za svobodu 1945, p. 108）、もちろんナチス占領下の統一労組が労働者管理の機能を果たしていたことと比べると大きな違いがある。しかし、占領下の計画に基づく統制経済やその一翼を担う統一労組という枠組み自体は、機構を民主的に統制することによって、経済民主主義のメカニズムに変えられると考えた可能性はある。

なお、ハイスは、ソ連批判の論説も書いており、ソ連の体制はツァーリの独裁が党の独裁に代わったものであり、生産現場を考慮しない生産計画は、労働者の物質的状況を改善しないばかりか最低のものにしていると述べている（Národní práce 17. Ⅲ .1942, Státník 2001, p. 707 による）。このような批判は、ナチス総督府を意識してではなく、彼の実際の考えだったのではないかとスタートニークは解釈している（Státník 2001, p. 707）。

ナチス支配下の改革の当事者が、経済民主主義の改革を目指していたことは、ナチス体制と経済民主主義の制度的基礎の近さを示しているといえよう。

3　国外亡命諸勢力の戦後構想

次に、国外亡命勢力の戦後構想をみていきたい。国外に亡命したチェコスロヴァキアの政治家たちは、ロンドンに本拠地を置いたベネシュら、フランスの後押しを受けたオススツキー、フランスからアメリカに渡ったホジャ、モスクワに亡命した共産党政治家に大別される。オススツキー、ホジャはスロヴァキア自治を戦後構想に盛り込もうとするが、ベネシュはミュンヘン協定の無効と第一共和国の法的継続性を主張、スロヴァキア問題はあくまで戦後にチェコスロヴァキア市民が決定するとし、両者は対立した。結局、イギリスの後ろ盾を得たベネシュがロンドンで暫定国家機構を立ち上げ、ソ連、

英米からも亡命政権としての承認を得た。暫定国家機構ではベネシュが大統領となり、内閣や各省庁から成る政府組織、議会の役割を持った国家評議会がつくられた。

本節では、ベネシュ、農業党のファイアーベント、社会主義左派のフェルリンゲル、亡命政権社会保障省の戦後構想を順次検討する。

ベネシュの戦後構想

まず、ベネシュの戦後構想をみていきたい。ベネシュは人民民主主義体制の共和国にも大統領として帰還し、実際の戦後秩序にも直接の影響を及ぼすことになる。

ベネシュはミュンヘン協定後、イギリスに亡命し、1939 年 2 月から 6 月にシカゴ大学で講義を行った。その講義をもとに 1939 年英語で出版されたのが『今日と明日の民主主義』(Beneš 1939) である。その後、1939 年 9 月のポーランド侵攻による開戦、1940 年年 5 月のフランスの敗戦を経て、1941 年 6 月 22 日に独ソ戦が勃発する。ベネシュは、このあと、1941 年の後半から 1942 年初頭にかけて、「戦後のヨーロッパと世界の民主主義の再編」と「戦後民主主義の再生と未来」の 2 章を書き足し、1942 年にチェコ語で出版している (Beneš 1947)。ベネシュが戦後構想を展開しているのはこの最後の部分である。

ベネシュは、戦後、経済は資本主義的な自由競争から、科学的計画による生産、分配へと進んでいくとみていた (Beneš 1947, pp. 227-228)。そのために生産手段の社会化、集団化が必要である。集団主義の要素は、個人主義の立場に立つ民主主義とは対立するが、この点では、民主主義が変化し、生産と分配以外の分野における自由は維持しつつ、共産主義のモデルに接近することになるというのがベネシュの考えであった (Beneš 1947, pp. 225-226)。また、ナチスや同盟国の支配の下、所有権の形態に大きな変動が生じており、解放後はそれを足掛かりにスムーズな社会化、集団化を実施することができるとも述べており (Beneš 1947, pp. 238-239)、ナチスの新秩序を戦後新秩序に応用する発想は、ベネシュの構想にもみられる。

民主主義については、「われわれはリベラルなブルジョワ的な民主主義の社会から、より良い、完成された、社会的に経済的により繁栄した社会化する民主主義の新しい段階へと移行する途上にある」と述べている（Beneš 1947, p. 256; Pehr 2005, p. 132）。

　この「社会化する民主主義」の中で、政治体制はどのような特色を持つようになるのであろうか。まずベネシュの議論に目立つのは、戦前の民主主義における政党と政党指導者への批判である。ベネシュは政党と政党政治家が党派利益を追い求め、国家権力と党内権力をめぐりエゴイスティックな闘争を行い、国家、国民の利益をないがしろにしたと厳しく批判する（Beneš 1947, pp. 218, 264-265）。ベネシュの考える理想的な政治家とは、社会科学の学問の成果を現実の問題分析、解決に生かすような政治家である。政党間の競合のために相手の政策を間違っていると言い立てるような政党政治家は客観的とはいえず、自由、独立の精神を失った政党政治は民主的ではない。

　しかしベネシュは、政党は市民の自由にとって必要であり、民主主義にとっていわば必要悪であると述べる（Beneš 1947, p. 263）。政党の「悪」を規制したうえで利用していく必要があり、保守と左派の2党ないし、それに加えた中道の3党に数を絞った政党システムが望ましいと述べている（Beneš 1947, p. 274）。

　また、「社会化する民主主義」においては、経済や公共生活が計画化、規制化されるので、市民が完全に自由に、根本的な憲法的な位置づけなしに政党をつくったりすることは認められず、この点でも19世紀、20世紀の自由主義は改革されるとする（Beneš 1947, p. 277）。同時に、階級、階層が減退し、社会が平準化されていくので、これまでのような部分利益を代表する政党はなくなるとも主張している（Beneš 1947, p. 280）。

　本書では、政党数の縮減にはわざわざ一節があてられており、大きな比重が置かれている。しかし、戦後の政治体制において政党が果たすべき積極的役割や、2党、3党という政党数の関係、政党間の関係はみえてこない。アングロ・サクソン的政党制に大陸の政党制も近づくべきであるということや、連合政治が不要になるということが散発的に書かれているだけである（Beneš

1947, p. 281)。

　このように、相互関係には不明瞭な部分もあるが、ベネシュが戦後構想の中で、戦後の経済、社会が科学的計画に基づく生産、分配へと進んでいくことを必然と考えていたこと、部分利益の代表者としての政党は不要であり、戦前の民主主義の失敗の原因と考えていたこと、高い道徳性と科学的知識を持った政治家を求め、政党は必要悪と考えていたことがわかる。

　抵抗運動の『自由のために』とベネシュの『今日と明日の民主主義』には経済的民主主義を目指し、経済の計画化と統制の必要性を説く点に共通点があり、マリンスキーのようにその点に注目する見解もある（Malínský 2017）。

　しかし、ベネシュの構想が、そのための集団主義に傾き、生産手段の社会化にもかなり踏み込んでいるのに対し、『自由のために』は、あくまで民主主義は個々人の人格の発展、「民主化した個人主義」に基礎を置くとしている点が異なる。

　政党については、政党数の削減、職能身分を代表する政党の否定など両者の主張には共通点も多いが、『自由のために』では、政党は人々と政治をつなぐもので社会の分化に応じて自由につくられていくものであるとしているのに対し、ベネシュは、2から3と政党数を絞ることに力点を置いているが、社会とのつながりには言及していない。ベネシュは、社会の平準化を視野に入れて、政治家には道徳性や科学的知識を求められていることから考え、実際には政党が何に基づいて組織されるのかには関心がなく、政治に占める役割を重視していなかったのではないだろうか。第一共和国の政党についての評価も、社会と政党のつながりへの考慮がみられない。その一方で、既存政党の廃止は主張していないことも興味深い。

　『自由のために』には、個人の人格の十全な発露としての政治的行動を重視する記述が多いが、ベネシュの場合、国民、国家の科学的運営による社会の発展と結果としての公正な社会の実現に焦点がある。また、『自由のために』には、ナチスの「独裁」についての記述が多く、ミュンヘン以前の第一共和国と、それを批判するナチスの「独裁」の両方を乗り越えるものとして、新しい社会を構想している。計画統制経済やそれを実施する諸機構はナチス

の保護領の形で実際に体験している。それと比較すると、ベネシュの「社会化する民主主義」はやや抽象的で、独裁の実感に欠けるといえよう。また、実際のベネシュの環境をみると、ベネシュは旧政党の指導者たちと活動をともにしており、新しい政治体制を目指すにしても、実際には旧政党を基礎に、その変革を通じて希望する政党システムに近づけることを考えていた。

ロンドン亡命政権の政治家たちの戦後構想

① **農業党ファイアーベントの戦後構想**　次に、ロンドン亡命政権の他の政治家たちの戦後構想についてみていきたい。

　ロンドン亡命政権には、第一共和国時の国民社会党、社会民主党、農業党、人民党の政治家たちが亡命してきていたが、政権内でも、国家評議会の中でも、政党としての行動はしないことが約束されていた。しかし実際には閣僚ポストや国家評議会の議員は、所属していた政党を意識して選ばれていた。これらのポスト配分はベネシュの意向で決められており、暫定国家機構においてベネシュの力は非常に大きいものであった。第二共和国で与党となった国民統一党の中心勢力であった国民民主党や農業党の政治家は当初亡命政権には含まれていなかった。

　特に重要だったのは、農業党の立場である。農業党は、第一共和国では常に首相を出す最大政党であった。ミュンヘン協定時の首相で、ミュンヘン後にベネシュ同様亡命した農業党のホジャはスロヴァキアと中欧再編をめぐる問題でベネシュと対立し、国家評議会の副議長を引き受けたものの実際にはロンドン亡命政権では活動せず、アメリカにわたって自分の戦後構想への支持を訴える活動を続けた。第二共和国の国民統一党の党首として首相となったベランは、保護領でPÚの抵抗運動にかかわったが、ナチスに逮捕され、釈放されたものの故郷に幽閉されていた。そのなかで、農業党の元指導者として唯一亡命政権に加わることになったのが、ファイアーベント（Ladislav Feierabend）であった。ファイアーベントは元農相で、保護領政府の農相となったが、PÚとのかかわりが明らかになって1940年1月に亡命を余儀なくされ、財務相として亡命政権に参加した。

第 7 章　新しい社会の民主主義と政党

　ファイアーベントの活動の中で、戦後構想の観点から興味深いのは、農業部門に着目し、国際協力を盛り込んだ戦後構想を提案したことである。1942年の春、ファイアーベントはロンドンのチャタム・ハウス（王立国際問題研究所）と協力し、研究所のデビッド・ミトラニー（David Mitrany）、中欧研究者のシートン゠ワトソンらと、ロンドンに集まった中欧、南東欧諸国（ポーランド、ユーゴ、ギリシャ、ルーマニア、ハンガリー、ブルガリア、チェコスロヴァキア）の農業党政治家ないし、農業問題に詳しい政治家、専門家を集めて、戦後の中央ヨーロッパの農業問題を話し合う会議を準備、開催し、7月9日には、戦後協力についての共同綱領文書が採択された（Feierabend 1986, p. 258; Lukáč 1992, p. 161; Kuklík and Němeček 2010, p. 279）。チェコスロヴァキアからは、ファイアーベントのほか、亡命農業相でスロヴァキアの農業党員の（Ján Lichner）も参加した。

　チェコスロヴァキアの臨時国家機構の指導者たちの支持を得ようと、ファイアーベントは亡命政権の週刊誌『チェコスロヴァキア人』（Čechoslovák）の1942年7月31日号に「戦後協力の一例」というタイトルで共同綱領についての記事を書いている（Čechurová 2003, p. 179）。

　共同綱領では、戦後中欧の小さな国民が、ドイツに対抗し、経済的に生き延びるためには、英米ソの協力に基づいて、協同の政策をとる必要があるとする。農作物保護だけではなく、共通利益を目指して国際的に協調することが望まれる。そのうえで共通のプログラムの第一に挙げられるのは、土地改革である。そのほか、金融、保険、販売、場合によっては耕作についても協同組合によって、農民の手によるコントロールを目指すこと、農業生産物の価格の国内、国際的統制、農業の機械化、上下水道と配電網、品種改良などの農業と農村の近代化が盛り込まれ、農業階層の生活水準の上昇は、国民全体に影響を及ぼすとする。

　本綱領の特徴は、農業に着目していることと、中欧諸国の戦後協力、国際協調を主張している点である。

　本綱領については、チェフロヴァーは、亡命者の中で、社会主義や急進左派の経済、社会再生構想に対抗する案を作り出そうとするまれな計画のひと

つと書いているが、土地改革を第一に掲げ、大きな社会改革を提案しているという点にも注目すべきであろう。大土地所有の土地の収用と個人農への分配をベースに、協同組合に重点を置く構想は、社会化とは一線を画しつつ、社会的公正と効率化を目指す構想である。一方で、農作物価格の国内、国際的統制という点で、市場主義経済とも異なる原理を追及していることが分かる。

また、一国単位の国家による経済統制に主眼を置く構想が多いなか、国民、国民経済の枠を超えた協調と調整を主張している点も興味深い。綱領では地域経済圏内の協調に加え、英米ソの協力を繰り返し求めている。

『自由のために』には土地改革と農業協同組合に触れている部分があるが工業にくらべるとわずかであり、他の構想の多くは農業についてはほとんど触れていない。中欧地域は基本的に農業国であり、最も工業的なチェコスロヴァキアであっても半農半工、特にスロヴァキア地域は農業の比重が高かった。そのなかで、経済的に公正で平等な社会を求めるのであれば、農業部門を取り上げなくてはならないというのが、戦前からのホジャの主張であり、中欧の国際協調も彼の30年代の外交路線に重なるものであった。本章では扱うことができないが、ホジャ自身もアメリカ亡命中、1942年の著書『中央ヨーロッパ連邦』で自身の戦後構想を展開している（Hodža 1942; Kuklík a Němeček 1999, p. 187; 福田 2012）。

この綱領に対しては、特に中欧諸国の協力という点について、ソ連の意向を配慮したベネシュらから問題視された（Feierabend 1966, p. 76; 1986, p. 258; Kuklík and Němeček 2010, p. 279）。個人所有をベースとした協同組合や国家による価格統制という社会、経済構想についての対立があったのかは不明である。

② 社民党左派の戦後構想　　もうひとつ、明白な戦後構想を示したのは、社民党左派である（Kuklík and Němeček 2010, p. 274）。亡命政権の社民党内では、早期に左右の対立が先鋭化し、左派は亡命政権の主流派から排除された。社民党の指導者のひとりであったベヒネは、国家評議会議長を務めていたが、社民党のメンバーを含む亡命政権の全体一致で解任された。ベヒネはパサーク（Václav Patzak）、ラウシュマンやその他の左派メンバーとともに伝統的な

社民党の週刊誌『新しい自由』（Nová Svoboda）を再刊し、この雑誌を足場に左派の意見表出を目指し、社民党穏健派のネメツやベツコ（Ján Bečko）を厳しく批判した。この反指導部運動に社民党の青年層が加わり、青年スロヴァキア（Mladé Československo）という組織で共産党員と一緒に活動し、同じ名前の雑誌を発行した。

『新しい自由』の編集部で活動した論者のひとりが、フィーリンゲル（Z. Fierlinger）である。フィーリンゲルは社民党出身の元ソ連駐在チェコスロヴァキア大使で、亡命政権に参加していた。彼の記事「まず最初に明白な思想とプログラムを」は、新しい左派グループのための政治経済綱領の提案となっている（Nová Svoboda, r. 18. č. 3, 1941, Z. Fierlinger "Nejdříve jasnou myšlenku a program", Čechurová 2003, pp. 168-169）。

フィーリンゲルは、チェコスロヴァキア社会はナチスによって大きな損害を被っており、社会を一から立て直さなくてはならないという点で、戦後構想はイギリスよりはるかに重大であるとする。第一共和国については、経済的社会的安定についての一定の評価はするものの、経済危機が社会対立を激化させ、ファシズムを内からも外からも呼び込むことになったとする。チェコスロヴァキアだけでなく、世界中の体制が砂上の楼閣であったのであり、戦後には文化的にも経済的にも進んだ新しい社会をつくらなくてはならない。

そのような新しい社会として提案されるのは、経済民主主義を実現する、生産手段の公有化を前提とした「真の階級なき社会」である。私的所有に基づく資本主義は、結局独占資本の間の競争に行きつき、集団主義と両立することは難しい。経済の中央からの計画的な統制によって、失業をなくし、包括的な社会保障を行い、国民に収入を計画的に配分し、価格を調整し、適度に投資を行う。フィーリンゲルは、このような体制への変革は本当の革命であるとし、「ファシズムが民主主義がルビコン川を渡るのを助けた」という表現で、ナチスによる破壊を契機に新しい社会の建設をと主張している。フィーリンゲルは、経済民主主義の実現によって、社会主義潮流間の無意味な対立もなくなり労働運動が統一されるとも述べている。ナチスの行動については、「破壊」と認識しており、保護領下での計画経済化や労組の統一には

注目していない。

　民主主義に関しては、経済民主主義は、勤労階級が選出した代表を通じて経済計画を立て、幅広い自治を行うという意味で民主主義的であるとしている。自由な選挙権や、報道、表現の自由は当然保障される。社会主義は、民主主義のより高次のより完成された形態であり、よりよく民主的自由と人権を守る仕組みであるとする。国民間の問題に関しても、社会主義によって、連帯が可能であるとしている。

　このように、民主主義について、勤労人民とその代表の経済計画策定、実施への参与に力点を置いている点がフィーリンゲルの構想の特徴である。

　このような考えから、政党についての意見も生まれてくる。まず、フィーリンゲルは、ロンドン亡命政権のもとで、有権者なしの状態で政党政治家たちが政党を再建しようとするのは、兵隊のいない参謀だけの軍隊をつくるようなものだと批判する。政党は経済秩序の上部構造として生まれるものであるとし、現在のように状況が急速に変わっている最中に政党をつくろうとするのは時期尚早であり、また、政党の数についての議論が先行するのも論理的に不適切であるという。人々の関係が民主的平等と協力に基づくものか、それとも階級的不平等に基づくものか、それによって、必要な政党は変わってくる。フィーリンゲルはここで、社会の中で相互対立が完全に取り除かれるのであれば、政党が複数必要ではないということを示唆し、それは、「ファシスト的全体主義の結果ではなく、経済的民主主義が貫徹した論理的結果」であると述べている。

　このように、フィーリンゲルの社会党左派の戦後構想では、生産手段を公有化し、公平な分配をすることで階級なき社会を作り出すことを目指している。民主主義は、経済的な平等と勤労階級の自治としてイメージされ、社会的対立がなくなれば、複数の政党も不要となる。フィーリンゲルの考えは、ソ連の影響を強く受けているが、そのように党派的に解釈するだけでなく、経済民主主義という考え方を突き詰めたものとして理解することもできるだろう。

③　社会保障省の戦後社会保障構想　　最後に、亡命政権の省庁のひとつで

ある社会保障省による戦後社会保障構想を概観したい。社会保障省は、イギリスを中心に、その他中立国を含めて亡命中のチェコスロヴァキア人の社会保障を赤十字などとも協力しつつ担っていた（Rákosník 2008, pp. 429-436）。このような実務と並行して、社会保障省では戦後の社会保障制度の構築も行っていた。

社会保障省は、保護領の社会保障制度の動向に注目していた。ナチスがプロパガンダの材料としたことで、公式の文書を資料とすることができたことも幸いし、状況はかなり把握していた（Rákosnák 2008, p. 439）。保護領のもとで、労働者の自由が制約される一方で、社会保障制度が改善されていること、それが労働者に評価されていることは把握されており、それをふまえた改革が目指された。組織面でも、中央労働局の導入は高く評価され、戦後も名前を変え、明らかな対独協力者をパージしたうえで労働保護局として維持されることになる。スロヴァキアについても情報を収集していた。

ナチス保護領下の社会保障の状況をフォローしつつ、社会保障省は、イギリスの 1942 年 11 月のベヴァリッジ報告書をはじめ、ソ連、アメリカ、ニュージーランドの社会政策を研究した。1942 年 7 月の段階で社会保障相のネメツは、国民全体の集団的社会保障、結果に対する扶助ではなく、不平等の原因を取り除く社会保障を戦後の原則として掲げている。戦時中に社会保障についての政令はほぼ完成しており、終戦後回復されたチェコスロヴァキアの領土全体にすぐ施行された。ただし、社会保険の全体的な法律については合意ができず、1948 年 4 月にようやく採択されることになる。全国民をカバーする統一的な社会保障制度の設立という改革については、戦時中にすでに合意があった。しかし、国の役割や保険原理など、細部の対立がのちに重要な意味を持つことになる。

亡命政権における政党の再生——農業党と社民党左派

これまでみたように、ロンドン亡命政権でもベネシュの社会主義化する民主主義、ファイアーベントの農業改革と中欧諸国の協調、フィーリンゲルの経済民主主義といくつかの戦後構想が存在していた。

そのなかでファイアーベントらの構想は、戦後体制に影響を与えることができなかった。その原因のひとつは、亡命政権の中での農業党の立場にある。
　1942 年の『今日と明日の民主主義』で政党数の削減を主張していたベネシュは、1944 年 2 月の国家評議会の開会に際し演説を行い、1944 年を全国民的変革を故国に引き起こす準備の年と位置づけ、あらためてここでこれまでの職能身分的な代表としての政党は終焉するとし、統一労組の成立を前提とし、左右中道の 3 党からなる政党システムへの変更をもとめた（Kuklík and Němeček 2010, p. 266）。同時に解放後直後の時期については、左右中道の国内外のすべての抵抗運動を含んだ国民戦線政府を設置するとした。
　このベネシュの演説がきっかけで、1944 年には亡命政権内の各政党政治家が政党組織の改変と再生を模索することになる。
　この時点でベネシュが想定していたのは、左派については、国民社会党と社民党の統一社会主義政党、右派は旧農業党右派を除いた農業党、中道はカトリック系の人民党の 3 党であった（Kuklík and Němeček 2010, p. 266; Kocian 2002, p. 30）。統一労働党が、共産党を吸収できればよいがそれは困難とは予測しており、統一労組を通じて両者が結びつくことを望ましいと考えた。
　ベネシュは、統一社会主義政党について、ベネシュの所属政党でもあった国民社会党の政治家フーベルト・リプカ（Hubert Ripka）やヤロスラフ・ストランスキー（Jaroslav Stránský）に期待した。共産党が加わらなくとも、国民社会党と社会民主党がひとつの左派政党をつくることで、共産党を牽制できることも示唆した。左派諸政党は、左派ブロックの話し合いをもち、左派ブロックを維持することにしたが、合同には至らず、国民社会党、社民党はそれぞれ政党を再建した。人民党はシュラーメク党首が亡命政権の首相をつとめていたが、特に戦後構想も示さず、大きな動きを示すことはなく、そのまま再建された。
　リプカやベヒネはファイアーベントを説得して、新しい農業党を立ち上げ、左派ブロックとの協力に引き込もうとした。しかし、戦前の農業党と完全に分かれることが条件であったため、ファイアーベントはそれを拒否し、リフネル、チャペック、ミーシェク、フィドル・ホジャら暫定国家機構の旧農業

党員で話し合い、1944年5月から6月にかけて、農業党のロンドン組織が成立した（Feierabend 1996, pp. 130-131）。農業党はこれによって成立しつつある国民戦線の話し合いに農業党グループのメンバーを参加させ、戦後構想を反映させようとした（Kuklík and Němeček 2010, p. 280）。国民社会党はなおパーツァル（V. Pácal）らと新しい農業党をつくろうとしたが、ファイアーベントらはそれに抵抗し、アメリカ亡命中のホジャの健康回復と政界復帰を期待していた。しかしホジャは1944年6月27日にフロリダのクリアウォーターで客死した。農業党グループの中ではミーシェクら一部のメンバーがベネシュのソ連寄りの政策を激しく批判し、3月13日には国家評議会を離脱してしまう。農業党グループは結局、国民戦線の話し合いに加わることができず、解放後のチェコスロヴァキアで党を再建することも認められなかった。ファイアーベントは、国民社会党や人民党のシュラーメクらが、ベネシュの農業党嫌いを自党を利することに利用したと非難している（Kocian 2002, p. 30）。

一方、同じく、ベネシュとは異なる戦後構想を示していた社民党左派のフィーリンゲルは、共産党とモスクワのバックアップのもと、国民戦線政府の首相につくことになり、明暗は分かれた。フィアリンゲルの構想は、経済の計画化や国有化の必要性などベネシュの構想とも重なっている部分は多かったものの、多くの重要な点で異なっており、亡命政権の中ではその違いは強く意識されていた。モスクワの共産党を含めた戦後体制の協議の中で、構想の違いがどのように反映されるのか、あるいは隠蔽されることになるのか、興味深いテーマである。同時に、農業党の排除は当初からの構想にあったものではないこと、農業党を排除することで、私的所有権を維持したかたちでの新しい社会の構想の明白な支持者がいなくなったことも重要であろう。

4　新しい社会の民主主義——経済の民主化と複数政党制

以上、簡単に占領下保護領と亡命政権の戦後政治体制構想をみてきた。現時点でこれらの構想から指摘できるのは以下の3点である。

第一は、ナチス占領下の体制が戦後構想に与えた影響の大きさである。統

一労組や中央労働局や価格統制、社会保障制度は強制性には批判があったものの、第一共和国の経済、社会保障システムの問題点への対処としては評価されていた。この変化を前提として、枠組みを利用しつつ、決定方式を民主的なものにすることで戦後の新しい社会の制度としていくことは、国内の抵抗運動でも、亡命政府でも考慮されていた。左派的な改革とみなされるものは、ソ連の影響とみなされることが多いが、ナチス占領下の変化の影響にも注意を払うべきであろう。

　第二に経済の民主化については、経済への国家介入と計画化、社会保障の構築によって、人々の経済状況がより安定したものになるということ、つまりアウトプット・デモクラシーとしての経済民主主義には、ほとんどの論者に合意がある。加えて経済民主主義のもうひとつの側面である経済的決定への民衆参加という点にまで注目しているのは、国内抵抗運動の『自由のために』の労働組合や工場委員会、社民左派のフィーリンゲルの議論である。農業党ファイアーベントの協同組合も、農民による経済管理の側面を持っていた。

　この点は、第三の政党の機能と役割についての議論とかかわってくる。農業党のものを除くすべての構想が、職能代表としての政党には否定的であった。ベネシュの構想は民衆の政治参加についてはあまり考慮がなく、テクノクラシー的な政治と形式的な複数政党制の組み合わせがみられた。社民左派のフィーリンゲルの場合は、対立のない社会を希求する論理的帰結は、政党のない社会ないし、政党がひとつの社会である。国内抵抗運動の『自由のために』では、政党は職能代表とは異なる新しい社会分化に応じて組織されるとし、新たな社会的基礎を持った政党が、民衆の政治参加の経路となることを重視している。一方で議会とは別に、経済問題を扱う経済評議会も提案している。

　国内抵抗勢力も亡命勢力も、戦前とは異なる新しい社会の構築を当然視していた。経済の国家統制、平等な社会保障を実現することは、戦前の政党民主主義の社会的基盤がなくなることを意味した。職能主義的なものも、階級的なものも不要となる。

このような条件のもとでの民主主義とはいかなるものなのであろうか。平等と公正を保障するアウトプット経済民主主義を超えて、なお政治的民主主義が必要だというには、『自由のために』のような、全ての市民の人格の十全な発展、民主化する個人主義に社会の基礎を置き、公的社会の政治化を重視するような「特殊な」人間観、社会観を必要としている。『自由のために』のような立場は、チェコスロヴァキアではマサリクの伝統と呼ばれる人間観、哲学の系譜に起因するのと同時に、ナチスの「新秩序」との差異化の中で導き出されてきたものであろう。

このような人間観を持たなかったベネシュの構想は、政党や政治的民主主義を本質的には必要としないという点で、フィーリンゲルのものとの親和性があったといえる。

職能主義、階級的社会分岐を保持しつつ、社会的公正を目指す改革を行うという可能性はあったのだろうか。農業党のファイアーベントの構想には、明示的に描かれてはいないものの、生産手段の私有に基づく協同組合に加えて、職能代表に基づく政党政治によるコーポラティズム的経済のコントロールという形での「民主主義」が想定されうる。これは『自由のために』には危機の時代を乗り切れないとして、またフィーリンゲルには経済的不平等を克服できないとして批判された第一共和国の古い民主主義につながるものであるが、第一共和国末期にホジャが、すべての勤労者のための民主主義、「労働者と農民の民主主義」として再定義しようとしていたものであった（中田 2012、314-322、330 頁）。合意のための合意、部分利益の温存、連合、大連合による政党間妥協、これらはチェコスロヴァキアの政治家たちが戦後構想を考えていた時点では古い過去の手法、中途半端な解と映った。しかし、このような仕組みこそが、西ヨーロッパで戦後数十年にわたって政治的多元主義を支えたのではないだろうか。

計画経済化、経済的平等と公平性の追求という経済民主主義への合意の強さと、戦後の社会はまったく新しいものになるという確信、それを裏づける実際にナチスによってもたらされた社会、経済構造の変容のインパクト、これらが相まって、戦後構想の議論において、政治的多元性との両立可能性に

ついての論点は見過ごされがちであった。しかし、新しい社会のユートピアになぜ政治対立が必要であろうか。政治的多元性とはどのような役割を果たすものなのであろうか。戦後構想を追うことで、われわれは戦後民主主義が何を前提としていたのかを知らないことに気づくのだろう。

参考文献

Beneš, Eduard (1939) *Democracy Today and Tomorrow*, New York: Macmillan.
Beneš, Edvard (1947 (初版 1942)) *Demokracie dnes a zítra*, Praha: Čin.
Brokrová, Eva (2007) "Hodnotové orientace práce Edvarda Beneše Demokracie dnes a zítra," *Na pozvání Masarzkova ústavu*, 4, Praha: Masarykův ústav AV ČR, pp. 48-61.
ČMKOS (Českomoravská konfederace odborových svazů), "Historie odborů", https://www.cmkos.cz/obsah/310/historie-odboru/13110
Čechurová, Jana (ed.) (2003) *Antologie studijních textů k novověkým sociálním dějinám*, V./2, Praha: Karolinum.
Feierabend, Ladislav Karel (1966) *Beneš mezi Washingtonem a Moskvou: vzpomínky z londýnské vlády od jara 1943 do jara 1944*, Washington D.C.
Feierabend, Ladislav (1986) *Soumrak Československé demokracie*, díl I, Rozmluvy.
Feierabend, Ladislav Karel (1996) *Politické vzpomínky*, díl.3, Brno.
Gebhart, Jan (1985) "Geneze ústředních ilegálních organizací obrana a národa a Petiční výbor věrni zůstaneme v roce 1939," *Dějiny socialistického Československa*, 7/1985, Ústav československých a světových dějin ČSAV, Praha, pp. 59-105.
Gebhart, Jan (2010) "Proměny a interakce okupační a protektorátní správy v letech 1939-1945," in: Němeček a kol. 2010, pp. 209-238.
Hodža, Milan (1942) *Federation in Central Europe: Reflections and Reminiscences*, London: Jarrolds Publishers.
Holzer, Jan (2017) "Czech Lands under Dictatiorships and Totalitarian Regimes 1938-1989," In: Balík, Stanislav, Vít Hloušek, Lubomír Kopeček, Jan Holzer, Pavel Pšeja, Andrew Lawrence Roberts, *Czech Politics: From the West to East and Back Again*, Opladen, Berlin, Tronto: Barbara Budrich Publishers, pp. 55-84.
Kocian, Jiří (2002) *Československá strana národně socialistická v letech 1945-1948*, Brno: Doplněk.
Koura, Petr (2005) "Představy československého domácího nekomunistického odboje o poválečném uspořádání republiky," In: *Československo na rozhraní dvou epoch nesvobody*, pp. 106-110
Kuklík, Jan, Jan Němeček (1999) *Hodža versus Beneš: Milan Hodža a slovenská otázka v zahraničním odboji za druhé světové války*, Praha: Karolinum.
Kuklík, Jan a Jan Němeček (2010) "Londýnský exil a obnova československého státu," In: Němeček, Jan a kol. (2010), pp. 265-290.
Lukáč, Pavol (1992) "Stredoeurópska federácia v predstavách Milana Hodžu," In: *Milan Hodža: štátnik a politik* (*Materiály z vedeckej konferencie*, Bratisalava, 15.-17. septembra 1992), VEDA

vydavateľstvo Slovenskej akadémie vied, pp. 155-163.
Malínský, Jiří (2017) "Masarykova dělnická akademie. Dějiny a vize" in Argument, 9.4.2017, http://casopisargument.cz/2017/04/09/masarykova-delnicka-akademie-dejiny-a-vize/ (2017 年 5 月 18 日取得)
Na pozvání Masarykova ústavu 4, (2007) Masarykův ústav - Archiv AV ČR.
Němeček, Jan a kol. (2010) *Československo a krize demokracie ve střední Evropě ve 30. a 40. letech XX, století. Hledání východisek*. České křižovatky evropských dějin 2.svazek (1938), Praha: Historický ústav.
Pehr, Michal (2005) "Příspěvek k poznání socializující a lidové demokracie v Československu v letech 1945-1948," In: *Československo na rozhraní dvou epoch nesvobody*, pp. 131-139.
Pehr, Michal (2011) *Zápas o nové Československo 1939-1946*, Praha: Nakladatelství Lidové noviny.
Rákosník, Jakub (2008) "Czechoslovak Social Politics and Its Representatives in London Exil during Second World Wars," *Prague Papers on the History of International Relations*, pp. 429-443.
Rákosník, Jakub a Igor Tomeš (2012) *Sociální stát v Československu*, Praha: Auditorium.
Státník, Dalibor (2001) "Mezi odbojem a kolaborací: Případ Arno Haise," *Soudobé dějiny*, 4/2001, 692-717.
Za svobodu do nové Československé republiky, II. vydání, Praha: Dělnické akademie, 1945.
中田瑞穂 (2012)『農民と労働者の民主主義——戦間期チェコスロヴァキア政治史』名古屋大学出版会
中田瑞穂 (2018)「第二次大戦後チェコスロヴァキアにおける人民の民主主義と政党間競合——国民社会党を中心に」『スラヴ研究』65、39-66 頁。
林忠行 (1992)「チェコスロヴァキア亡命政権の形成と政策——E・ベネシュの認識と行動を中心に」石井修編『1940 年代ヨーロッパの政治と冷戦』ミネルヴァ書房、113-158 頁。
福田宏 (2012)「ミラン・ホジャの中欧連邦構想——地域再編の試みと農民民主主義の思想」『境界研究』3、45-77 頁。
矢田部順二 (2004)「チェコスロヴァキア国民委員会の成立 1938-39 年——亡命政治活動初期における E. ベネシュの苦悩」『修道法学』27(1), 213-240 頁。

第8章
政治と経済の分離という例外
戦後ドイツにおけるマクロ・コーポラティズムの不在

網谷龍介

1　ドイツ・モデル＝ヨーロッパ・モデル？

ヨーロッパの中の西ドイツ戦後体制

　ヨーロッパの現状分析において、ドイツに起源を持つ社会的市場経済（Social Market Economy）やオルド自由主義（Ordo-liberalism）の語が注目されている。欧州連合条約弟 3 条弟 3 項は EU の目的のひとつに「高度に競争的な社会的市場経済」を掲げ、経済介入に消極的で金融緩和に警戒的なドイツや欧州中央銀行を批判する角度からオルド自由主義を焦点とする著書や雑誌特集号も多い（Hien and Joerges 2017）。

　もっとも、ヨーロッパの戦後体制を分析する際に、アメリカや日本との対比でドイツを典型例とすることは以前から一般的だった。ホールとソスキスの資本主義類型論（Hall and Soskice 2000）が、自由主義的市場経済と調整された市場経済を対置し、ドイツを後者の典型とするのがその一例である。

　しかし、少なくとも 1960 年代までについて、ドイツをヨーロッパの標準とするのは適切ではない。比較資本主義論の古典である『現代資本主義』（ショーンフィールド 1968）では、フランスを代表に多くの国が「計画」を導入しているとされるのに対し、西ドイツは「市場イデオロギー」と題される後半部におかれ、計画の「ない」国としてアメリカと同列に位置づけられていた。同様に、多様な国の計画を扱う叢書の中で、西ドイツの巻は『非計画の政治』と題されている（Arndt 1966）。1960 年代中葉の英語圏の議論において、ドイツは経済計画の欠如を特徴とする、特異な国だったのである。

この 3 つのイメージは統一的に理解しうる。オルド自由主義は、政府による経済計画による誘導や経済過程への介入を否定するものであり、戦後ヨーロッパの主流ではなかったからこそ、現在その位置づけが争われているとみることができる。しかしそれは企業やセクター単位のインフォーマルな調整を排除しない。調整された市場経済はここに注目するもので、その限りで他のヨーロッパ諸国との共通性がある。本章は前者の側面に注目して、特異な政治経済の形成とその背後にある社会像を検討する[1]。戦後体制の形成において経済民主化構想はどこの国でも重要な論点であり、政治と経済の分離という帰結は民主主義の作動範囲の限定という点で政治体制の性格とも関連する。その点で本章は戦後ドイツ民主政の重要な側面に光を当て、そのヨーロッパ的含意を明らかにするものでもある。

ドイツにおけるコーポラティズムの「不在」

　本章はマクロ経済運営に関わるコーポラティズム的審議機関に焦点を絞る[2]。経済実績への影響が小さいため、一般的な比較政治経済研究においてこの種の機関は軽視される。しかし体制像という角度からは、戦後ヨーロッパにこの種の機関が広くみられることは注目されてよい。それは、労働勢力の統合により民主主義を安定させ、資本主義と民主主義との和解を図る、世界恐慌と独裁を経たヨーロッパのひとつの回答だったのである。

　その代表例はオランダの社会経済評議会（1950 年設立）であり、コーポラティズムの運用に一定の役割を果たした。ベルギーでも中央経済評議会（1948 年設立）、労働評議会（1952 年設立）があり、後者は 1970 年代に準立法権限を獲得する。これに対しフランスの経済評議会（1946 年設立）、イタリアの経済労働評議会（1947 年設立）は憲法上の規定に基づくものの大きな役割を果たしているとは言い難い。オーストリアでは経済理事会が 1951 年に立法により一旦設立されたが、違憲とされたため、非公式の「同権委員会」がコーポラティズムの中核を担うことになった。

　一方、コーポラティズム指標で上位に位置づけられる国のうち、スウェーデンは、1938 年のサルチオバーデン協定の「精神」がしばしば言及されるも

のの公式の枠組はない。またデンマークでは経済評議会が 1962 年に設立されるが、中部ヨーロッパ諸国とのタイミングの相違に表れている通り、専門家の諮問という色彩が濃い。

このなかで戦後ドイツでは、公式・非公式のマクロ・コーポラティズムの試みが失敗に終わってきた。その代表は 1960 年代の大連合政権期の「協調行動」であり、近くは 1998 年からのシュレーダー赤緑連合政権の「労働のための同盟」である（網谷 2000）。マクロ政策協調（policy concertation）に関するコンストンの指数を用いれば（Compston 1994; 1995a; 1995b; 1997）、コーポラティズムの盛期である 1970 年代前半に、オーストリア、スウェーデンが 10 という最高値であるのに対し、ドイツは 5 にとどまりイギリスを下回る。

しかしドイツにおいてもマクロ経済審議機関の設立は有力な議論だった[3]。相対的に労資の対立の小さい論点だったとすらいえる（Nützenadel 2003a; 2003b）。政党の勢力比、労働組合の強さ、伝統など、ドイツを周辺諸国と決定的に分ける要因は存在しない。ワイマール憲法は全国経済評議会の設立を規定し、実際に暫定全国経済協議会の設立をみている。では戦後、経済審議機関が欠如し、計画の欠如に特徴づけられる体制となったのはなぜか。

本章はそれを政党政治と団体政治の次元での労働運動の戦略決定の帰結として理解する。第一の次元では、社会民主党が 1947 年に下野したことが重要な転機であり、1949 年連邦議会選挙後にも政権参加しなかったことで、大連合型の政治運営が損なわれ、マクロ経済審議機関導入に適した政治的環境が失われたのである。とはいえキリスト教民主主義政党（キリスト教民主同盟／社会同盟）優位の連邦政権成立後も制度化の機会はあった。ここでは第二の次元での労働組合の戦略が、その不成立を黙認する形となった。既得利益である鉄鋼産業での同数共同決定（監査役会の同数構成と労働担当取締役の設置）の維持と石炭産業への拡大を認めさせる一方、総論的合意のあったマクロ経済審議機関を目標として前面に出すことはなかったのである。

その結果ドイツにおいては政治と経済の分離を特徴とする自由主義的な政治経済体制が成立した、というのが本章の解釈である。すなわち、企業間関係・企業内労働関係がコーポラティズム的でありながら[4]、マクロ政策決定

への労資関与を欠くというドイツの独特な体制は、事前に当事者が抱いていた構想の実現ではない。多分に偶発的な事情に左右される当事者の戦略決定が、結果としての妥協の色彩を決めたのである。

以下では、社民系労働運動を中心とする体制構想の布置を次節で検討しコーポラティズム的審議機関の実現可能性を示した上で、第3節においてその実現が頓挫するプロセスを簡潔に分析し、最後に含意を示す。

2　ドイツの戦後政治経済構想におけるコーポラティズム

本節では主として社民系労働運動の体制構想を検討しつつ、その他の政治勢力の構想とも対比し、コーポラティズム的マクロ経済審議機関の成立可能性を示す。

経済の民主化

労働運動の体制構想は、2つの歴史事象に刻印されている（Ortlieb 1950, pp. 191f.）。ひとつは世界恐慌の経験であり、資本主義全般もしくは自由放任主義の破綻として理解された。もうひとつは12年間のナチ体制の経験とスターリン治下のソ連の状況であり、自由の重要性と計画経済におけるその位置づけが焦点とされた。この2つの考慮から、一様に「第三の道」と称する、しかし内容において異なる構想が生み出された（Flechtheim 1973）。

そのひとつが労働運動の経済民主化諸構想であった。そこではいくつかの問題設定が共有されていた。第一に計画と自由の結合である。そのなかで、資本主義の破綻という認識を基礎としつつ自由の確保を重視する流れが注目されてきた。その代表であるヴァイッサー（G. Weisser）はこれを自由社会主義（freiheitlicher Sozialismus）と呼んだ。ソ連型の中央指令経済ともドイツでの第一次大戦後の議論とも異なる社会主義経済・計画経済モデルを探求するこの潮流において、所有関係の変更は重要性を失い「社会化に関する議論の重点は計画経済の問題へと移された」（Ortlieb 1950, p. 243）。そしてそのなかでの自由のあり方が重要な課題となった。私企業という経営形態、企業家のイニ

シアティヴ、消費者による購買時の選択の自由の保障といった市場の一定の属性を承認しつつ、社会全体の投資総量の決定や各経営単位への金融の方向づけなどを計画するため、政策手段をいかに具体化してどう組み合わせるか、という問題を多くの論者が議論していた。

　第二に、経済復興のための効率的な手段としての計画という位置づけである。「〔これまでの経済の〕不公正と欠陥は、第一に生産が資本主義的に組織されていることと結びついている。生産においても根本的な新秩序なしには、現存する欠陥を除去することはできない」(SPD-PT 1946, p. 61)あるいは、「指導者が必要なエネルギーを投入しさえすれば、現代の国家は、失業を撃退し、経済を完全に稼動させる手段を確かに持っている」(Tarnow 1946, p. 6)とするのは、その代表的な現れである。

　第三に対外経済競争力の回復である。ナチの自給自足経済への批判、穀倉地帯でもある旧東部ドイツがポーランド統治下に入るなどの事情から、世界経済への復帰は早くから意識されていた。「われわれは労働集約的な製品を輸出しなければならない〔……〕われわれは輸出を必要としている。大量の工業製品の輸出を。大量の生活必需品を輸入しなければならないからである〔……〕ドイツの東方国境がオーデル・ナイセにあるならなおさらである」(Protokoll der Verhandlungen des 2. Bundestages des Gewerkschaftsbundes Württemberg-Baden, 29. August bis 1. September in Kornwestheim, p. 49)といった、輸出の拡大による工業立国という発想は、生産の効率性への考慮として定数をなすことになる。

　このような前提の下で具体化された経済民主化諸構想には3つの共通の柱があった。計画による経済のコントロール、基幹産業を中心とする公有化の実現（社会化）、共同決定の拡充による労働勢力の決定への参加である。その一方、構想間には差異が存在し、通常は「計画対市場」という軸によって整理される。市場の活用を重視する一方の極が自由社会主義と呼ばれ、計画の側面を重視するもう一方の極が新マルクス主義と呼ばれる。

　だが実際にはその二項対立に解消できない対抗軸があった。経済の規整において、国家の主導と団体間協調のどちらを重視するかという対抗である。

国家中心型の構想は、公的利益の推進主体として、社会の部分利益に汚染されず決定し執行する能力を持つ、強い国家を想定している。団体協調型の構想は、公的利益そのものが労資を中心とする社会の各部分の協議から生み出される過程に重点を置き、国家と社会が連続体として存在するイメージを背後に持つ。経済協議機関の位置付けは、国家社会関係というより広い問題と関連しているのである。以下ではこの論点を重視しつつ構想の布置を整理する。

国家による経済計画

経済民主化構想の第一の類型は国家の主導性を重視する構想であり、政党側の構想に多くみられる。ここでは社民党の戦後初の党大会での経済問題報告を素材にその構造を示す。

1946年党大会で経済問題報告を行ったのは、左派の指導的理論家であるアガルツ（V. Agartz）であった（SPD-PT, 1946, pp. 57-86）。彼は、資本主義は危機を免れえず、必然的に「新しい社会主義的経済秩序」に至るとし、その目標として、国民の欲求の充足、雇用機会の確保、自由な職業選択、非就業部分への分配を挙げた。そのための手段として、「私的資本主義の利潤確保動機に代わり、国家の計画が主要な規定要因」として位置づけられる。中心的な手段は金融政策による投資のコントロールである。これは投資財産業を主に対象としたもので、完全雇用を目指して融資が行われるものとされる。

一方、労組の参加については既存の会議所の同権化が要請され、それを地域ごとにまとめた組織も想定されている。しかし、「経済的な自治は不可欠である」としながら、このような自治組織に「高権的課題」は与えられず、経済官庁を討議によって支える義務のみが課されるとしていた。経営への参加に関しても高い評価は与えられていない。「しばしばそう思われているようだが、経営での被用者の広汎な共同決定によって、国家の計画が代替されたり不要となったりすることはありえない。〔……〕〔国民経済レヴェルの全体的計画は〕普通、平等、秘密の選挙によって選ばれた、国家の中に結び付けられている社会全体の代表によってのみ可能である」と、計画主体としての

第 8 章　政治と経済の分離という例外

国家の役割が強調されていたのである。

　国家の経済コントロールが欲求の充足や雇用の確保といった目標に向けられる保障はどこにあるのか。言及はないが、選挙を通じて社民党が「社会全体の代表」として国家を運営することが、暗黙の前提とされていたであろう。このような点でも、この構想は戦後体制構想のひとつの典型である。

自治を通じた調整

　これに対して、社民系労組勢力の構想の中心はマクロ経済審議を含む共同決定にあった。経済自治の側面を強調した構想として、1947 年 1 月にイギリス地区労組書記局[5]の公式提案として発表された『経済民主主義』を例にとろう（QGDGB 7, pp. 729-737）。そこでは政治的領域に限定された民主主義のみでは不十分であるとされ、経済的領域における民主主義が議論される。興味深いのは、経済の統制・コントロールの問題と民主主義の原則を適合させることが単純な問題ではないとする点である。すなわち、経済的領域は政治的領域と根本的に異なり、何らかの決まったルールで人々の影響を確保するだけでは十分ではないとされる。組織の過剰や硬直化につながるという欠点があるためである。そこから「経済における現実的な民主主義は、政治の民主的コントロールの下で広汎な経済の自治を行うことによってのみ可能となる」という原則が導かれる。そのため、議会が経済の方向性と原則を規定するとはするものの、行政機関による経済過程への介入は否定され、経済の自治を実現するための組織の建設が必要であるとされる。以下紙幅はほとんど経済自治組題に割かれている。

　その担い手としては、既存の会議所を吸収した経済会議所が想定されている。これは経済団体と労組からの同数の代表から構成される公法上の団体であるが、強制加入制は採られていない。権能として従来の会議所のものに加え、行政諮問機関の人選の独占的提案権が付与され、諮問機関への任命をめぐる対立を回避し労組の同権要求も満たされるものとされていた。経済会議所の決定は、構成団体への加入の有無を問わず労資双方を拘束するものとされ、議会の授権のある場合には一定の立法機能も果たすことも予定されてい

231

た。

　戦前からの労組トップリーダーであるタルノウ（F. Tarnow）の構想も自治の要素を明確に打ち出す。1946 年の『新しい国家における労働組合』（Tarnow 1946）は、経済の間接的統御による生産力の完全な利用という全体的な方向の中で、計画経済の官僚化を回避する手段として、労資の代表からなる経済の自治機関が広汎に導入されることが望ましいとする。そして政治の領域と経済の領域の相違が強調される。政治的民主主義の根幹としての議会が、世界観に基づいて設立された政党が自由に動くシステムとして把握されるのに対し、経済の領域においては「世界観によって区別される政党を区別することはできない。ここには、社会的な立場を異にする 2 つの当事者があるだけである」とされ、この両者から同権的に構成される経済自治の機関が労組の要求となる。機能主義的な社会像に基づき、客観的な利益調停を行う「経済」からイデオロギー競合の場である政党「政治」を遠ざけておく必要が生じるのである（Protokoll der ersten ordentlichen Kongress der Landesgewerkschaften Bayerns, 27., 28., 29. März 1946, pp. 85-97）。

コーポラティズムをめぐる対立と連携

　社民系労働運動の構想において、国家中心型と団体自治型の対抗軸が存在していたことは、当事者にも意識されていた。社民党党首シューマッハー（K. Schumacher）は「労組メンバーの中に残念ながらなおみられるように、経済民主主義を、経済を政治の場から抜き出すものとして考えるのは、1928 年の思考様式の残滓である」とし、労組の側の自律的問題解決の主張に不快感を示している（Rede vom 11.01.1947, Albrecht 1985）。公式な政策文書においても経済自治は否定された。党幹部会で採択された憲法草案は、「〔第二院に加えて〕さらに、とりわけかつての全国経済協議会のような、全国的立法権に参与する職能身分制的機関もしくは組織を設立することは否定される。人民の全体利益の代表に適したものとはいかなる場合でもいえないからである」としていた（*Sopade Informationsdienst*, Nr. 125, 15.03.1947）。逆に金属労組のある幹部は「われわれは経済の国有化としての社会化は拒否する。そして様々の形態

を採りうる共同経済を要求する〔……〕われわれは自分自身で運営する経済を望んでいるのである」と述べていた（QGDGB, 7, p. 569）。

では、マクロ経済審議機関は社民系労働運動以外の諸勢力の構想においてどのような位置を占めていただろうか。キリスト教民主主義勢力の構想についての野田昌吾の優れた整理によれば、ドミニコ会のキリスト教社会主義においては、資本主義以前の中世社会を範とする、有機体的でコーポラティズム型秩序が想定される（野田 1998）。経済運営の中心となるのは、職能身分団体を通じた統制（自由な団体的自治）である。私的所有は自然権として位置づけられるが、最終手段としての共同所有の形態が採られることも否定されてはいない。

イエズス会のキリスト教連帯主義は、制度としての資本主義市場システムの合理性を承認するところから出発する。そして所有の投資的機能に注目して、企業家イニシアティヴが重視されるため、経営レヴェル共同決定は否定的に評価される。他方、全体的な経済社会秩序としては職能身分秩序が想定されるため、超経営レヴェル共同決定には各産業部門内の問題解決の手段として、中心的地位を与えられる。回勅「クァドラジェシモ・アンノ」の起草でも知られるネル・ブロイニング（O. Nell-Breuning）は「キリスト教社会教説が要請するものは〔……〕経済社会の職能身分的秩序である。これが意味するのは、公法上の、超経営の領域の共同決定の実現である」としている（Nell-Breuning 1947/1964, p. 202）。

これらカトリックの諸構想が社会的な共通善を基礎とするのに際し、ルター派のキリスト教リアリズムにおけるそれは、より個人主義的なものである。それゆえ私的所有に基づいた完全競争経済が望ましいとされる。所有権の公的な収用は例外的にしか認められず、企業家イニシアティヴを侵すような共同決定は承認されない。ただし、ここでも労使同数からなる公法上の経済代表機関が認められている点は注目される。

根本的な社会改革を希望する雰囲気が戦後期に広汎に存在し、同時に構想間の多様性も大きかったことは一般的に指摘されているが、このように、具体的にマクロ経済審議機関を含むコーポラティズム型体制構想は、キリ民勢

力にも受け入れ可能なものだった。そのことは、とりわけ労組にとって重要だった。戦後の労組が、第二次大戦前までの宗派・イデオロギー的分裂を克服し、統一労組として構築されたためである。イギリス地区の労組会議議長ベックラー（H. Böckler）は、経済民主化構想の提示に際して、社民系の一般労働総同盟が採択した『経済民主主義』（1928 年）ではなく、独占問題論争における社民系、キリ民系、リベラル系労組共通の公式文書（1916 年）に依拠する配慮を示していた（Borsdorf 1986, p. 265f.）。実際に、経済自治に重点を置く限りにおいて、経済民主化構想はキリスト教系等にも許容可能なものだった[6]。

　戦後のオランダにおける動向もコーポラティズムをめぐる合意可能性を示唆する（Lepszy 1979; 1983）。オランダでは、社会レヴェルの労資協議機関である労働財団と政府の公的諮問機関である社会経済協議会を核とするマクロ・コーポラティズムが成立した（水島 2001）。そこには 2 つの歴史的背景がある。第一に、戦間期のオランダ社会民主党が世界恐慌への対応構想として、政府による財政支出拡大を軸とする「労働プラン」を提示したが政治的には失敗に終わったことである。カトリック勢力との合意可能性のある選択肢として浮上したのがコーポラティズムであった。第二に、戦後オランダにおいては、経営内の労働者・労働組合の参加問題も同時に議論されていた。しかし経営内の決定権への労働側への参画には抵抗が強く、1950 年の経営組織法において社会経済協議会というマクロ枠組が構築され、経営内共同決定は放棄された。一般論として、社会化・計画や経営内共同決定に比べてマクロ経済協議枠組において妥協が成立しやすいといえるだろう。

正統となった例外──オルド自由主義

　キリスト教民主主義勢力が社会団体による秩序形成を重視するのに対し、エアハルト（L. Erhard）を政治的代表者とするオルド自由主義においては、団体の位置づけが異なり、戦後体制構想の中で異彩を放つ[7]。マーノウはこの理念や主唱者とプロテスタンティズムの関連性の深さを強調し、キリ民党内のカトリックとの距離を指摘する（Manow 2010）。

図1：戦後政治経済体制構想の布置

　彼らにおいて秩序を形成するのは何よりも国家である。国家の介入により競争秩序を維持することで、個人もしくは私企業の自由なイニシアティヴが発揮される、というのが基本的な発想である。ここでは労働組合の機能が独占として批判されるのはもちろん、企業家の側の団体形成と政治への働きかけも否定的に評価される（Beyenburg-Weidenfeld 1992）。逆からいえば、国家は、必要なときに競争秩序維持に向けた介入を行うために、私的利益に左右されない、自律した行動能力を持つ、「強い」国家でなければならない。

　例えば1946年に、オルド自由主義派の代表的法学者であるベーム（F. Böhm）は、地位濫用のみをカルテル規制の対象とする商工会議所の提案を批判して、「経済の私的な自律を主張する者は、市場において権力を保持していてはならず、市場において権力を保持するものは、経済の私的な自律を主張してはならない」（Böhm 1946/60, p. 65）と、カルテルが競争を機能させにくくする作用そのものを問題視する。そして「国家権力の介入の可能性は決定的に強化されなければならない〔……〕企業に対して非常時には特定の価格を示すことや、コンツェルンを解体すること、そして抵抗する企業を強制管理の下に置くことなどの権限を持たなければならない」（ibid., p. 66）と、競争秩序の強力な保障者としての国家像を提示する。これは1930年代にオルド自由主義の潮流が形成されて以降、一貫した発想である。

　このように、ドイツの戦後構想においては計画対市場という軸とは独立に、強い国家対コーポラティズムという対抗が存在しており、労働組合の穏健勢力を中心とする左右の協調によるコーポラティズム型構想実現の可能性があ

った(図1参照)。結果として強い影響力を持つオルド自由主義は、むしろ孤立的存在であった。しかし次節で見るように、現実の政治過程はこのような布置から予想されるのとは異なる方向に推移する。

3 戦後体制の構築過程

　この節では、コーポラティズム型審議機関構想の実現可能性が段階的に縮小していく過程を概観的に追跡する。

大連合下の州憲法形成

　左右の二大勢力である社会民主主義、キリスト教民主主義の大連合が、妥協点としてのコーポラティズムに親和的であることは、州憲法の規定の分析により明らかとなる。

　分割占領されたドイツでは、州単位での政治過程が先行することになった。このうちイギリス占領地区では州憲法制定が遅く、社民党が近い将来の連邦憲法制定を見込んで経済制度を憲法問題としない方針を採った[8]。そこでアメリカ占領地区とフランス占領地区の州憲法に検討対象を絞ると、政治的力関係の相違が顕著に現れるのは社会化条項の文言である。これに対して、マクロ経済審議機関に関しては大きな差がみられない。キリ民党多数のラインラント・プファルツで最も詳細な規定が存在することからも、経済審議機関が二大政党の協調によって促進される争点であることは示されている。具体的事例として、キリ民党と社民党の勢力に大差がなくのちの西ドイツ全体の勢力配置に近い、ヴュルテンベルク・バーデンの事例をみておきたい(Schockenhoff 1986, pp. 73-83; Beutler 1973, pp. 55-78)。

　アメリカ地区では1946年2月に各州の憲法制定作業が開始された。1946年6月30日の憲法制定会議選挙の結果、ヴュルテンベルク・バーデンでは全100議席中キリ民党が41議席を獲得し第一党となった。以下、社民党32議席、リベラル17議席、共産党10議席である。

　この制憲会議での議論においても国家の位置づけが争点であった。たとえ

ば社会化に関する議論は最終的に補償の問題に絞られ合意が成立したのに対し、計画の主体が問題となった。キリ民党は、「国家経済」は独占的私的経済と同様に危険であるとの論拠から、国家によって委任された団体が計画と統制を行うことを主張した。具体的には経済会議所に権限を持たせることで、経済担当省庁の介入を困難にし、国家には大枠の設定権限のみを残す意図であった。最終的な文言は「経済問題の処理のために団体が設置され、そこには企業家と被用者、さらに必要であれば生産者や消費者も均等に参加する」とされた（Art. 25 der Verfassung Württemberg-Badens）。計画主体を団体（Körperschaften）とし、問題を先送りする形で全党の妥協を成立させたのである。

社民党の「下野」と「敗北」

このように州レヴェルでは大連合型の政治運営が行われ、コーポラティズム的制度の萌芽がみられた。一方全国レヴェルでは、二大勢力対抗の側面が強化されていった。

当初は占領地区間の調整の欠落したまま再建は進んだが、1946 年後半には米英の協議が進められ、1947 年 1 月からは米英合同地区が成立した。これに伴い経済問題の権限が合同地区に移譲される際に、経済担当ポストをめぐる争いが激化した。1947 年 1 月に経済管理局が発足した際は、リベラル系の人物が局長ポストに就いていたが、アメリカ地区での州議会選挙の結果、両地区の全ての州の経済相ポストを社民党が占めることになると、社民党は不信任を表明しアガルツに代えたのである。

このポストは 1947 年夏に再び政治対立の焦点となる。合同の深化のため改組がなされ、両地区合同の代表機関としての経済評議会、各州代表の機関としての執行協議会、そして行政部が置かれることになった。経済評議会への代表は各州議会選挙の結果に応じて選出され、全 52 議席中キリ民党が 20 議席、社民党 20 議席、リベラル 4 議席、共産党 3 議席となっていた。一方執行協議会では、バイエルン、ヴュルテンベルク・バーデンの代表のみがキリ民党であり、社民党が多数を占めていた。このような状況の下、経済長官ポストが焦点となった（SPD-WR, pp. 7-19; CDU/CSU-WR, pp. 43-56; Troeger 1985, pp. 29-32)。

　キリ民党側は、まず執行協議会への自党の代表者を増やし、4対4の構成にすることを要求するとともに、経済長官ポストでの譲歩の交換条件として州レヴェルでの2つの経済相ポストを要求した。社民党は強気であった。州政権のポストや執行協議会の代表を交渉の対象とすることを拒否し、経済長官を要求した。社民党は自党候補の経済長官選出を至上命題として、これが容れられない場合には他のポストをも拒否することを決定した。

　結果、社民党は長官ポストを放棄し、「建設的野党」を標榜して下野したのである。社民党側がこのような強硬姿勢に出た最大の理由は、選挙での勢力拡大への期待である。経済長官への固執は、イギリス地区での州議会選挙の結果から、共産党対策として社会化問題などでの進展が必要であると考えられていたことに帰することができる。シュレスヴィヒ・ホルシュタイン、ニーダーザクセンでは社民党が第一党となったが、ノルトライン・ヴェストファーレンでは共産党の得票率が14％に達していた。シューマッハーは「われわれの経済長官ポストの要求は社会化のためのものでなければならない」(Parteivorstand, 07./08.08.1947, AdsD, PV-Protokolle 1947) としている。それがかなわないのであれば、困難な経済状況を考えて、下野していたほうが得策であると考えていたのである。

　下野した社民党は、連邦議会選挙での政権奪取を期待した。政権を握り自党のプログラムを実施するという多数決主義的発想である。しかし1949年の選挙結果は、キリ民党が139議席（31.0％）、社民党131議席（29.2％）となった。二大政党の得票だけをみるならば、明確な勝者はない。両党は州議会選挙の合計からともにほぼ80万票を増やしていたが、大幅に増加した投票者を十分に吸収することはできなかった。700万人近く増加した投票者の60％以上は、その他の小政党に投票していた。自民党52議席、共産党15議席の他、ドイツ党とバイエルン党の各17議席など、計10政党が議席を獲得した。

　シューマッハーは勝利を信じ、自ら首相となることを想定しており（Edinger 1965, pp. 204-208)、敗北にヒステリックともいえる反応を示した。選挙民は

「自分自身の経済・社会的利益に反する投票を行った」のであり、「自らの作り出した政治的権力配分の犠牲になるのもやむをえない」と、敗北の責任を選挙民に転嫁したのである（Albrecht 1985, pp. 681f.）。そして党内の大連合支持派の存在にもかかわらず、大連合の働きかけを行う姿勢はみせなかった。シューマッハーはキリ民党左派に対しても懐疑的だった（Auftakt, pp. 83-88, 133）。

アデナウアー（K. Adenauer）政権はキリ民党を中心とする中道右派政権となり、大連合型政治運営は決定的に後退した。これは労組にとって著しく困難な状況だった。労組内では「〔大連合に〕ならなければ、なんらかの社会化措置が見込めないばかりか、共同決定や経済会議所法、そして進歩的な社会政策に関するこれまでの州レヴェルでの出発点が全て葬られてしまう、という懸念を持っている。〔……〕キリ民党は労組にブレーキをかけるためにキリスト教労組ウイングに圧力をかけるだろう」（S. Neumann an August Enderle vom 20.08.1949, AdsD 02052）という書簡も交わされていた。このなかで労組は自力での構想実現を図る。

ルール地区における戦後の既成事実と労組の自力交渉戦術

アデナウアー政権の最大の課題のひとつが共同決定問題だった[9]。イギリス軍政府は「中央政府の解決すべき課題」という口実の下、ノルトライン－ヴェストファーレン州法の施行停止処分を行っていたが、これを解除する方針が示されたのである。

鍵となるのはルール地区重工業の特別な位置である。戦後の文脈では、この地域の重工業がヒトラー支援の元凶と位置づけられていた。同地域を占領したイギリスは、ナチ関係者の排除と生産の復興に重点をおいていた。1945年12月にイギリス軍政府は全ての石炭会社を接収し、1946年8月には鉄鋼会社も接収する。鉄鋼会社は1946年8月にイギリス軍の北ドイツ鉄鋼管理部の管理下に移された。これに対応するドイツ側組織として、10月には信託管理庁が設置され、その議長に元合同製鋼のディンケルバッハ（H. Dinkelbach）が任命された。10月にはイギリス外相が下院で、基幹産業の社会化というドイツの努力を助成すると述べ、12月にはアメリカ国務長官も、通常の民主的

手続きにそう限りでは、イギリスの社会化案に反対しないと述べた（Borsdorf 1984, p. 183）。

　北ドイツ鉄鋼管理部のイギリス軍政府代表とディンケルバッハは、労組との間で接触を続け、1947年1月には合意が成立する。その内容は、ディンケルバッハから提案された監査役会の労使同数化と、1946年12月に初めて労組から要求された労務担当取締役の設置を含むものだった。ここで鉄鋼産業監査役会での同数代表共同決定は労組の既得権となったのである。同時にイギリス側は独占の解体案を示したが、労組側はこの点については必ずしも同意しなかった。世界市場での競争力への懸念があったからである（Borsdorf 1984, p. 184）。ここには、企業家側との利益の潜在的な合致が存在していた。

　連邦政権成立後、アデナウアーは施政方針演説の中で労使の法的関係の規定に取り組むことを表明した。しかしこの問題では、労組よりの立場も企業家側の立場も、党の統一と政権連合の維持に鑑みれば困難であった。そしてアメリカの高等弁務官から、経済問題を管轄すべき中央政府が成立した以上、この問題を解決するよう求められてもいた。そこで、アデナウアーは問題を労資の交渉に委ねることとする。

　1950年1月にいわゆるハッテンハイム会談が開始された（MMB, pp. 11-28）。労組側はまず暫定全国経済協議会をモデルとする連邦経済協議会の設置を要求した。また商工会議所に関しては、労組内でも見解の相違があることを明らかにしつついくつかの案を示した。一方経営レヴェルに関しては、経営協議会の自律化を防ぐための労組の接触権の承認と、共同決定の対象として経済事項も含めることが要求された。これに対して使用者側はまず、「連邦経済協議会」案に対して原則的な賛意を示した。他方、商工会議所に関しては使用者側でも意見の取りまとめが必要として、さしあたり議論の対象から外すことを求めた。

　議論が対立したのは経営レヴェルの共同決定であった。労組側は、原則として経営権を承認していること、ただし重要な決定に関してコントロール権を保持したいと考えていること、さらにその対象を大経営に絞っていることを明らかにしたが、使用者側は譲歩を見せなかった。この第1回目の会談に

ついて、ベックラーが、状況は変化し今日では使用者側も労組の要求に 2 年前ほどには敵対的でないとしているように、労組側はほぼ満足していた。

2 回目の会談は 3 月 30・31 日に行われた（MMB, pp. 32-50）。ここでも連邦経済評議会についてはほぼ合意がみられた。他方、商工会議所に関しては、使用者側が公法上の団体としての地位を放棄する旨提案したものの、合意が得られなかった。しかし対立がさらに大きかったのは経営レヴェル共同決定であった。監査役会の労使同数化とそこへの労組代表の出席、そして経済事項の共同決定を使用者側は強く拒否したのである。この対立は「架橋不可能」（MMB, p. 51）と思われた。

これをうけて労組内では、合意の得られた超経営レヴェルの問題について検討がなされた。商工会議所に関する使用者側の強い姿勢を承けて、経済会議所の新設を目指すことが提案され、具体的問題を検討するための委員会が設置された（DGB-GBV, 03.04.1950）。そして 4 月には労組側草案が決定され、政府はじめ各機関に送付することとなった。会談が難局に差し掛かりつつも準備は着々と進められていたのである。

この間社民党は局外に立たされていた。野党に直接の関与の機会が少ないのは当然でもあるが、この時期の党執行委員会で共同決定問題は全くといってよいほど議題に上らず、経済委員会ももっぱら個別の経済政策問題に従事していた。労組側も社民党の支援を期待しておらず、社民党側から「われわれはしばしばそのために努力しているにもかかわらず、なぜ労働総同盟の側からの報告がないのかは〔……〕不可解である」との不満が述べられるほどであった（S. Neumann an Bührig vom 15.03,1950, AdsD, 02047）。後述の通りこの時期、ルール問題をめぐって社民党と労組総同盟の関係は最悪の状態にあった。

アデナウアーはここで再び労資会談を仲介し、舞台を再び移動させた。会談は 5 月 24 日にボンでアデナウアー、エアハルト経済相、労相の同席の下で行われたが進展はなかった。この時点で労組総同盟の常任執行委員であったホフ（H. vom Hoff）は商工会議所問題を優先して、監査役会の構成を使用者側 6、労働側 4 に譲歩することを提案し、一旦はそれも止むなしという方

針が決められた（DGB-GBV, 06.06.1950）。必ずしも経営レヴェル共同決定が絶対的に重視されていたわけではなかったのである。しかしその方針を決定するはずの連邦執行委員会においては、どちらの問題についても譲歩すべきではないという提案がなされた（DGB-GBV, 12.06.1950; DGB-BV, 13.06.1950）。この転換の経緯は明らかではないが、この間に金属労組が労組総同盟に対して情報の不足に不満を述べ、自ら交渉に参加することを求めてきていた（QGDGB, 10, pp. 48-52）。「既得権」を手にしていた単組の圧力も作用していたのではないだろうか。

　労資交渉はさらに 2 回続けられたが進展はみられなかった。労組側では闘争手段の利用は示唆されたものの、次にどのような手を打つのかは明らかではなく、政府からの要請があれば応じる姿勢もみせていた（DGB-GBV, 15.07.1950; DGB-BV, 17.07.1950; DGB-BA, 17./18.05. 1950）。ここにはアデナウアーとの直接交渉への期待が含まれていた。

アデナウアー外交への支持と鉄鋼・石炭共同決定の「勝利」

　労組側のアデナウアーに対する信頼は、国際舞台でのルール問題の処理と関連していた。ルールの鉱山・鉄鋼業に対しては、1949 年 4 月に締結されたルール規約に基づき国際管理体制が発足していた。1949 年 10 月には連邦共和国の参加が打診され、アデナウアーはこれに応じる「ペータースベルク協定」を 11 月に結んだ。社民党は、社会化の妨げになるとルール国際化に強く反対し、ヨーロッパ各国の社民政党からも孤立していた（Klotzbach 1982, pp. 154-158）。社民党はペータースベルク協定に対しても再統一を妨げると反対したが、労組はデモンタージュの停止による状況改善を歓迎して、「われわれは現実政治の上に立たねばならない。そして外からの影響に対しては、それが政党政治上のものであろうとなんであろうと自由でなければならない」と、これを支持したのである（DGB-BA, 06.01.1950）。

　1950 年 5 月にはシューマン・プラン、そしてコンツェルン解体に関する高等弁務官法 27 号がそれぞれ明らかにされ、アデナウアーと労組の利害の一致はさらに深まった。アデナウアーとしてはシューマン・プランへの国内

第 8 章　政治と経済の分離という例外

的な支持を得る必要があった。そこで彼は一方で企業家の支持を得るため、解体の程度を緩和するべく奔走した。しかしこれにより共同決定が侵害されることに労組は懸念を抱いていた。アデナウアーにとっては占領軍との対抗上も、労組の支持を獲得しておくことが重要であった。与野党の議席差はわずかであり、キリ民党左派の脱落は許されない状況だった。そこで、共同決定へのアデナウアーの支持と、アデナウアー外交への労組の支持の取引が浮上した。労使交渉の間に政府案の策定は進められており、1950 年 8 月に労働省案が、10 月には政府案が完成し連邦議会に送付された。

　労組がアデナウアー外交を支持したのは「取引」のためだけではない。労組には、シューマン・プラン交渉への参加を通じて、ヨーロッパ規模の生産管理機関に自らが参加するという機会が開かれたのである。すなわち、シューマン・プランと国内の共同決定問題にはコーポラティズム型秩序の形成という共通項が存在していた。

　しかし首相と労組の利害一致にもかかわらず、与党内からオルド自由主義者エアハルト経済相が、鉄鋼業の労使同数共同決定の撤廃を示唆したため、情勢は一気に急迫する。労組は反発し、1950 年 11 月に金属労組は組合員投票でスト権を確立した。また、エアハルトは石炭と鉄鋼の経営分離を主張しており、この点での譲歩に反対する鉱山労組への配慮から、労組総同盟は鉱山を対象領域に組み入れ、1951 年 1 月にはスト権が確立された。

　アデナウアーは「労組の圧力に屈する」前例を作ることには警戒的であったが、自ら事態の収拾に乗り出した。1951 年 1 月、アデナウアーはベックラーと会談し、キリ民党の地区大会でも共同決定に肯定的な発言を行った。そして 1 月後半からは労組側、経営代表の双方と会談し、労使同数共同決定を石炭・鉄鋼産業に採用するが、他の産業にはこれを波及させないという線で双方を説得した。これにより、細部を詰めるための交渉の席に再び両者をつかせたのである。交渉は、労務担当取締役を他の取締役と同権とするか、労使各 5 名以外のもうひとりの監査役をどのように選出するか、という 2 点で難航し決裂の危機も生じた。だが再びアデナウアーが介入し、労組よりの妥協が成立した。そして 4 月 10 日に、キリ民党、社民党、中央党の賛成、自民

党などの反対で共同決定法が成立した。労組側はこの成果に満足していた。そして5月7日にはシューマン・プラン支持を正式に決定するのである（DGB-BV, 07.05.1951; DGB-BA, 07.05.1951）。この石炭鉄鋼共同決定が大連合での可決であること、一方自由主義勢力は反対に回っていることを確認しておこう。

マクロ経済協議機関の放置

その一方、交渉過程でしばしば合意が成立した連邦経済協議会に関して、具体的成果は残っていなかった。1950年秋の委員会審議の段階では、なお超経営レヴェルに関する議論が優先されていた（Thum 1982, pp. 90-93）。経済省も国家権限への侵害を好まなかったが、対抗上与党とともに対案を作成していた。にもかかわらずこの論点は遺棄されたのである。

これは多くの研究が経営内の共同決定に集中していることを正当化するほど自明のことではない。この間、連邦経済協議会は一定の関心とともに論じられ続けていた。例えば公法学会の権威のひとりであるフォルストホフ（E. Forsthoff）は、この時期の講演で推進論をこう披瀝している。今日の国家はもはや特殊利益に優位することはできず、むしろそれらに従う、主権的とはいえない存在である。それゆえ国家は、調整を行うものとしての中立の第三者の立場に、自らの決定の余地を見出さなければならない。そのために、労資双方の、組織内での権威を有するトップの代表者たちが交渉する場として、連邦経済協議会の制度化が必要となる、というのが彼の議論だった（Stelzer 1951, pp. 127-139）。この講演に対してはタルノウが、交渉によって達成可能なものは多いとして強い賛意を示し、自治を通じて国民経済秩序の規整を行う制度が必要であると応じていた（*ibid.*, pp. 140, 145-147）。

これに対しオルド自由主義の立場に立つ発言者は、最終的決断を行う主体としての国家の役割を強調し、労資の交渉では、経済・社会秩序の基本問題を「全体利益の観点から見て」満足に解決することはできないと反論した。彼によれば、そのような「決断」が「数」を基礎に成されることということは、民主制の本質に属する事柄なのであり、経済協議会は「数」を基礎とし

第 8 章　政治と経済の分離という例外

ていない点でも、議会の権能を脅かす点でも否定されるべきものだった（*ibid.*, pp. 142f., 148）。この見解の対立が、親労組か否かではなく、国家と社会の関係をめぐるイメージの相違であることはいうまでもないだろう。

このように、一定の注目を集めていた問題であるにもかかわらず、全国レヴェル労資協議の枠組は既得権とその拡張である経営レヴェル共同決定問題の前に、軽視され、放棄されていた。そして当事者が必ずしも意識しない間に、機会の窓は閉じていたのである。

おわりに——経営組織法の「敗北」から体制の定着へ

石炭・鉄鋼共同決定での「勝利」に勢いを得た労組勢力は、続いて経済全体にこの枠組を拡大しようとする。一方アデナウアー首相は、石炭鉄鋼を例外と位置づけ、拡大には否定的だった。しかも労組と社民党の関係は、上述のように悪化していた。

そのなかで 1952 年に経営組織法が議論され、成立した。共同決定法とは異なり、同法はキリ民党、自民党など政権与党の賛成により、社民党の反対を押し切って成立したものだった。同法において、労働側は監査役会の 3 分の 1 を占めるにとどまり、労働側代表への労組の影響力も限定された。そして名称から想像できるように、ここでもマクロ経済協議機関は取り上げられなかった。労組の要求は全く容れられなかったのである。

敗北を喫した労組は、1953 年連邦議会選挙において、1949 年とはうってかわり社民党を正面から支持する選挙戦を展開する。それは上述の独自交渉路線の中で開いた社民党との溝をうめるものでもあった。しかしこの選挙では、キリ民党が得票率 45.2％で 509 議席中 249 議席を獲得する大勝をおさめ、社民党支援の組合ぐるみ選挙は失敗に終わった。しかも、ここで社民党に過剰な肩入れを行ったことは、労組内でのキリスト教系との亀裂を生み、結果として一部の分裂につながるのである。

アデナウアー政権期の独自交渉路線、1953 年選挙での社民党との一体化路線、いずれにおいても苦い敗北をなめた労組にとって「政治の季節」はここで終わりを告げた。この 2 つの敗北を経て、労組内では路線の模索が進む

が、この後労組が活路を見出すのは経済の領域であった。その嚆矢となるのは、1955年に採用される積極的賃金政策である。そしてそれを主導するのは、全国連合体である労組総同盟ではなく、加盟最大労組である金属産業労組だった。マクロ経済運営からの撤退、産業別労組への重心移動というドイツ政治経済の特徴がここに定着をみたのである。

このように西ドイツ政治経済の体制構築においては、多数決による中道右派の政策決定、それに基づくマクロレヴェルの政治と経済の分離、その代償としての労組の経営内での役割の大きさ、という他のヨーロッパ諸国と異なる要素が大きな比重を占めている。このような制度設計やその背後にある社会像をヨーロッパ規模に拡大しようとしたとき、違和感と抵抗感を抱く主体が、左右を問わず存在するのは歴史的には当然のことかもしれない。

注
1) 本章は網谷1996を部分的にピックアップして再構成したものである。そのため史料や文献の細かい註記は省いている。分析の素材としては、戦後期の西ドイツ政治に関する公刊史料に加え、ボンの社会民主主義アーカイヴ（Archiv der sozialen Demokratie）において、該当する時期の社民党幹部会の議事録や経済政策委員会の文書、労働組合幹部会の議事録のほか、タルノウ関係文書などを検討した。
2) 戦後政治体制の形成に関する代表的文献はSchmidt 1970、社民党正史がKlotzbach 1982であり、このほかHubsch 1988、Huster 1978、Ross 1975などが労働運動の構想についての専攻研究である。コーポラティズムや共同決定についての研究としては、アメリカの歴史家プローウェの一連の研究（Prowe 1984; 1985; 1987; 1990; 1993）のほか、Rehling 2009、Nützenadel 2003a; 2003bが注目すべき成果であり、具体的政治過程の分析としてはThum 1982がスタンダードである。
3) 1950年代から70年代半ばにかけて、ドイツ語でこのテーマについて多くの文献が著されていることが、この問題の同時代的重要性を証する。その一例としてSperling 1965を参照。この主題についての歴史研究としてRehling 2009がある。
4) Abelshauser 1982のようにコーポラティズム性を強調する論者は、この次元に議論を集中させている。
5) ドイツは米英仏ソの4カ国に分割占領され、体制建設はまずは地区ごとに進展した。
6) Patch 2018は社民系、キリ民系双方の労組リーダーが統一を維持しつつ経済民主化構想を推進しようと腐心していたことを明らかにしている。
7) 文献は枚挙に暇がないがHaselbach 1991およびPtak 2004が代表的研究である。
8) 実際に西ドイツ憲法（基本法）制定過程で社民党は経済条項要求をほとんど行わなかったため、本章の分析からも除外している。憲法制定過程の分析としてはSörgerl 1969

および Niclauß 1998 が基本である。
9) 共同決定をめぐる具体的政治過程は、主に Thum 1982 に依拠している。

文献

Abelshauser, Werner (1982) Ansätze „korporativer Marktwirtschaft" in der Korea-Krise der frühen fünfziger Jahre. Ein Briefwechsel zwischen dem Hohen Kommissar John McCloy und dem Bundeskanzler Konrad Adenauer, *Vierteljahrshefte für Zeitgeschichte*, 30 (4), pp. 715-756.

Albrecht, Willy (eds.) (1985) *Kurt Schumacher: Reden, Schriften, Korrespondenzen*, Berlin and Bonn: Dietz Nachf.

Arndt, Hans-Joachim (1966) *West Germany: Politics of Non-Planning*, Syracuse: Syracuse University Press.

Beutler, Bengt (1973) *Das Staatsbild in den Länderverfassungen nach 1945*, Berlin: Duncker & Humblot.

Beyenburg-Weidenfeld, Ursula (1992) *Wettbewerbtheorie, Wirtschaftspolitik und Mittelstandsfoerderung 1948-1963: Die Mittelstandspolitik im Spannungsfeld zwischen wettbewerbtheoretischem Anspruch und wirtschaftspolitischem Pragmatismus*, Stuttgart: Franz Steiner.

Böhm, Franz (1946/1960) "Die Bedeutung der Wirtschaftsordnung für die politische Verfassung," In: *Reden und Schriften. Über die Ordnung einer freien Gesellschaft, einer freien Wirtschaft und über die Wiedergutmachung*, Karlsruhe, C.F. Müller, pp. 46-68.

Borsdorf, Ulrich (1984) "Der Anfang vom Ende? Die Montan-Mitbestimmung im politischen Kräftefeld der frühen Bundesrepublik (1951-1956)," *WSI-Mitteilungen*, 37 (3), pp. 181-195.

Borsdorf, Ulrich (1986) "Wirtschaftsdemokratie und Mitbestimmung ― Historische Stufen der Annährung an den Kapitalismus," *WSI-Mitteilungen*, 39 (3), pp. 264-278.

Compston, Hugh (1994) "Union Participation in Economic Policy-Making in Austria, Switzerland, the Netherlands, Belgium and Ireland, 1970-1992," *West European Politics*, 17 (1), pp. 123-145.

Compston, Hugh (1995a) "Union Participation in Economic Policy Making in Scandinavia, 1970-1993," *West European Politics*, 18 (1), pp. 98-115.

Compston, Hugh (1995b) "Union Participation in Economic Policy Making in France, Italy, Germany and Britain, 1970-1993," *West European Politics*, 18 (2), pp. 314-339.

Compston, Hugh (1997) "Union Power, Policy Making, and Unemployment in Western Europe, 1972-1993," *Comparative Political Studies*, 30 (6), pp. 732-751.

Edinger, Lewis J. (1965) *Kurt Schumacher: A Study in Personality and Political Behavior*, Stanford: Stanford University Press.

Flechtheim, Ossip K. (1973) "Der Dritte Weg in der deutschen Parteipolitik nach 1945," *Aus Politik und Zeitgeschichte*, B25/73, pp. 3-14.

Hubsch, Peter Hamilton (1988) "The Economic Policies of the German Trade Unions in the British Zone of Occupation 1945-1949," Ph. D Thesis, University of Nottingham.

Hall, Pater A., and David Soskice (eds.) (2000) *Varieties of Capitalism: The Institutional Foundations of Comparative Advantage*, Cambridge: Cambridge University Press.

Haselbach, Dieter (1991) *Autoritärer Liberalismus und soziale Marktwirtschaft: Gesellschaft und Politik*

im Ordoliberalismus, Baden-Baden: Nomos.
Huster, Ernst-Ulrich (1978) Die Politik der SPD 1945-1950, Frankfurt a. M. and New York: Campus.
Hien, Josef, and Christian Joerges, (eds.) (2017) Ordoliberalism, Law and the Rule of Economics: Media of Ordoliberalism, Law and the Rule of Economics, London: Hart.
Klein, Jürgen (1972) Vereint sind sie alles?: Untersuchungen zur Entstehung von Einheitsgewerkschaften in Deutschland. Von der Weimarer Republik bis 1946/47, Hamburg: Fundament.
Klotzbach, Kurt (1982) Der Weg zur Staatspartei: Programmatik, praktische Politik und Organisation der deutschen Sozialdemokratie 1945 bis 1965, Berlin and Bonn: Dietz Nachf.
Lepszy, Norbert (1979) Regierung, Parteien und Gewerkschaften in den Niederlanden: Entwicklung und Strukturen, Düsseldorf: Droste.
Lepszy, Norbert (1983) "Rolle und Bedeutung der niederländischen Gewerkschaften," In: Rühle, Hans, and Hans-Joachim Veen (eds.), Gewerkschaften in den Demokratien Westeuropas Band 2: Großbritannien, Niederlande, Österreich, Schweden, Dänemark. Paderborn et al., Scöningh, pp. 149-238.
Manow, Philip (2010) "Die soziale Marktwirtschaft als interkonfessioneller Kompromiss? Ein Re-Statement," Ethik und Gesellschaft, 1/2010. www.ethik-und-gesellschaft.de/mm/ EuG-1-2010_Manow.pdf（2018年9月3日アクセス）.
Nell-Breuning, Oswald (1947/1964) "Zur Frage des Mitbestimmungsrechts und der Mitbestimmug," In: Kunze, Oswald (eds.), Wirtschaftliche Mitbestimmug im Meinungsstreit, Band II, Köln: Bund.
Niclauß, Karlheinz (1998) Der Weg zum Grundgesetz. Demokratiegründung in Westdeutschland 1945-1949, Paderborn: Schöningh, 1998.
Nützenadel, Alexander (2003a) "Wirtschaftliche Interessenvertretung in der parlamentarischen Demokratie. Die Debatte über den Bundeswirtschaftsrat in den fünfziger Jahren," Vierteljahrshefte für Zeitgeschichte, 50(2), pp. 229-260.
Nützenadel, Alexander (2003b) "Die Bundesrepublik Deutschland, Frankreich und die Debatte über eine Europäische Wirtschaftspolitik 1957-1965," Francia, 30(3), pp. 71-95.
Ortlieb, Heinz-Dietrich (1950) "Der gegenwaertige Stand der Sozialisierungsdebatte in Deutschland," In: Weddigen, Walter (ed.) Untersuchungen zur sozialen Gestaltung der Wirtschaftsordnung, Berlin, Duncker und Humblot, pp. 189-287.
Patch, William L. (2018) Christian Democratic Workers and the Forging og German Democracy, 1920-1980, Cambridge and New York: Cambridge University Press.
Prowe, Diethelm (1984) "Unternehmer, gewerkschaften und Staat in der Kammerordnung in der britischen Besatzungszone bis 1950," In: Petzina/Euchner (Hrsg.), (1984), pp. 235-254.
Prowe, Diethelm (1985) "Economic democracy in Post-World War II Germany: Corporatist Crisis Response, 1945-1948," In: Journal of Modern History, 57(3), pp. 451-482.
Prowe, Diethelm (1987) Im Strumzentrum: Die Industrie- und handelskammern in den Nachkriegsjahren 1945 bis 1949, In: Pohl, Hans (ed.), Zur politik und Wirtschaft des deutschen Industrie- und Handelstages und der Industrie- und Handelskammern 1861 bis 1949, Stuttgart: Franz Steiner, pp. 91-112.
Prowe, Diethelm (1990) "Foundations of West German Democracy: Corporatist Patterns in the Post-

1945 Democratization Process," In: Harms, Kathy, Lutz R. Reuter and Volker Dürr (eds.), *Coping with the Past: Germany and Austria after 1945*, Madison: University of Wisconsin Press, 105-129.

Prowe, Diethelm (1993) "German Democratization as Conservative Restabilization: The Impact of America Policy," In: Diefendorf, Jeffry M, Axel Frohn and Hermann-Josef Rupieper, (eds.), *American Policy and the Reconstruction of West Germany, 1945-1955*, Cambridge: Cambridge University Press, pp. 307-329.

Ptak, Ralf (2004) *Vom Ordoliberalismus zur Sozialen Marktwirtschaft: Stationen des Neoliberalimus in Deutschland*, Opladen: Leske + Budrich.

Rehling, Andrea (2009) *Konfliktstrategie und Konsenssuche in dre Krise: Von der Zentralarbeitsgemeinschaft zur Konzertierten Aktion*, Baden-Baden: Nomos.

Ross, Dietmar (1975) Gewerkschaften und soziale Demokratie-- Von der Richtungs- zur Einheitsgewerkschaft, von Weimar zur Nachkriegszeit--: Untersuchungen zur gewerkschaftlichen Programmatik für den Aufbau einer demokratischen Gesellschaft, Phil. Diss., Bonn.

Schmidt, Eberhard (1970) *Die verhinderte Neuordnung: Zur Auseinandersetzung um die Demokratisierung der Wirtschaft in den westlichen Besatzungszonen und in der Bundesrepublik Deutschland*, Frankfurt a. M and Köln: Europäische Verlagsanstalt.

Schockenhoff, Volker (1986) *Wirtschaftsverfassung und Grundgesetz: Die Auseinandersetzung in den Verfassungsberatungen 1945-1949*, Frankfurt a.M./New York: Campus.

Sörgel, Werner (1969) *Konsens und Interessen: Eine Studie zur Entstehung des Grundgesetzes für die Bundesrepublik Deutschland*, Stuttgart: Ernst Klett.

Sperling, Dieter (1965) Wirtschaftsräte im europäischen Verfassungssystem, *Jahrbuch des öffentlichen Rechts (Neue Folge)*, 14, pp. 195-298.

Stelzer, Theodor (ed.) (1951) *Ratgeber von Parlament und Regierung: Eine Vortragsreihe des Instituts zur Förderung öffentlicher Angelegenheiten*, Frankfurt a. M.: Instituts zur Förderung öffentlicher Angelegenheiten.

Tarnow, Fritz (1946) *Die Gewerkschaften im neuen Staat*, Hamburg, Verlag Freie Gewerkschaft.

Tarnow, Fritz (1948) "Labor and Trade Unionism in Germany," *Annals of the American Academy of Political and Social Science*, 260, pp. 90-98.

Tarnow, Fritz (1951) "Der Reichswirtschaftsrat in der Weimarer Republik," *Gewerkschaftliche Monatshefte*, 2, pp. 562-568.

Troeger, Heinrich (1985) *Interregnum: Tagebuch des Generalsekretärs des Länderrats der Bizone 1947-1949*, München: Oldenbourg.

Thum, Horst (1982) *Mitbestimmung in der Montanindustrie: Der Mythos vom Sieg der Gewerkschaften*, Stuttgart: Deutsche Verlags-Anstalt.

網谷龍介（1996）「戦後西ドイツにおける『新秩序』の挫折」助手論文、東京大学大学院法学政治学研究科。

網谷龍介（2000）「『ヨーロッパの顔をしたグローバル化』にむけて？——ドイツ社会民主党の現在」日本比較政治学会編『グローバル化の政治学』早稲田大学出版部、137-157頁。

ショーンフィールド、アンドリュー（1968）『現代資本主義』海老沢道進ほか訳、オックス

フォード大学出版局。
野田昌吾（1998）『ドイツ戦後政治経済秩序の形成』有斐閣。
水島治郎（2001）『戦後オランダの政治構造——ネオ・コーポラティズムと所得政策』東京大学出版会。

史料略号

AdsD: Archiv der sozialen Demokratie, Bonn.
Auftakt: *Auftakt zur Ära Adenauer. Koalitionsverhandlungen und Regierungsbildung 1949*. Düsseldorf: Droste, 1985.
CDU/CSU-WR: *Die CDU/CSU im Frankfurter Wirtschaftsrat. Protokolle der Unionsfraktion 1947-1949*. Düsseldorf: Droste, 1988.
DGB-BA: Protokolle, Deutscher Gewerkschaftsbund, Bundesausschuß, DGB-Archiv, AdsD.
DGB-BV: Protokolle, Deutscher Gewerkschaftsbund, Bundesvorstand, DGB-Archiv, AdsD.
DGB-GBV: Protokolle, Deutscher Gewerkschaftsbund, Geschäftsführender Bundesvorstand, DGB-Archiv, AdsD.
MMB: *Montanmitbestimmung: das Gesetz über die Mitbestimmung der Arbeitnehmer in den Aufsichtsräten und Vorständen der Unternehmen des Bergbaus und der Eisen und Stahl erzeugenden Industrie vom 21. Mai 1951*. Düsseldorf: Droste, 1984.
QGDGB: *Quellen zur Geschichte der deutschen Gewerkschaftsbewegung im 20. Jahrhundert*. Bd. 7: Gewerkschaften in Politik, Wirtschaft und Gesellschaft 1945-1949. Köln: Bund, 1991. Bd. 10: Die Industriegewerkschaft Metall in der frühen Bundesrepublik. Köln: Bund, 1991.
SPD-WR: *Die SPD-Fraktion im Frankfurter Wirtschaftsrat 1947-1949. Protokolle, Aufzeichnungen, Rundschreiben*. Bonn: Dietz Nachf., 1998.
SPD-PT: Protokolle über die Verhandlungen des Parteitages der Sozialdemokratischen Partei Deutschlands.

あとがき

　本書は 2014-2018 年度に日本学術振興会科学研究費（基盤研究（B）26285034）をうけて実施された共同研究「第二次大戦後ヨーロッパの『新秩序』構想の政治史的分析」（代表者：中田瑞穂）の主たる成果である。これに先立って通称「新秩序研究会」(https://sites.google.com/site/europeanneworderafterthewwii/) として研究会はすでに始められており、手元の記録によれば最初の研究会は 2013 年 3 月に行われている。

　研究会を始動させた経緯はもはや忘却の彼方にあるが、自分たちが最も関心のある問題について、自分たちが得意とする手法によって明らかにできることを遺しておきたい、というおよそ戦略的ではない動機に基づいていた記憶は残っている。その結果として生み出された本書は、筆者たちの純粋な知的欲求にはおおむね素直に沿ったものになっているが、学問に裨益するものとなっているか否かは、読者にその判断を委ねるほかない。しかし編者としては、私たちの生きるデモクラシーの現在をより適切に理解するうえで、何がしかの貢献は出来たのではないか、という自負を持っている。

　研究をすすめる過程では、複数の方に報告やコメントをお願いした。川喜田敦子、千田航、中村督、松浦正孝の各氏には、多様で有益なインプットをいただいたことを御礼申し上げる。また成果を取りまとめるに当たっては、日本政治学会、日本国際政治学会、日本比較政治学会などで分科会やペイパーを採択していただき、貴重なフィードバックを得た。関係の皆様にも感謝したい。

　ナカニシヤ出版の酒井敏行さんには、アカデミックな関心にのみ基づくこのような出版企画に、いつもながら積極的に応じていただいた。感謝してもしすぎることはない。また本書の刊行に際しては、津田塾大学特別研究費（出版助成）を受けている。記して謝意を表したい。

2019 年 2 月

網谷龍介・上原良子・中田瑞穂

筆者紹介 （執筆順、＊は編者）

＊網谷龍介（あみや　りょうすけ）
　1968年生まれ。東京大学大学院法学政治学研究科修士課程修了。津田塾大学学芸学部教授。ヨーロッパ現代政治・政治史。『ヨーロッパのデモクラシー　改訂第2版』（共編、分担執筆、ナカニシヤ出版、2014年）、「20世紀ヨーロッパにおける政党デモクラシーの現実モデル――H. ケルゼンの民主政論を手がかりに」（『年報政治学』2016-II、2016年、78-98頁）、ほか。

戸澤英典（とざわ　ひでのり）
　1966年生まれ。東京大学大学院法学政治学研究科博士課程単位取得退学。東北大学大学院法学研究科教授。国際政治史、国際関係論。『原典　ヨーロッパ統合史――資料と解説』（分担執筆、名古屋大学出版会、2008年）、『ヨーロッパの政治経済・入門』（分担執筆、有斐閣、2012年）、ほか。

板橋拓己（いたばし　たくみ）
　1978年生まれ。北海道大学大学院法学研究科博士後期課程修了。成蹊大学法学部教授。国際政治史。『中欧の模索』（創文社、2010年）、『アデナウアー』（中公新書、2014年）、『黒いヨーロッパ』（吉田書店、2016年）、ほか。

大内勇也（おおうち　ゆうや）
　1982年生まれ。東京大学大学院総合文化研究科博士課程修了。東京大学大学院総合文化研究科「人間の安全保障」プログラム助教。国際関係論、国際人権。「人権条約の形成過程における法律家の政治的影響力」（『国際政治』、192号、2018年、33-49頁）、「バンジュール憲章における発展の権利と個人の義務――サンゴールとムバイエの視点から」（『国際人権』28号、2017年、116-121頁）、ほか。

＊上原良子（うえはら　よしこ）
　1965年生まれ。一橋大学大学院社会学研究科博士課程修了。フェリス女学院大学国際交流学部教授。フランス現代史・フランス政治外交論。田中孝彦・青木人志編『〈戦争〉のあとに／和解と寛容』（分担執筆、勁草書房、2008年）、遠藤乾編『ヨーロッパ統合史』（分担執筆、名古屋大学出版会、2008年）、ほか。

八十田博人（やそだ　ひろひと）
　1965年生まれ。東京大学総合文化研究科博士後期課程満期退学。共立女子大学国際学部教授。『ヨーロッパの政治経済・入門』（分担執筆、有斐閣、2012年）、『比較外交政策』（分担執筆、明石書店、2004年）、ほか。

作内由子（さくうち　ゆうこ）
　1983年生まれ。東京大学大学院法学政治学研究科博士課程修了。獨協大学法学部専任講師。西洋政治史。『保守の比較政治学』（分担執筆、岩波書店、2016年）、『現代ベルギー政治』（分担執筆、ミネルヴァ書房、2018年）、ほか。

＊**中田 瑞 穂**（なかだ　みずほ）
1968 年生まれ。東京大学大学院法学政治学研究科博士課程単位取得退学。東京大学博士（法学）。明治学院大学国際学部教授。東中欧政治史、比較政治。『「農民と労働者の民主主義」——戦間期チェコスロヴァキア政治史』（名古屋大学出版会、2012 年）、「第二次大戦後チェコスロヴァキアにおける人民の民主主義と政党間競合——国民社会党を中心に」（『スラヴ研究』65 号、2018 年、39-66 頁）、ほか。

戦後民主主義の青写真
ヨーロッパにおける統合とデモクラシー

2019年2月28日　初版第1刷発行　（定価はカヴァーに表示してあります）

編　者　網谷龍介・上原良子・中田瑞穂
発行者　中西　良
発行所　株式会社ナカニシヤ出版
　　　　〒606-8161　京都市左京区一乗寺木ノ本町15番地
　　　　　　　TEL 075-723-0111　FAX 075-723-0095
　　　　　　　　　http://www.nakanishiya.co.jp/

装幀＝白沢　正
印刷・製本＝創栄図書印刷
©R. Amiya, Y. Uehara, M. Nakada et al. 2019　Printed in Japan
＊落丁・乱丁本はお取り替え致します。
ISBN978-4-7795-1379-4　C3031

本書のコピー、スキャン、デジタル化等の無断複製は著作権法上での例外を除き禁じられています。本書を代行業者等の第三者に依頼してスキャンやデジタル化することはたとえ個人や家庭内の利用であっても著作権法上認められておりません。

ヨーロッパのデモクラシー　改訂第2版
網谷龍介・伊藤武・成廣孝 編

欧州29ヵ国の最新の政治情勢を紹介する決定版！　移民とポピュリズム、政党不信と大連立——民主主義をめぐるさまざまな困難に立ち向かうヨーロッパ政治のいまを各国別に紹介する。

三六〇〇円

国民再統合の政治
福祉国家とリベラル・ナショナリズムの間
新川敏光 編

移民問題が深刻化し排外主義が台頭するなか、新たな統合の枠組としてリベラル・ナショナリズムが提唱されている。国民統合戦略の移行のなかで、福祉国家の弱体化、極右の台頭、多文化主義の実態を分析。

三六〇〇円

熟議民主主義の困難
その乗り越え方の政治理論的考察
田村哲樹

熟議民主主義の実現を阻むものは何か。「熟議民主主義の困難」をもたらす阻害要因を分節化し、それらひとつひとつを詳細かつ理論的に検討することによって、熟議民主主義の意義と可能性を擁護する。

三五〇〇円

人文学宣言
山室信一 編

われわれはどこから来たのか、われわれは何ものなのか、われわれはどこへ行くのか。「人文系学部の危機」「大学の危機」が声高に喧伝される時代において、人文・社会科学の存在意義とは何か。

二二〇〇円

表示は本体価格です。